U0366026

中国上市实体企业脱实向虚的资本市场效应研究

Research on Capital Market Effect of Chinese Listed Entity Enterprises' Shifting from Real to Virtual

张华平 著

上海交通大学出版社
SHANGHAI JIAO TONG UNIVERSITY PRESS

内容提要

　　本书阐述了我国上市实体企业脱实向虚对股票市场流动性、股价特质性波动率、股票年度内日收益率偏度及股票年度收益率的影响;梳理并分析了美日英等主要经济体金融化产生的背景、影响因素及演进历程,从中提炼可服务于中国实体经济发展的经验教训;探析了中国上市实体企业金融化水平的时间序列特征及横截面特征,深度把握其脱实向虚的深层原因;实证检验了我国上市实体企业脱实向虚的资本市场效应。

　　本书适合从事资本市场、公司金融等领域研究的专家学者、研究生、上市公司高管及金融证券行业从业人员阅读和参考。

图书在版编目(CIP)数据

　　中国上市实体企业脱实向虚的资本市场效应研究/
张华平著.—上海:上海交通大学出版社,2022.9
　　ISBN 978-7-313-26947-8

　　Ⅰ.①中…　Ⅱ.①张…　Ⅲ.①上市公司—资本经营—研究—中国　Ⅳ.①F279.246

　　中国版本图书馆 CIP 数据核字(2022)第 100558 号

中国上市实体企业脱实向虚的资本市场效应研究
ZHONGGUO SHANGSHI SHITI QIYE TUOSHIXIANGXU DE ZIBEN
SHICHANG XIAOYING YANJIU

著　　者:	张华平		
出版发行:	上海交通大学出版社	地　　址:	上海市番禺路 951 号
邮政编码:	200030	电　　话:	021-64071208
印　　制:	上海景条印刷有限公司	经　　销:	全国新华书店
开　　本:	710mm×1000mm　1/16	印　　张:	16.75
字　　数:	289 千字		
版　　次:	2022 年 9 月第 1 版	印　　次:	2022 年 9 月第 1 次印刷
书　　号:	ISBN 978-7-313-26947-8		
定　　价:	78.00 元		

国家社科基金后期资助项目
出版说明

　　后期资助项目是国家社科基金设立的一类重要项目,旨在鼓励广大社科研究者潜心治学,支持基础研究多出优秀成果。它是经过严格评审,从接近完成的科研成果中遴选立项的。为扩大后期资助项目的影响,更好地推动学术发展,促进成果转化,全国哲学社会科学工作办公室按照"统一设计、统一标识、统一版式、形成系列"的总体要求,组织出版国家社科基金后期资助项目成果。

全国哲学社会科学工作办公室

前　言

　　自 2008 年源于美国的世界金融危机爆发后,在国内外市场需求下滑、贸易争端升级、原材料等生产要素成本上升等不利因素影响及资本市场大发展背景下,实体企业的盈利能力普遍下降,呈现出大量配置金融资产、过度依赖金融利润的脱实向虚倾向。长期来看,这对经济稳定持续发展、提高就业、增强国家竞争力极为不利。在此背景下,探究实体企业脱实向虚的影响因素及经济后果成为当务之急。

　　现有文献集中研究了实体企业脱实向虚的影响因素,部分文献则研究了实体企业脱实向虚对研发支出、资本投资、利润分配等其他财务投资活动的挤出效应或者替代效应。资本市场是资源配置的重要场所,其对实体企业脱实向虚如何反应同资源配置密切相关,但鲜有文献探究实体企业脱实向虚的资本市场效应。基于此,本书对中国上市实体企业脱实向虚的资本市场效应展开研究。

　　为探究上市实体企业脱实向虚的资本市场效应,本书以中国 A 股上市实体企业为样本,综合采用归纳总结法、描述性统计分析方法、分组检验方法、回归分析方法,回顾了有关实体企业脱实向虚的相关研究并理论分析了实体企业脱实向虚的资本市场效应,梳理了美国、日本、英国、德国等国家实体企业脱实向虚的背景及发展历程,统计分析了中国上市实体企业脱实向虚程度的时间序列及横截面特征,实证检验了实体企业脱实向虚对股票流动性、股价特质性波动率、股票年度内日收益率偏度及股票年度收益率的影响,最后进行总结并形成政策建议。

　　本研究发现,发达经济体在经济发展过程中也经历过实体企业脱实向虚程度过高的类似现象,这可能同政府过度重视金融发展对经济的刺激作用有关;中国上市实体企业脱实向虚程度同区域金融资源富裕程度、企业金融投资技能、行业垄断程度等客观因素相关;中国上市实体企业脱实向虚程度增强了股票流动性且该影响在股权分置改革后变弱,显著提高了股票年度收益率,一定程度上加大了股票收益率偏度,显著加剧了股票特质性波

1

动率。

本书通过探究中国上市实体企业脱实向虚的资本市场效应,提供了一个缓解上市实体企业脱实向虚的新颖视角。中国实体企业脱实向虚固然具有客观原因,但实体企业脱实向虚产生的各种资本市场效应说明资本市场本身具有的反馈效应也可能是实体企业脱实向虚的一大推手。中国实体企业脱实向虚短期内具有其合理性,这种合理性不仅来源于其所处客观环境条件的支撑,还来源于非完全有效市场追捧形成的支撑。因此,缓解上市实体企业脱实向虚不仅需要完善企业营商环境,还可以从提高资本市场运行效率着手,促进上市公司经营行为理性化、长视化并形成与资本市场间的良性互动。

目　　录

第一章　绪论　　1
　　第一节　研究背景及目的　　1
　　第二节　研究内容及方法　　4
　　第三节　主要观点　　5
　　第四节　研究特色及价值　　6

第二章　理论基础、文献综述与研究假设　　8
　　第一节　理论基础　　8
　　第二节　文献综述　　14
　　第三节　研究假设　　25
　　第四节　本章小结　　37

第三章　国外主要国家实体企业脱实向虚的背景及发展历程　　39
　　第一节　日本实体企业脱实向虚的背景及发展历程　　39
　　第二节　美国实体企业脱实向虚的背景及发展历程　　47
　　第三节　英国实体企业脱实向虚的背景及发展历程　　57
　　第四节　德国实体企业与虚拟企业的发展　　63
　　第五节　本章小结　　70

第四章　中国宏观经济及 A 股实体企业脱实向虚程度时间序列分析　　71
　　第一节　中国宏观经济脱实向虚程度时间序列分析　　71
　　第二节　中国 A 股实体企业脱实向虚程度时间序列分析　　83
　　第三节　本章小结　　98

第五章　中国 A 股实体企业脱实向虚截面特征分析　　99
　　第一节　中国 A 股实体企业脱实向虚程度行业间差异分析　　99
　　第二节　中国 A 股实体企业脱实向虚公司间差异分析　　121

第三节　中国 A 股实体企业脱实向虚区域差异分析　　142
第四节　本章小结　　157

第六章　中国 A 股实体企业脱实向虚资本市场效应实证检验　159
第一节　样本说明和变量选取　　159
第二节　描述性统计分析　　163
第三节　构造资产组合分析　　177
第四节　实体企业脱实向虚资本市场效应的回归结果分析　　229
第五节　实体企业脱实向虚资本市场效应的稳健性检验　　237
第六节　本章小结　　243

第七章　研究结论与政策启示　245
第一节　基本结论　　245
第二节　政策启示　　246

参考文献　247

索引　258

第一章　绪　　论

第一节　研究背景及目的

一、研究背景

虚拟资本的概念最早在马克思的《资本论》中出现,资本脱实向虚的内涵也由此演变而来。脱实向虚的基本概念,学术界尚未统一。通常将金融投资、金融筹资等活动相关的产业部门归属于虚拟经济的范畴(舒展、程建华,2017;陈健、龚晓莺,2018);同时,由于房地产业市场容量大、交投活跃、流通性强,也被美国等诸多国家视为虚拟经济。虚拟经济包括房地产业以及金融业,其他行业属于实体行业。

严格来说,实体企业脱实向虚不是学术概念,是对于实际经济及投资活动现象或趋势的表述。本书没有追根溯源实体经济的抽象定义,沿用国家管理规范,结合中国实际产业划分标准和数据易得性,确定金融行业和房地产业为非实体行业,其他行业认定为实体行业。在此定义下,本书用上市实体企业在金融市场(包括股票市场、债券市场、金融衍生品市场等)及房地产市场的投资水平来刻画上市企业脱实向虚的程度。上市实体企业在金融市场进行投资形成交易性金融资产、可供出售金融资产、持有至到期投资以及股权投资等资产,在房地产市场购买房地产用于交易时形成投资性房地产。本质而言,在中国特殊制度背景下,实体企业脱实向虚的表现是,实体企业投机金融、房地产业等行业的行为盛行,而投资实体经济的行为减少且利润率下滑。本书称此类现象为"脱实向虚"或"金融化",这两种提法在本书中含义等同。

2008年世界金融危机后,我国宏观层面的脱实向虚主要表现为"三背离":货币增速与经济增速背离、虚拟经济增长与投资效率背离、商品房平均销售价格与平均物价水平背离。整体而言,近年我国货币增速较快,但经济增速放缓,受世界经济环境恶化和国内经济结构调整影响,经济增长面临较大下行压力。我国的 GDP 增速在 2008 年之前基本保持在 10% 以上,但在 2008 年受到世界金融危机冲击后,GDP 增速明显下降。随后虽然在 4 万亿元投资计划的刺激下,经济呈现 V 形反弹态势,但此后我国 GDP 的增速基本维持在 7% 以下,经济迈入了结构转变、调速换挡的稳定增长期。

货币供应量与经济发展相背离。中国的货币供应量在 2011 年之前增幅较大且加速增长,在 2011 年及以后年份货币供应量增幅放缓,但依然保持较高增长率。以上对比说明中国货币供应量与经济增长存在较大的背离。在面向外贸出口的国内生产部门需求不足和房地产业的投资回报率持续上升的情况下,随着外部市场的萎缩及国内房地产的饱和,实体企业的投资机会显得越来越少。此时,发行货币越多,经济增长率与货币发行量的背离程度会越大。通过对具体数据测算,本书发现在 2000—2018 年,中国广义货币供应量增长率高于 GDP 增长率 6.3 个百分点,而同期美国广义货币供应量增长率与 GDP 增长率基本接近。这说明,中国经济在高速增长的同时,也伴随着虚拟经济更快的扩张。

虚拟经济增长与投资效率相背离。虚拟经济交易规模持续扩大,但社会有效投资支出规模增长较慢。2002—2018 年,人民币贷款及社会融资规模的月度增量呈上升趋势,其中 2002 年 1 月,社会融资规模约为 400 亿元,此后呈整体扩大趋势,至 2018 年 12 月扩大至约 3 万亿元。其他非主流融资方式,包括外部贷款以及未贴现银行承兑汇票的月度融资额度相对稳定,甚至呈现出下降趋势。究其原因,在金融市场流动性充足的情况下,企业在国内金融市场融资的成本可能更低,国外融资或者银行贴现票据等融资方式的诱惑力下降。

实体企业过度金融化已经引起了党和国家领导人的充分关注。习近平总书记在视察广东重要讲话中多次强调实体经济的重要作用,对于经济发展是否要走向脱实向虚的议论给出了一锤定音的回答,为正在爬坡过坎的实体经济注入了强劲的信心和动力[①]。已有文献重点关注了实体企业脱实向虚对企业经营行为的影响,但仍缺乏对资本市场效应的全面关注。鉴于此,本书重点研究了实体企业脱实向虚的资本市场效应。

2008 年世界金融危机后,随着货币规模的持续扩大,中国经济脱实向

---

① 赵雁. 习近平在广东考察:以更大魄力在更高起点上推进改革开放[EB/OL]. (2020 - 10 - 15)[2020 - 11 - 15]. http://www.qstheory.cn/yaowen/2020-10/15/c_1126614590.htm.

虚趋势凸显。近年来,我国经济发展结构性失衡,在产能过剩、内外需求萎缩的背景下,经济脱实向虚问题越发严重,已引起党和国家领导人的充分重视。2017 年习近平总书记在考察广西南宁时指出,我国必须发展实体经济,不能脱实向虚[①]。在 2019 年两会期间,习近平总书记再次指出"做实体经济,要实实在在、心无旁骛地做一个主业,这是本分"[②]。在此背景下,实体企业为何脱实向虚以及脱实向虚会对我国经济发展产生何种影响,成为亟待厘清的重要问题。

实体企业是价值创造的主力,也是解决就业、改善民生、增强国家竞争力的基础。宏观层面经济体的脱实向虚在微观层面具体表现为实体企业的脱实向虚。围绕实体企业脱实向虚的现象,已有较多研究。概括来讲,已有文献主要从理论及实证方面研究了实体企业脱实向虚的原因或动机,以及实体企业脱实向虚的经济后果。在动机研究方面,已有文献重点关注了盈利能力等公司特征、行业环境、虚拟经济与实体经济利差、公司治理、公司高管特征等因素对实体企业脱实向虚的影响。在经济后果方面,已有研究倾向于探究实体企业脱实向虚的挤出效应及蓄水池效应。根据挤出效应理论,实体企业脱实向虚意味着企业会配置大量金融资产,潜在挤占了企业研发、创新投资等资源,这会抑制企业主业发展,不利于企业的价值创造和实现。基于蓄水池效应,实体企业大量配置金融资产是一种闲置资金的利用方式,在企业实体投资机会匮乏时有利于提高企业资金配置效率,同时也为未来主业发展增加了现金储备,起到了蓄水池的效果。可以看出,已有文献大多关注实体企业脱实向虚对企业行为的影响,缺乏对资本市场效应的关注。实际上,企业的任何行为都应该具有一定的资本市场效应,资本市场如何对企业的决策行为做出反应也越来越多地受到理论和实务学者的关注。综观已有研究,鲜有文献把实体企业脱实向虚如何影响资本市场中的股票市场表现作为研究重点。鉴于此,本书以中国上市实体企业脱实向虚的资本市场效应为主题,重点研究中国上市实体企业脱实向虚的现状及其如何影响公司股票的市场表现。

二、研究目的

通过研究,拟实现如下目的:

---

① 黄锐. 习近平:做实体经济要实实在在、心无旁骛做主业[EB/OL]. (2017 - 04 - 22)[2019 - 07 - 10]. http://www. xinhuanet. com/politics/leaders/2019-03/10/c_1124216846. htm.

② 胡敏. 心无旁骛振兴实体经济[EB/OL]. (2018 - 11 - 02)[2019 - 07 - 11]. http://theory. people. com. cn/n1/2019/0315/c40531-30977211. html.

（1）梳理有关实体企业金融化的影响因素及经济后果方面的研究进展，识别有价值的研究机会。

（2）厘清国外主要经济体金融化的历程及其经验教训，为中国企业的金融化决策提供借鉴或启示。

（3）分析中国Ａ股上市公司中，各行业门类之间以及制造业各大类之间金融化程度的差异现状，并结合行业特征分析影响行业间金融化程度差异的基本原因。

（4）分析中国Ａ股上市公司中，公司之间金融化程度的差异，以及公司特征对公司金融化政策的影响。

（5）分析中国Ａ股上市公司金融化的时间序列特征，并解释产生关键变化年份的制度背景，识别政策环境变化对公司金融化选择的潜在影响。

（6）分析中国Ａ股股票关键市场表现指标的时间序列特征，以及相关制度对这些指标变化产生的潜在影响。

（7）理论分析中国Ａ股上市公司金融化对股票市场表现指标产生影响的内在机理，实证检验其现实影响的存在性。

第二节　研究内容及方法

本书基于中国Ａ股上市公司脱实向虚趋势明显的问题，在理清该现象产生的原因及演进历程的基础上，理论分析并实证检验公司金融化行为对上市企业股票市场表现的各项指标可能产生的影响。具体包括如下几章：

第一章，阐述了本书的研究背景、研究目的、研究框架和思路方法、研究的创新点和不足等。

第二章，界定了虚拟经济和实体经济的核心概念，澄清了虚拟经济与实体经济间的关系。对有关企业脱实向虚的影响因素及经济后果的相关文献进行了梳理，识别研究机会，并从理论上提出本书的研究主题。此外，基于信息不对称性理论、行为金融学相关理论，分析了实体企业金融化对股票市场流动性、股价特质性波动率、股票年度内日收益率偏度及股票年度收益率的影响。

第三章，梳理和分析了美国、日本、英国、德国等主要经济体金融化产生的背景、影响因素及演进历程，从中提炼可服务于中国实体经济发展的经验教训。

第四章，分析了中国上市公司中金融资产占总资产的比例指标和金融利润占总利润的比例指标代表的企业金融化水平的时间序列特征,以便整体把握中国 A 股上市公司金融化的演进历程及相关环境、制度因素的潜在影响。

第五章,从行业、公司和区域三个层面分析了中国 A 股上市实体企业脱实向虚的横截面特征。在识别横截面差异的基础上,结合行业、公司特征和区域差异,试图找出影响实体企业脱实向虚的潜在因素,以便深度把握中国 A 股上市公司实体企业脱实向虚的深层原因。

第六章,在研究设计的基础上,采用描述性统计分析、相关分析、回归分析及稳健性检验等方法,实证检验上市实体企业脱实向虚对股票流动性、股票收益率偏度、股价特质性波动率、股票年度收益率等指标的影响,以便对重点研究的这些股票收益指标有整体把握和认识。

第七章,对整个研究过程进行了提炼和总结,得出研究结论,并基于研究结论提出政策建议。

本书涉及的研究方法包括文献归纳总结法、描述性统计分析方法、相关性分析方法、构建资产组合分析方法、双重差分回归分析方法等。采用这些研究方法,获取不同形式且相互支持的证据,以归纳中国 A 股上市公司脱实向虚的基本特征,找出其如何影响股票市场表现的证据。

第三节　主要观点

第一,中国 A 股实体企业脱实向虚政策选择兼具理性和非理性特征。研究发现,一方面,低成长性企业、低盈利性企业、高竞争性行业企业倾向于配置更多的金融资产,以期获取更高的金融利润,脱实向虚趋势明显;另一方面,高盈利性企业、自身创造现金流能力较强的企业、垄断特征明显的企业也可能配置较多金融资产,这可能会降低资源配置效率,不利于全要素生产率的提升。这两种行为兼具理性和非理性特征。

第二,中国 A 股市场中,制度环境变化对股票市场具有重要影响。研究表明,股票流动性、股价特质性波动率、股票收益率偏度三项重要的股票市场表现指标受股权分置改革、新会计准则实施等重大规制变化影响明显,这说明从政策变迁视角理解中国股票市场的微观数据变化非常重要。

第三,在中国 A 股市场中,股价收益率特征具有周期性现象。研究发现,股票流动性、股价特质性波动率、股票年度收益率均具有显著的周期性特征。具体而言,股票流动性、股价特质性波动率呈现出典型的 U 形变化特征,股票年度收益率呈现出典型的 V 形变化特征,股票收益率偏度呈现出螺旋式上升趋势。

第四,中国 A 股实体企业脱实向虚具有显著的资本市场效应。具体而言,上市实体企业脱实向虚显著增强了股票流动性,但该影响在股权分置改革完成及新会计准则实施后有所减弱;显著降低了股价特质性波动率,但在股权分置改革后这种影响增强;对股票年度内日收益率分布具有不显著的负向影响;对股票年度收益率具有显著的正向影响,但该影响在股权分置改革完成及新会计准则实施后变弱。

第四节　研究特色及价值

一、研究特色

第一,研究视角独特。已有相关研究多根据实体企业脱实向虚的蓄水池效应和挤出效应理论,分析并实证检验实体企业脱实向虚对公司研发行为、主营业务的可持续性等公司行为或公司政策的影响,鲜有文献研究实体企业脱实向虚行为的资本市场效应。

第二,研究内容深度全面。本书从实体企业脱实向虚的程度和规模两个维度全面刻画实体企业脱实向虚的特征,并在此基础上全面分析了实体企业脱实向虚的时间序列演进特征以及在行业、公司层面的截面差异,这有助于全面深入地理解实体企业脱实向虚的政策选择。

第三,研究方法多元化。本书综合运用了文献归纳总结方法、变量间的相关性分析、资产组合分析及回归分析方法,获取了相互印证的证据,提高了研究结论的可靠性。

二、研究价值

(一)学术价值

第一,文献梳理表明,已有文献多基于挤出效应理论和蓄水池效应理论,研究实体企业脱实向虚对研发、资本支出等其他经营活动的影响,而对其资本市场效应缺乏应有的关注。本书则瞄准了该研究机会,全面探究了实体企业脱实向虚的资本市场效应。从资本市场效应这一新颖视角进行分析,有利于丰富有关实体企业脱实向虚经济后果的研究。

第二,本书分析了中国上市实体企业脱实向虚的时间序列特征及在公司特征、行业、区域等层面的截面差异特征,并结合具体因素分析其内在原因。这种研究有助于加深对实体企业脱实向虚的理解和认识,并有助于多维度揭示实体企业脱实向虚的原因。因此,本书这种全方位、多角度的研究有利于丰富实体企业脱实向虚成因的研究。

(二) 应用价值

第一,对实体企业脱实向虚成因的多维度挖掘可为制定更加科学合理的宏观经济政策提供参考,有助于引导实体企业脱虚向实。

第二,本书全面研究了实体企业脱实向虚的资本市场效应,在公司股价的市场表现成为公司决策重要考量因素的背景下,可为公司全面评价实体企业脱实向虚的资本市场效应提供参考,有助于改善公司决策。

第三,从多个维度分析实体企业脱实向虚的成因,并重点研究实体企业脱实向虚的资本市场效应,可为宏观经济管理部门制定宏观经济政策、引导企业脱虚向实提供重要参考,有助于优化金融资产配置决策,促进实体企业聚焦主业,实现企业高质量发展。

第二章　理论基础、文献综述与研究假设

第一节　理论基础

一、实体经济与虚拟经济的内涵

(一) 虚拟经济的基本内涵

生产、流通、分配和消费中的各种关系是经济学研究的对象。在这些关系中,生产关系因能引起创造和实现价值增加深受理论研究和实践重视。马克思主义政治经济学用"惊险一跳"来说明交换关系的重要性,但交换以生产为基础,其本身并不能创造价值或增加价值,交换的对象、内容、方式均取决于生产。

近年来,党中央和国务院十分重视如何防止经济脱实向虚的问题。2017 年,在全国金融工作会议上,习近平总书记强调金融要服务于实体经济、防控金融风险、深化金融改革,同时提出做好金融工作的四项基本原则:回归本源、优化结构、强化监管、市场导向[①]。2018 年,习近平总书记在广东考察时强调,从大国到强国,实体经济发展至关重要,任何时候都不能脱实向虚[②]。2019 年《政府工作报告》指出,改革完善货币信贷投放机制,引导金融机构扩大信贷投放、降低贷款成本,精准有效支持实体经济,不能让资金空转或脱实向虚;2020 年《政府工作报告》提出,强化对稳企业的金融支持,并强调加强监管,防止资金空转套利。为此,我国推出一系列促进实体经济

---

① 王文伟. 习近平总书记关于金融工作的重要论述[EB/OL]. (2017 - 07 - 17)[2019 - 10 - 20]. http://news. cnr. cn/native/gd/20170717/t20170717_523853458. shtml.

② 马云飞. 习近平在广东考察时强调:高举新时代改革开放旗帜　把改革开放不断推向深入[EB/OL]. (2018 - 11 - 13)[2019 - 10 - 20]. https://qnzz. youth. cn/zhuanti/shzyll/fzyjs/201811/t20181113_11784073. htm.

发展的政策,并采取相应具体措施。

经济脱实向虚并无严格的经济学概念或统一定义。美国将房地产业和金融业归为非实体经济,中国的理论和实务界也通常把金融业及房地产业归为虚拟经济。刘俊民(2002)把虚拟经济定义为一种基于资产化定价行为的价格体系,包括金融业(证券、期货、外汇等)、房地产业、博彩业、艺术品等。与此对应,制造业、农业、零售业、服务业等可定义为实体经济。

资金是实体经济的血液,是经济循环中的润滑剂,经济发展离不开资金流动。资金流动推动实体经济发展,金融领域的创新极大地促进了实体经济发展,如股份制对于英国的工业革命、期货市场对于大宗商品交易、外汇市场对于外贸发展。但金融体系也会与经济发展脱节,自行高速运转,且一旦脱节就会愈演愈烈,以至榨干实体经济中的血液,使实体经济受到损害。资金的脱实向虚,就是宏观经济运行中将大量的资金用于对某种产品的炒作,推高买卖价差,以极高的超额回报率吸引资金进行该交易品的频繁买卖,以期资金停滞于金融领域,造成金融领域的资产泡沫和实体经济中的资金短缺现象。总之,资金的脱实向虚,就是资金不再服务实体经济而在金融领域中自我循环、自我膨胀。

国外研究中,虚拟经济的概念是依据马克思的虚拟资本(fictitious capital)衍生而出。马克思在《资本论》第3卷第5章对虚拟资本进行了详细界定,虚拟资本的特点如下:第一,股票、债券、不动产等虚拟资本是在借贷资本和银行信用制度基础上产生的;第二,虚拟资本本身并没有价值,只是在循环过程中瓜分了实体经济产生的剩余价值。

对虚拟经济的界定,学术界有三种看法:第一,fictitious economy 是指证券、基金、债券等虚拟资本的交易活动,现在把房地产业也纳入此类;第二,virtual economy 是指以高新技术为基础的经济活动;第三,visual economy 是指计算机模拟的可视化经济活动。本书所讨论的虚拟经济属于第一种定义范畴。李晓西和杨琳(2000)认为,虚拟经济是指持有或者交易独立于实体经济之外的虚拟资本,它随货币和市场中信用的产生而产生,这就把虚拟经济的性质定位成"非实体经济的"或与"实体经济对立的"使用信用去衍生货币或产生虚拟价值的经济形式。吴立波和郦菁(2004)认为,除为实体经济提供融资和风险分担的金融服务外,任何以谋取价差为目标的金融投机活动都是虚拟经济活动,这把虚拟经济的范围从"非实体经济"缩小到"对实体经济没有实际增加融资和分散风险贡献的非实体经济"。成思危(2003)认为,任何的虚拟经济都与实体经济类似。金融机构是金融产品的供给者或生产商,债券、股票等金融资产是交易标的,证券交易所是市场钱生钱的活动场所,即实体经济和虚拟经济的区别在于交易标的物是代表实际商品和服务,还是代表信用货币表示的金融资产。王滨和郭斌(2003)认为,虚拟经济使资源可获得性打破实体经济的束缚,使经济社会资源配置效率及信息流交换速度得到提升,利于实体经济的发展。王国刚(2004)认为,金融业是虚拟经济的主体,典型特征是通过票据等各类载体对未来收益的期权进行交易,交易对象的载体主要包括债券、股票及衍生金融工具。刘维刚和张丽娜(2006)认为,实体经济与虚拟经济对立,互联网等信息技术是虚拟经济活动交易的基础。互联网技术的高速发展极大提升了虚拟证券交换的速度及安全性,推动了虚拟经济的发展。刘向丽等(2008)认为,虚拟经济参与者的心理预期主导虚拟经济市场,参与者依据心理预期采取贴现方式将金融品的未来价格表达出来,这与实体经济中的价格表现不同,因为心理预期并不影响实体经济中的价格、商品或服务内部凝结的无差异的人类劳动,"心理预期主导价格"的属性可以拓展虚拟经济的范畴。林左鸣(2010)认为,虚拟经济无论从内涵还是外延看,满足参与者的心理需求是其基本特点。证券、期货、金融等实体经济发展的产物是虚拟经济的重要组成部分,体验经济、知识经济、创意经济、品牌经济、服务经济等基于价值细分的现代经济形式也可视为虚拟经济。

(二) 实体经济的基本内涵

在 2008 年世界金融危机后,实体经济广受关注。在国际上,实体经济通常指第一产业和第二产业。在美国,商务部确定的 15 个行业部门大类中,农林牧、采矿、公共产品、建筑、制造、批发、零售、交通仓储共 8 个行业部门大类属于实体经济。美联储把房地产、金融业以外的经济形式定义为实体经济。吴立波(2000)指出,实体经济活动创造人们所需要的价值或效用,物质生产部门是实体经济活动的基础。成思危(2003)认为,涉及马克思资本循环过程的经济活动是实体经济活动。王国刚(2004)认为,实体经济活动包括物质生产活动以及为物质生产提供服务的活动,工农业、交通运输业、批发零售业、建筑安装业、邮电业等均属于实体经济行业。金碚(2012)认为,第一、二、三产业均是广义的实体经济。在工业化时期,第二产业中的制造业是实体经济的主体和核心。党的十六大报告对实体经济内涵做了新的阐述,实体经济不仅仅包含物质生产活动,如农业、工业、交通运输业、商业服务业、建筑业,也包含精神产品和服务业,如教育、文化、知识、信息、艺术、体育等。

为简化模型,便于研究,本书仅将金融业和房地产业归为虚拟经济,其他行业均归为实体经济。

二、实体经济与虚拟经济的关系

（一）实体经济对虚拟经济的影响

1. 实体经济是虚拟经济产生的基础

实体经济由物品的生产、交换、分配、消费活动构成。货币产生前，物物交换是商品流通的主要形式。货币出现后，物品以货币为媒介进行交换，构成了商品流通的主要形式，商品的生产、流通过程均需要大量货币。社会化大生产出现后，实体经济中物品生产流通需要占用的货币量大幅度增加，实体经济活动产生资金缺口，成为资金需求方。此时，整个社会中，部分消费者或生产者掌控的资金量超过了自己的消费需求量，产生资金盈余，让渡资金的使用权，成为投资供给方。于是，资金盈余方把货币借贷给他人使用，虚拟经济应运而生。虚拟经济的适度发展，能够有力地促进实体经济的发展。

2. 实体经济的发展规模决定虚拟经济的发展规模

从虚拟经济服务于实体经济的角度看，虚拟经济发展的规模取决于实体经济发展的规模。在实体经济为主、虚拟经济为辅的经济结构中，虚拟经济服务于实体经济。随着市场需求持续增长，实体经济迎来重要发展机遇，实体经济除依靠自身资本积累实现滚动式发展，还需借助虚拟经济的发展实现跨越式发展。在虚拟经济体中，证券、期权、期货等金融资产的流转交易优化了资金的时空配置，可以为实体经济发展提供大规模资金支持。这种高效的融资方式能够更好地服务于实体经济的发展。当实体经济发展到一定阶段时，市场空间饱和，传统实体经济成长空间受限，实体企业面临的扩张机会减少。成熟的实体企业已经具备较强的自我积累和发展能力，自身内涵式的增长已经可以适应市场的变化。此时，虚拟经济在优化资金时空配置方面的作用减弱，虚拟经济也可能因此处于萧条期。进一步来说，当传统的实体经济不能适应新技术、新市场时，传统实体企业的转型升级势在必行。传统企业转型升级需要耗费大量的资源，此时虚拟经济对实体经济的支撑作用至关重要。

3. 实体经济是虚拟经济运行的基础

在虚拟经济体中，各类金融资产的定价本质上取决于该金融资产对应的实体经济中标的资产未来的现金流状况。例如，在股票市场中，股票价格本质上等于发行股票企业未来利润的总现值。当实体企业发展状况良好、盈利能力较强时，预期收益也会增加，股票价格随之上涨；在实体经济形势不好，标的企业盈利能力差甚至亏损时，预期未来收益为负值，股票价格必然下跌。因此,在正常情况下,虚拟经济中金融资产的价格是关于实体经济中对应的标的实体资产的增函数,这意味着实体经济中实体资产运行状况不论发生何种变化,虚拟经济中虚拟资产或金融资产的价格必然会随之发生变化。

(二) 虚拟经济对实体经济的影响

1. 虚拟经济对实体经济的积极作用

虚拟经济对实体经济的促进作用大概可以分为四种。

(1) 虚拟经济的发展可以为实体经济的发展提供充沛的资金支持。在农业社会,社会生产力极度低下,自给自足的经济生产方式居于主导地位。此时,人们对消费品的需求种类相对单一,商品或货物交换的范围相对局限,家庭式的生产方式能基本满足小范围内生活资料需求。小作坊式的生产组织方式并不需要大量的资本作为支撑。在工业社会,货物运输的距离大幅增加,生产的专业化程度进一步提高,个体间的商品交换更加频繁。此时,在新技术的推动下,大规模的社会化生产组织方式显得非常有必要。大规模的社会化生产需要有大量的资金支持,但少数小作坊组并不能满足。资本市场的发展允许公司通过发行股票、债券等金融工具面向整个社会公众进行筹资,极大提高了企业的融资效率和融资规模,并有助于大幅度降低融资成本,为组织大规模社会化生产提供了坚实的资金支持。

(2) 虚拟经济的发展能够分担实体经济的运营风险。私人企业最终的风险需要由少数股东承担,这些风险一旦超出股东承担的范围后,少数股东就不会选择创业或扩大生产规模,进而影响技术进步和经济社会发展。但资本市场的产生和发展,为创业企业或企业规模扩张提供了通过发行证券向整个社会进行筹资的场所,企业经营风险最终由持有公司证券的投资者共同承担。

(3) 虚拟经济的发展能够优化资源配置。经济学研究的起点就在于资源的稀缺性与人类欲望的无限性。最优的资源配置能够创造出最大的价值和效用。资本市场的发展为产权资源的交易提供了自由、公平、开放、透明的市场条件,在此市场中,通过产权交易、并购重组,资源尤其是稀缺的财务资源能够流向预期收益率最高的企业,从而提高整个社会的资源配置效率和利用效率。

(4) 虚拟经济的发展有助于产业结构调整。在银行主导的融资环境中,信贷资源的供给往往小于信贷资源的需求,这种供需不平衡加剧了信贷资源的稀缺性,银行倾向于把有限的信贷资源提供给高质量、低风险的信贷客户,而不愿意为高风险的新兴产业和初创企业提供信贷支持。这会导致许多新兴行业、新兴产业因缺乏资源而无法顺利、快速发展。资本市场的发展、风险投资基金等融资工具的发展,可以为这些新兴产业提供风险投资基金,扶持和加速这些行业和企业的发展,进而促进产业结构的转型升级。

2. 虚拟经济对实体经济的消极作用

虚拟经济对实体经济的消极作用也可分为四种。

(1) 虚拟经济可能脱离实体经济过度发展,引起资产价格泡沫。虚拟经济的发展除了取决于实体经济的发展状况外,虚拟经济参与者的预期因素对虚拟经济的发展也具有重要影响。当虚拟经济的参与者普遍具有乐观预期时,虚拟资产的价格容易被高估,这种高估可能会远超基本面因素的支撑,从而形成资产泡沫。资产泡沫积累越多,隐含的资产泡沫破裂的危害就越大。在资产泡沫积累到一定程度后,资产泡沫就会破裂,引发金融危机,如日本房地产业 20 世纪 90 年代泡沫破裂、美国金融市场 2008 年出现金融危机。资产泡沫破裂时,资产价格将大幅下跌,企业筹资成本剧增、筹资难度加大,金融机构资金链断裂,信贷供给能力归零。从消费角度看,中小资本市场参与者的财富遭受严重损失,消费能力也急剧下降。在资产泡沫破裂的综合作用下,实体企业投资机会减少,资金缺乏,融资约束程度加剧,进一步导致投资萎缩,甚至企业破产倒闭。

(2) 虚拟经济对实体经济存在挤出效应。货币的本质是追逐利润。实体经济、虚拟经济作为整个经济体中的两大部门,对资本的吸引力存在此消彼长的关系。在经济繁荣期,实体经济行业盈利能力强,存在巨大的成长空间,对资本具有巨大的吸引力,资金通过资本市场进入实体经济,促进实体经济发展;但当实体经济达到饱和状态或者实体企业盈利能力较弱时,其对资本的吸引力将会降低,虚拟经济对资本的吸引力增强,资本将会流入虚拟经济。虚拟经济对实体经济的挤出效应进一步导致实体经济资金短缺,不利于产业结构的调整升级。

(3) 过度发展虚拟经济可能会削弱实体经济的竞争力。当虚拟经济过度发展时,会因其低成本、进出便捷等特点,吸引更多的市场参与者进入虚拟经济行业,通过参与虚拟经济活动在短期内获取高额利润。在整个社会中,过度的资本、过多的市场参与者参与虚拟经济,会导致虚拟经济过度繁荣。由于虚拟经济具有典型的规模经济特征,且可直接创造财富,其过度发展可能无助于就业率的提升及技术进步,反而会加剧社会的贫富差距。

(4) 虚拟经济可能会削弱宏观环境对产业资本的吸收力。金融资产价格的过快上涨,会导致人们提高心理收入预期,促使人们过度消费、提前消费,进而使得物价、工资及生产要素价格上涨,在生产要素价格普遍上涨的背景下,宏观环境对产业资本的吸引力会大幅度下降。

第二节　文献综述

一、实体企业脱实向虚的影响因素研究

已有文献主要从公司财务特征、公司治理特征、高管特质、二元融资结构、货币政策及宏观经济脱实向虚的影响等方面寻找影响实体企业脱实向虚的具体因素。

(一)宏观经济环境对实体企业脱实向虚选择的影响

宏观经济状况会影响企业金融资产配置的政策选择。在财务学中,企业现金持有决策是重要的财务决策,以预防为目的的现金持有可应对并缓解现金短缺对公司经营活动的不利影响。Özgür(2008)证明美国实体企业的金融资产配置对企业主营业务投资产生挤出效应,致使美国企业的金融投资活动获利占比较高,企业经营活动的获利占比较低。针对实体企业配置金融资产的蓄水池效应和挤出效应,胡奕明等(2017)对2002—2014年中国A股上市非金融类企业的研究发现,企业金融资产配置水平与GDP增长率和股票指数收益率显著负相关,与M2增长率和法定准备金率显著正相关,并认为企业更多的是基于预防动机配置金融资产,也就是"蓄水池"动机。邓超等(2017)考察了人民币汇率指数、消费者价格指数、沪深300指数对实体企业金融化政策的影响,发现宏观政策的稳定一定程度上能够缓解实体企业的金融化趋势,这表明企业持有金融资产可能并不是为了获取更多的金融利润,而是为了应对经济震荡所采取的生存策略。Barker等(2016)进行的跨国研究表明,2008年世界范围内的金融危机发生后,各国经济政策的不确定性加大,处于转型期间的中国经济政策的不确定性也不断增加。向海凌等(2020)发现地方政府的产业政策影响实体企业脱实向虚。彭俞超等(2018)基于Baker等(2016)构建的经济政策不确定性指数,以中国A股市场2007—2015年非金融类上市公司的季度财务数据为样本,研究发现,中国宏观经济政策的不确定性不仅是中国上市非金融企业金融化的原因,也可能是非金融企业持有金融资产数量减少的原因。经济政策的不确定性程度增大导致资本市场风险加大、金融资产的盈利能力和流动性下降、价格崩盘风险上升,此时企业可能采取减少持有金融资产的策略;

作为中国企业主要融资渠道的银行信贷资金供给也会减少，企业获取资金的难度加大，造成可用资金短缺，这时企业有可能通过减少金融资产配置、变卖或贴现金融资产来缓解资金紧张的局面。王少华和上官泽明（2019）研究发现，与紧缩的货币政策相比，宽松的货币政策将加剧过度金融化对创新的挤出效应。进一步考虑企业金融化异质特征后发现，国有企业、成熟期企业以及高主业增长水平的企业中，宽松的货币政策更能加剧过度金融化对创新的挤出效应。王新媛（2020）使用 2007—2019 年中国 A 股上市公司数据进行实证研究，结果表明，货币政策的不确定性会对企业金融化水平起抑制作用，且在董事长和总经理兼任或高管持股比例高的情况下，货币政策的不确定性对企业金融化水平的抑制作用更明显。郭胤含和朱叶（2020）研究了经济政策的不确定性对实体企业脱实向虚的影响。

（二）金融市场发展对企业金融化政策和金融资产配置的影响

金融市场的快速发展，意味着金融市场的规模不断扩展、可交易金融产品更加丰富、投融资渠道更加多元化。这意味着金融市场的发展为企业享受金融深化成果提供了更多便利：一方面，实体企业在资金短缺时可以更便利、采用更多元化的融资方式到资本市场筹资；另一方面，实体企业在资金存在盈余或者主业发展机会较少时，可以把剩余的资金投放到金融市场去获取更多利润以克服主业资金利用效率不高或盈利能力不足的问题。Beck 等（2002）研究证明，金融市场的快速发展可促进金融中介的快速成长，减少企业的融资约束，降低企业的融资成本，为企业配置金融资产提供诸多便利。但如果虚拟经济独立于实体经济发展，则虚拟经济可能成为无本之木、无源之水，这不仅可能挤出实体企业的资金，而且可能在金融市场过度发展、资产泡沫形成并破裂时，造成社会有效需求大幅度下降，严重挫伤实体产业的发展能力。张慕濒和孙亚琼（2014）以股权分置改革后2005—2011 年中国 A 股上市制造业企业为样本，实证研究了金融发展对企业金融化程度的影响，研究发现制造业企业上市能够减少不同产权性质企业造成的融资约束差异，但这并不能缓解财务资源的错配问题。具体表现为，实体企业获取充足金融资源后，开始大量配置金融资产，这种金融资产的配置政策并非源于企业主业盈利能力的下滑及企业利润增长的需求，更多源于金融资源供给的增多、上市公司寻找股权融资的便利及股权融资成本的降低。该研究认为，经济金融化并不能改善财务资源的错配问题。Tori 等（2017）实证检验发现，在发达地区，实体企业脱实向虚现象更严重，金融资产对实体产业的挤出效应更明显。实体企业的资金脱离实体经济开始大量进入资本市场，购买股票、房地产和委托理财产品的现象广泛存在

（杜勇等，2017）。李华民等（2020）发现利率市场化改革影响实体企业脱实向虚。影子银行的发展是实体企业脱实向虚或者虚拟经济对实体经济产生挤出效应的重要实现途径。周彬和谢佳松（2018）研究发现，实体企业金融化整体上抑制了自身主业的发展，短期的抑制效应在民营公司和地方国企中更明显，并在长期内抑制了民营企业发展，这种影响在东部、中部地区更显著。俞毛毛等（2020）发现融资融券等金融制度改革会影响实体企业的金融化程度。庞凤喜和刘畅（2019）的研究表明，金融市场发展程度较高时，宏观税负水平对实体企业金融化程度的促进作用更强，即政策不稳定性和宏观税负水平增加等外部环境不良因素是企业进行金融化的推动力量，企业用投资变现周期短的金融资产来替代难以变现的固定资产以降低自身可能遇到的风险，而企业金融化的这种决策将对主营业务产生不利影响。陆蓉和兰袁（2020）选取 2007—2017 年我国 A 股上市公司作为研究样本，发现融资融券制度可以通过公司治理机制和信息机制两个方面显著提高企业金融化程度，并且这种提高主要来自融资交易。刘帷韬等（2021）发现产业政策促进了企业创新。

（三）市场竞争对企业金融化的影响

产品市场竞争作为重要的外部治理和竞争机制，对企业脱实向虚或金融化政策选择有重要影响。Armen 和 Alchian（1950）认为，产品市场竞争有助于缓解信息不对称和代理问题。产品市场竞争在缓解企业现金流代理问题的同时，还能够起到抑制竞争、威慑潜在竞争者的作用。Alimov 和 Azizjon（2014）对美国市场的研究表明，公司持有现金的重要价值不仅是预防现金短缺，更重要的价值在于威慑对手，有效应对因市场竞争加剧而被掠夺的风险。雷新途等（2018）证明，产品市场竞争能够增加企业的现金持有价值，并且这种影响不是来自产品市场竞争对自由现金流代理问题的缓解，而是来自对潜在掠夺效应的应对。周伯乐等（2020）发现"一带一路"倡议改变了企业竞争环境，对实体企业脱实向虚有一定影响。张春鹏和徐璋勇（2019）对中国 A 股上市公司的研究表明，产品市场竞争通过发挥对上市公司的掠夺效应来促使实体企业更多地配置金融资产，并且该影响随着企业资本成本的提高而增强。李顺彬（2020）选取 2007—2018 年我国 A 股非金融类上市公司的经验数据为样本，研究发现产品市场竞争程度和企业竞争地位与企业金融资产配置均呈正相关关系，产品市场竞争的加剧和企业竞争地位的提升都会扩大企业金融资产的配置规模。但是企业竞争地位对产品市场竞争程度与企业金融资产配置的正相关关系起反向作用，并且竞争地位高的企业更倾向于配置金融资产。

（四）企业个体层面对企业脱实向虚的影响

1. 企业绩效影响企业金融化

企业主要在产品市场、要素市场、劳动力市场开展生产经营活动，为社会提供产品或服务，创造经营利润。资本市场的发展为越来越多的企业参与资本市场并通过金融投资活动获取金融利润提供了条件。当实体企业把更多的资金等资源投放到金融市场以期获取金融利润时，生产经营活动的资金将被金融活动占用。从企业利润最大化目标及企业本质看，企业参加金融活动的目的是获利。当经营活动的投资回报率较低、金融业利润率较高时，企业势必会把更多资源用于金融投资活动，以获取更多的利润。Penman 和 Yehuda（2009）在研究中区分了金融活动、经营活动、金融负债和经营负债，相应确定了金融利润和经营利润。在此基础上，宋军和陆旸（2015）区分了经营利润和金融利润，发现中国 A 股上市公司持有的金融资产同其经营资产收益率呈"U"形关系，即盈利能力较强和较低的企业均倾向于持有更多的金融资产。但高盈利能力企业配置较多金融资产更多是对闲置资金的归置利用，可理解为富余效应；而较低盈利能力企业配置更多金融资产的目的是获取较高的金融收益率，可理解为替代效应。黄贤环等（2019）通过研究中国 A 股上市公司中业绩上升和业绩下降两类非金融企业的金融化行为发现，盈利能力增强的企业较少出现过度金融化现象，而盈利能力下滑的企业更可能出现过度金融化现象。产生企业金融化行为差异的主要原因是业绩上升企业面临较低的融资约束和财务风险，不需要购买变现周期短或盈利率和风险都很高的金融资产。李馨子等（2019）发现客户集中度会影响实体企业的金融化程度。

2. 盈余管理影响企业金融化

盈余管理是市场参与者重要的决策动机，也是重要的管理者行为。企业进行盈余管理的主要目的是避免利润下降或亏损，配置更多的金融资产更利于企业进行盈余管理。根据现有准则，金融资产可分为交易性金融资产、持有至到期投资、可供出售金融资产、贷款和营收款项等，金融资产的后续计量也会影响损益的估计和判断。此外，在中国现行背景下，金融资产的收益率整体高于非金融资产，这也为企业进行盈余管理提供了可行性。许罡（2018）对 2003—2015 年中国 A 股实体企业的研究表明，扭亏为盈和平滑利润是中国非金融类上市公司实施盈余管理的重要动机。

3. 企业整体税负水平影响企业金融化

税收负担也是推动企业配置金融资产的重要因素。徐超等（2019）借2009 年增值税转型改革实体税负之机，基于 A 股上市公司数据实证检验了实体税负与非金融企业金融化之间的相关关系。研究发现,增值税转型改革引发的实体税负下降显著降低了制造业企业的金融化水平,并且这一效果对于重资产企业和融资约束较小的企业影响较大。增值税转型改革直接降低了企业的整体税负,相对提高了实体企业生产资产收益率,引导企业投资以扩大再生产活动,抑制企业配置金融资源的行为。庞凤喜和刘畅(2019)对 2010—2016 年中国 A 股上市公司的研究发现,制造业企业整体税负水平显著正向影响了企业的金融化水平,即整体税负水平较高的企业倾向于配置更多的金融资产,但这种正向关系在国有企业中表现较弱,宏观经济环境的脱实向虚也会加剧上述正相关关系。

4. 高管薪酬影响企业金融化

实施高管绩效薪酬是很多企业重要的激励机制和激励手段。不同高管激励方案的激励实效不尽相同,有的是对长期绩效的激励,有的则更侧重对短期绩效的激励。Wiggins 和 Ruefli(2002)实证检验了管理层股权激励对公司研发支出的影响,证明股权激励能有效促进企业研发投入,并且股权激励对公司的成长性也具有长期的积极影响。如果公司高管的货币薪酬取决于企业的短期绩效,在金融资产收益率普遍高于经营性资产收益率的背景下,若受到货币薪酬的激励,公司高管将更倾向于通过配置更多的金融资产来提高短期企业绩效。朱玉飞和安磊(2018)以中国 A 股上市公司为样本,实证检验了薪酬激励和股权激励对公司金融资产配置行为的影响,实证结果表明股权激励会促使公司高管更多采取长视化行为并对公司金融资产配置具有一定的抑制作用,而薪酬激励会促使公司高管更多关注短期绩效的提升并会促进公司配置更多的金融资产。Sen 和 Suphi(2015)认为,股东价值最大化的理念致使很多企业推行股权激励计划,公司高管出于股东价值最大化及个人利益最大化的考虑,更可能通过配置更多盈利能力强的金融资产改善公司短期财务绩效,这种行为在公司财务资源有限的情况下势必会对公司主营业务产生挤出效应。邓超和袁倩(2017)以中国 A 股上市公司非金融类企业为样本,实证研究发现非金融类股东价值最大化观念会加剧公司金融化程度。周频和彭凯君(2020)以 2013—2017 年所有 A 股上市公司为样本,实证说明高管股权激励对企业创新不利,他们可能为了股价而更追求短期利益,减少研发创新投入,增加金融资产配置额度。

5. 企业高管的金融背景影响企业金融化

根据高阶梯队理论,企业高管的背景特征对高管的风险态度、行为及企业财务政策选择具有重要影响。具有金融背景的高管具备更多的专业知识和技术进行金融资产投资,为企业参与资本市场投资提供了天然的便利条件。许罡(2018)以高阶梯队理论为理论基础,以中国 A 股金融类上市公司为样本,实证检验了高管的投行工作经历对企业金融化程度及金融资产获利能力的影响。研究发现,公司高管具备投行经历时,公司倾向于配置更多的金融资产且金融资产的投资收益率(投资回报率)也相对较高。这说明高管投行的背景具有价值优势。类似的,杜勇等(2019)以烙印理论为理论基础,以中国 A 股实体企业为样本,实证检验公司高管的金融从业背景与公司金融化程度的关系、作用机理及经济后果后发现,高管具备金融从业背景的公司,金融化程度更高,这种现象在高管具备非银行业金融从业背景时更加明显。对作用机制的检验表明,高管的金融从业背景减少了公司融资约束,增强了公司的金融化程度。这种影响在市场化程度较高的东部地区以及对公司高管的监督机制相对薄弱的国有企业中更明显。进一步的,实体企业配置金融资产会提高企业的经营风险,弱化企业金融化政策对企业风险的影响。

从理论上来看,实体企业脱实向虚、配置金融资产的动机可归为两类:一类是配备流动性较低且具有高额回报的金融资产,以获得超额回报率,表现为资本套利动机;另一类则是通过配置变现能力强的金融资产缓解融资约束,以应对企业突发情况的资金需求,表现为资金储备动机。依据上述理论观点,已有文献探讨了影响企业金融化的具体因素。Özgür(2008)研究发现,实体企业对经济利益的追逐导致这些企业配置大量金融资产,并呈现脱实向虚倾向,这对实体企业投资产生一定的挤出效应。彭俞超等(2018)发现,经济政策的不确定性增加显著抑制了企业金融化程度,致使企业脱实向虚趋势减弱,这在中西部地区、竞争较激烈的行业以及受融资约束程度较弱的企业中表现更为显著。这说明资本追逐利润而非预防性储蓄是诱发中国上市实体企业脱实向虚的关键因素。文春晖等(2018)对实体上市公司的研究发现,经营风险上升导致的上市公司过度融资行为,通过挤出效应强化二元融资市场的价格歧视,二元市场的反馈效应导致上市和非上市公司资本双双脱实向虚。闫海洲和陈百助(2018)研究发现,公司治理水平较差、管理层过度自信和多元化经营特征明显的企业更倾向于持有更多的风险金融资产,脱实向虚趋势更明显。张成思和张步昙(2016)证明,企业的实业投资率与经济金融化负相关,经济金融化不利于货币政策提振实体经济,金融资产的风险收益错配也会抑制实体投资。胡奕明等(2017)研究发现,金融资产配置与 GDP 周期变量及股票指数增长率有较强的负相关关系,与广义货币 M2 的周期变量及法定准备金率有较强的正相关关系,这表明企业配置金融资产是基于预防储备目的以"蓄水池"动机为主。宋军和陆旸(2015)发现,企业配置交易性金融资产具有状态依赖性。杨筝等（2019）研究发现，在货币政策宽松时，企业会显著提高交易性金融资产的配置水平，这种脱实向虚的趋势在民营企业中更为明显。

二、实体企业脱实向虚的经济后果

（一）企业脱实向虚的消极效应

1. 对企业资本支出和研究支出产生挤出效应

在财务资源有限的情况下，企业配置大量的金融资产势必对其他经营性投资产生挤出效应。Özgür（2008）以美国非金融类企业为样本，实证检验表明实体企业金融化挤占了实体企业的投资。由于金融资产可以在短期内给企业带来超过经营性资产的利润，企业把有限的财务资源投放到金融市场而不是用于购置经营性资产，这种效应称为挤出效应。Tori 等（2016）以土耳其、墨西哥等新兴市场国家以及英国等发达市场国家的上市公司为样本，研究证明实体企业配置金融资产具有挤出效应。段军山和庄旭东（2021）发现企业金融投资对技术创新有挤出效应，舒鑫和于博（2020）得出了类似的研究结论。张成思和张步昙（2016）以中国 A 股上市公司为样本，从企业微观视角探究了中国投资支出下降的原因，发现金融化程度的加深会降低实体投资水平，在微观层面表现为企业金融资产的配置水平负向影响企业资本支出水平，对实体企业的创新投入也产生了显著的抑制作用。谢家智等（2014）以中国 A 股上市公司为样本，实证检验了实体企业金融资产配置对技术创新投入的影响，结果表明在制造业外部环境日趋恶化及盈利压力陡增的背景下，实体企业倾向于增加金融资产配置，一定程度上抑制了企业的技术创新能力和意愿。王红建等（2017）对中国 A 股实体企业的研究表明，在金融产业资本利润稳定高于实体产业资本利润的特殊背景下，金融资本、产业资本间存在明显的套利机会，这种套利机会会促使资本从实体产业流向金融产业，对实体产业投资产生明显的挤出效应，并且套利机会越明显，挤出效应越强。杨肖（2020）以 2003—2018 年我国上市制造业企业的季度数据为样本，研究证明企业增持金融资产配置的行为对创新投入有显著的挤出作用，且这种作用不受经济政策的不确定性影响。刘柏和琚涛（2019）发现金融化和研发投资之间存在共振的现象。

2. 降低全要素生产率和减少就业机会

本质而言，金融资本分享的是产业资本的利润或者价值增值部分。在整个经济体金融化程度很高的情况下，真正参与价值创造的资本量相对较少，会降低整个社会的全要素生产率。盛明泉等（2018）以中国 A 股 2007—

2015 年间的上市公司为样本,实证检验了金融化程度对全要素生产率的影响,结果表明实体企业金融化程度整体上降低了全要素的生产率,这种影响主要通过降低实体企业的实业投资和创新投入产生,该影响显著表现在金融资产以长期股权投资和投资性房地产为主。整体来看,企业兼具蓄水池效应和套利为目的大量配置金融资产最终使实体企业呈现出脱实向虚的倾向。此外,金融资本身并不创造价值,只有在金融资本转化为实业资本后,实业资本通过雇佣劳动才产生价值。如果大量的金融资本只是在金融市场体系内部空转,致使金融资产价格上涨,而没有有效地转化为实体资本,只会降低资本对劳动力的雇用量,抬高实体企业的融资成本甚至对实业资本产生挤出效应。因此,金融资本的过度繁荣可能会降低就业。王怀明和王成琛(2019)以中国 A 股市场非金融类实体企业数据为样本,研究发现实体企业金融化可以降低资本对劳动的雇佣比率,这种影响通过减少企业的实体投资发生。黄贤环和王瑶(2019)以 2007—2017 年沪深两市非金融企业的数据为样本,研究发现企业金融化行为可通过挤出新产品及技术的研发资金和降低人力资本投入这两条通道发生,对提升全要素生产率产生阻碍。胡海峰等(2020)对 2006—2017 年沪深 A 股上市公司进行研究,发现公司投资金融资产过度会通过降低资本性支出、降低经营业绩持续增长水平、挤占升级技术和设备资金投入等三个中介渠道产生作用,造成生产效率的损失,并提出上市公司金融资产配置的最优水平为 13.1% 的观点。

3. 加剧企业财务风险,损害公司主业业绩

实体企业配置金融资产直接影响财务状况。同经营性资产相比,金融资产具有风险高、收益率高的特征,可能会给企业带来超高的收益率,也可能给企业带来巨大的损失。对于那些不具备金融投资专长或知识的企业而言,投资金融资产很可能会遭受损失,而非获取高额利润。这在现实中非常普遍,如中海油投资石油期货遭受巨额亏损。RENÉ(1996)发现实体企业配置金融资产可能会加剧企业的财务风险,但恰当利用金融投资也可能获取金融投资收益而缓解企业财务困境,降低融资难度。黄贤环等(2018)以中国 A 股上市公司为样本,立足中国实体企业脱实向虚趋势明显的背景,实证研究发现企业持有金融资产的水平显著正向影响公司的财务风险水平,其中长期金融资产对经营性资产投资的挤出效应是导致以上影响的核心原因。在货币政策紧缩时,企业尤其是非国有企业面临更大的融资约束,长期金融资产对财务风险的正向影响更显著。杜勇等(2017)以 2008—2014 年间中国 A 股上市公司数据为样本进行研究发现,实体企业金融化对主业投资的挤出效应或替代效应强于蓄水池效应,实体企业会通过减少企

业资本支出及研发投入而降低主业盈利能力,这些在宏观层面流动性收紧及国有企业中表现更加明显。综上可知,实体企业金融化会损害企业主业盈利能力。倪志良等(2019)以2008—2014年中国A股上市公司为样本,采用非对称性演化博弈模型分析实体企业配置金融资产的原因,并进行实证检验,结果证明实体企业金融化会严重制约企业的主业发展,减少投资机会,并且这种制约产生于实体企业配置金融资产对实业投资的挤出效应,上述影响在高融资约束公司中更明显。林素燕和吴昂(2020)以我国2008—2017年沪深A股非金融行业上市公司为样本,实证检验实体企业金融化程度与盈余质量的关系发现,在其他因素不变的情况下,实体企业金融化程度越高,其盈余质量越低,且高质量内部控制能显著抑制非金融公司金融化程度对其盈余质量的负向影响。

4. 给股票回报带来负面影响,提升股价崩盘风险

非金融企业的金融化发展趋势会对公司的股票价格产生影响。Duchin等(2017)以纳入标普500指数公司的非金融类企业为研究样本,发现这些公司持有的风险金融资产占金融资产总额的40%左右,超出预期水平的25%,鉴于这种情况按照传统标准确定的非金融企业是否还是非金融企业值得商榷。闫海洲和陈百助(2018)对中国上市公司的研究发现,中国上市实体企业持有的金融资产能够负向预测未来的收益率,也就是持有金融资产水平较高的实体企业未来股票收益率偏低。上述金融资产的资产定价效应在融资约束程度较高的公司中更为显著。由于金融资产自身固有的高风险特征,当实体企业持有较高比例的金融资产时,企业盈利的波动幅度会因为金融资产价值的高风险性而加大。Hong和Stein(2003)在解析股价崩盘风险机理的基础上,认为市场中存在卖空限制,持有悲观预期的市场投资者并不能及时地把自己对股价的溢价注入股价中,或者公司管理层故意隐瞒坏信息,这些因素都会导致部分负面信息被隐瞒,当这些负面信息积累到一定程度并集中爆发时,股价崩盘就会发生。彭俞超等(2018)以中国A股实体企业为样本,实证检验了公司金融资产配置与股价崩盘风险间的关系,研究结果证明,非金融类上市公司持有金融资产能够帮助管理层更好地隐瞒坏信息,非金融类上市公司的金融资产持有量会促进这些公司未来股价的上升。在内部治理水平较低及经营风险较高的公司中,上述影响更加明显。雷新途等(2020)运用2003—2017年A股的非金融上市公司财务数据开展实证研究,发现公司金融化程度加深会降低企业的资产专用性,损害主营业务收入,并对实体资产利润率和总体资产收益水平造成不利影响。

（二）企业脱实向虚的积极效应

1. 提高企业资源配置效率及企业绩效

实体企业配置金融资产影响企业价值的渠道有两种。第一,在企业主业经营业绩下滑或陷入困境而无更好的转型方案时,把有限的财务资源配置于金融资产无疑可以提高企业的短期绩效。第二,在中国特殊制度背景下,实业资本的收益率低于金融资产的平均收益率,说明实体企业可通过配置金融资产提高公司绩效进而抬升公司股票市值,股票市场的改善能够降低公司股权融资的难度并有助于降低公司资本成本。Crotty(2005)把企业的资产配置视为包含金融资产和经营性资产的企业资产投资组合。在企业金融活动的盈利能力高于经营活动投资的盈利能力时,企业会加大金融投资的比重,以实现整个投资组合利润最大化。此外,由于金融资产具有更强的流动性和变现能力,实体企业配置一定数量的金融资产可以作为一种战略储备,更好地应对潜在市场环境的不利变化以及竞争对手的挑战等。王红建等(2017)对中国 A 股制造类上市公司的研究表明,实体企业配置金融资产在一定程度上会对研发支出产生挤出效应,但当金融资产持有水平超过临界点后反而会对研发支出产生一定的促进效应,且企业下期的财务绩效水平也会因持有金融资产而得到有效改善。雷新途等(2018)研究发现,当产品市场竞争激烈时,市场对企业持有现金给予了更高的评价,因为此时企业持有现金意味着企业不仅具备应对激烈竞争的现金筹码,还可以用现金投资于盈利能力更高、更利于公司增值的项目。蔡艳萍和陈浩琦(2019)对中国 A 股上市非金融企业的研究表明,上市制造类企业的金融资产配置水平对企业价值有着显著的正向影响,这主要通过降低企业的投资效率去实现。

2. 构建多元化的资产组合,降低和分散企业风险,改善企业财务状况

根据资产组合理论,构建多元化的资产组合有助于降低资产组合风险。Gordon(1995)进行的问卷调查研究表明,实体企业配置金融资产不仅是为了获取更高的金融投资收益率,通过配置金融资产对冲经营活动的风险也是重要的原因。同经营资产特别是长期经营资产相比,金融资产具有更高的流动性,企业配置金融资产相当于构建一个缓冲垫,在财务资源富足时增加金融资产配置,在主业需要增加资金投入时,可将金融资产迅速变现以支持主业发展的需要。张成思和张步昙(2016)认为金融资产的快速变现能力能够有效提高资金的利用效率,降低企业现金短缺及资金链断裂的风险。王红建等(2017)提出,在企业主业现金制造能力下滑、盈利能力低下时,持有金融资产的金融收益也可以缓解企业资金压力及偿债压力。许罡和朱卫

东(2017)提出企业配置变现能力强、风险低的短期资产,更多的是起到蓄水池的作用,能够有效降低企业财务风险,对主营资金需求的挤出效应可以忽略不计。黄贤环等(2018)以中国A股上市公司为样本,研究发现非金融类上市公司的金融资产持有水平会显著正向影响公司财务风险,但这种影响主要是长期金融资产所致,企业持有短期金融资产更多的是起到预防作用。企业持有金融资产整体上不利于经济发展和金融稳定,但适度持有金融资产则有助于缓解企业财务风险,降低陷入财务困境的可能性。

三、文献述评

现有文献重点关注了实体企业脱实向虚对企业实体投资、研发、企业绩效、杠杆率、股价崩盘风险等方面的影响。对韩国和土耳其的研究表明,企业会增加金融资产配置尤其是高收益资产的投资,减少研发投资和固定资产投资,影响实体经济的发展。谢家智等(2014)发现制造业过度金融化抑制了技术创新能力,政府控制更是扩大了金融化对创新的消极影响。王红建等(2017)基于中国金融资本超额回报率的事实,发现实体企业金融化整体上挤出了企业创新,这在套利动机强、盈利能力弱的企业中更显著。实体企业金融化全要素生产率并没有改善,所改善的只是下期的短期收益率。不同的是,杨筝等(2019)发现,企业配置交易性金融资产有效地提高了企业研发支出的持续性,显著缓解了民营企业的融资约束。杜勇(2017)等对A股上市公司的研究发现,金融化损害了实体企业的未来主业业绩,表明金融化的挤出效应大于蓄水池效应,并发现货币政策越宽松,金融化的损害效应越加剧,良好的金融生态环境则有助于削弱金融化对企业主业业绩的负面影响。戚聿东和张任之(2018)研究证明,整体来看,企业金融资产配置显著降低了企业价值,但对于高融资约束的公司,上述关系并不显著,对于市场套利动机更强的公司,负相关关系显著,深入研究发现企业金融资产投资对企业研发投入和资本投资有挤出效应。刘贯春等(2019)对中国A股非金融类实体企业的研究表明,持有金融资产会显著降低企业杠杆率,金融渠道获利会显著推升企业杠杆率,短期负债情况下表现更加明显。在经济增长和货币政策宽松期,金融资产配置的作用被弱化。彭俞超(2018)等通过构建一个包含市场、公司和经理人的三期博弈模型,发现上市公司为隐瞒负面信息持有金融资产会提升股价崩盘的频率,这在经营风险较高、内部人监督程度较低的公司中更为显著。造成这种关系的原因可能是金融投资加剧了企业与外界间信息不对称的程度。

综上所述,已有文献广泛研究了实体企业脱实向虚的影响因素,部分文献关注了实体企业脱实向虚的经济后果,但对脱实向虚市场表现方面的研究相对较少。其中闫海洲和陈百助(2018)检验了产业部门持有金融资产的市场价值,发现产业部门持有风险金融资产对其股票回报产生负向作用,这在融资约束公司表现更强烈。该研究基于风险视角展开,探究了实体企业脱实向虚对股票回报率的影响,认为实体企业金融化负向影响股票收益率的原因在于实体企业配置金融资产会降低公司风险及投资者期望报酬率。在中国特殊制度背景下,中小投资者是市场的主体,这些投资者可能难以理性评估实体企业脱实向虚的客观影响。譬如,在乐观情绪主导下,会高估脱实向虚的收益,同时会低估其潜在的负面影响。这种有偏估计可能对资产定价产生影响。鉴于此,本书拟依据相关行为金融理论,实证研究实体企业脱实向虚对资产定价的影响。这种研究不仅能够从理论上深化对实体企业脱实向虚经济后果的认识,拓展该领域的研究,更有利于实务上做出更合理的金融资产配置决策。

第三节　研究假设

一、实体企业脱实向虚对股票流动性的影响

(一) 流动性的含义

流动性的内涵非常广泛,在很多地方都经常被使用。宏观层面,涉及货币政策、货币供应量时常会采用流动性的概念,此时流动性的含义是指整个中央银行向整个经济体供应的货币数量的多寡;公司层面流动性的概念,如流动性偏紧、流动性宽裕、格力电器流动性充足、乐视网流动性枯竭等,此时的流动性可以理解为公司拥有或可使用的货币资金,即钱。在资本市场背景下,讨论股票、债券或者私募股权份额时,也会经常使用流动性,如中国工商银行流动性好、高市值股票的流动性好等表述。

可以看出,流动性一词在经济活动中被广泛使用,是一个非常重要的概念。在股票市场中,如何理解股票流动性的强弱呢? 简单来讲,股票流动性就是能以最快的速度、最低的成本买进或卖出最大量的投资仓位。这涉及三个维度:交易速度(完成特定额度交易需要的时间越短说明股票流动性越强)、交易成本(完成交易需要支付的手续费、交易对价格的冲击等,交易成本越低流动性越好)、市场深度(股票能够承受的投资额度,能够接受的投资额度越大、量能越大,市场深度越强)。譬如,某只特别处理股票的近期日

交易额约为700万元,如果你准备买卖100万元此股票,则可能需要耗费相当于1/7天的时间来完成此交易。另外一只股票的近期日交易额约为7000万元,如果你同样买卖100万元此股票,则可能需要耗费相当于1/70天的时间来完成此交易。与第二只股票相比,完成第一只股票等额交易量需要更长的时间,因此需要在较长时期内承担个股涨跌的风险。此外,由于第一只股票日交易量太少,如果想在短时间内完成特定额度的交易,则可能会对此股票的股价造成极大冲击,为了缓和这种冲击,必须牺牲更长的时间或者牺牲一定的价格优势来缓慢地完成此类交易。但完成第二只股票100万元的交易相对就比较容易,因为此类股票仓位容量大、速度快、交易成本和价格冲击小。鉴于股票流动性强弱的差异化特征,一般投资者大多偏好强流动性股票,有时会刻意避开弱流动性股票。

交易成本也是影响股票流动性的重要因素。通常而言,交易成本包括交易本身对价格的冲击以及交易过程支付的相关税费。如果股票单位时间内的量能很少,则特定数量的交易对股价的冲击可能非常大。此外,低价股的交易成本通常会高于高价位股票。美国几个专业机构的研究表明,在美国股票市场中,小盘股的总交易成本约为2.4%,大盘股则为0.6%左右,大盘股交易成本只是小盘股交易成本的四分之一。进一步研究发现,券商佣金及股价冲击成本占比低于交易成本的两成,更多的成本是交易方不能按照预期价格完成交易的成本,也就是你按照预期交易价格等待交易的过程中,其他投资者抢先按照你的预期价格完成交易,致使买入价格较高或者卖出价格较低所产生的等待成本。这种成本更重要、影响更大,小盘股尤其如此。

(二)流动性溢价

强流动性股票具有容量大、交易速度快、成本低的特征,受到很多投资者尤其是短期交易者或机构投资者的青睐。这些股票的交易量很大,流动性奇高,做快速换手买卖不是问题,但会造成此类股票存在流动性溢价,也就是投资者因此类股票具有较高的流动性而愿意支付额外的溢价来购买此类股票。这种因流动性偏好而支付较高价格购买股票的行为可能会导致此类股票被高估,致使其未来收益率(预期收益率)偏低。在中国A股市场,申万活跃股指数在过去几十年累计跌幅99%。相反,诸如小盘股通常属于弱流动性股票,这些股票可能因其较低的流动性而受部分投资者排斥,导致此类股票价格存在一定程度的流动性折价。流动性折价的含义是,在强、弱流动性股票基本面类似的前提下,因投资者偏好强流动性股票、规避弱流动性股票,致使弱流动性股票的股价通常偏低甚至被低估。如果投资者持有弱流动性股票资产组合,因此类股票在未来的价格回归而可能给持有人带来超额回报,这种回报率尤其高于活跃股票、大盘股票。因此,低价股、弱流动性股票的回报率可能更高,可能会超过大盘的回报率。据统计,在过去17年里,不考虑总体交易成本,低价股累计涨幅818%,年化收益率12.7%,但如果考虑了总体交易成本后,年化收益率依然低于上证综合指数年化收益率。

概括来讲,股票流动性的高低取决于投资者进出仓位的速度、容量和交易成本,这三个维度决定了股票对于投资者的吸引力、股价和长期回报率。因存在很高的交易成本,低价股、活跃股较高的理论业绩可能会远低于真实可得的业绩。考虑到弱流动性带来较高的交易成本及机会成本,低价股的长期高回报率可能还低于大盘指数。

在股票市场中,股票流动性是核心,是一切(Amihud et al.,2002)。有效、健康运行的股票市场应该具有充足的流动性。在流动性充足的情况下,市场投资者可以较为自由地进出市场,通过"用脚投票"或者"用手投票"的方式,增强对上市公司的监督,从而缓解代理问题和代理成本,使管理层、股东间的代理冲突得以缓解并使公司治理水平得以提升(Lutz & Schraml,2013)。此外,公司股票流动性可使公司股价的信息含量得以有效地提升(苏东蔚和熊家财,2013),推动企业技术创新(冯根福等,2017)。

如何提高股票流动性是我国学者研究的重要问题,相关研究文献较为丰富。郑建明等(2018)对新三板的做市交易制度进行研究后发现,该交易制度可有效提升股票市场的流动性。基于相同的制度背景,陈辉和顾乃康(2017)研究发现,新三板市场的做市商制度的确改善了市场的流动性,并且做市商数量对股票市场流动性产生了显著的正向影响。此外,还有学者从微观公司层面研究了公司特征因素对股票流动性的影响。田昆儒和王晓亮(2013)发现,公司股权集中度有助于公司股票流动性的增强。李常青等(2016)研究发现,公司财务杠杆水平对公司股票流动性有显著的负向影响。邓柏峻等(2016)研究证明,境外股东持股显著恶化了中国 A 股上市公司的股票流动性,很大程度上是因为境内、境外股东间信息不对称程度过高,信息不对称性会使股价信息含量及股票流动性降低。随着网络媒体及互联网技术的发展,投资者间的沟通交流更加便利,此时投资者的交流沟通成本及信息不对称程度更低,股票流动性可能因此增强。可以发现,虽然影响股票流动性的因素众多,但关键的要素之一是投资者间的信息不对称。

(三)上市公司金融化程度对股票流动性的影响

实体企业配置金融资产改变了企业资产结构,由于金融资产风险高于经营性资产风险,公司整体资产风险因此增加。此外,实体企业金融化意味着实体企业需要把部分财务资源及其他相关资源配置于金融资产上。这一方面会削弱实体企业主业发展的资源基础,导致企业主业空虚化,对主业核心竞争力的培育和发展产生挤出效应(Özgür,2008;Seo et al.,2012);另一方面,脱实向虚拓宽了企业利润的来源渠道,企业可以通过参与资本市场,获取金融利润为主业发展积蓄资源,这种蓄水池效应可能有助于企业改善财务状况和现金流量状况,并实现再融资(RENÉ,1996),进而促进主业发展。很显然,新的资本结构传递的有关公司未来现金流量、风险特征的信息更加复杂,投资者评估的难度更高,实体企业脱实向虚对企业主业的影响也难以准确判断。这种新的资本结构、资产结构及其传递的信息对公司的估值水平产生的影响,是投资者在做出理性的投资决策时必须解决的问题。在信息复杂度增加的情况下,专业的投资者更可能做出合理的解读,而广大的中小投资者可能做出错误的解读,这意味着市场中投资者间的信息不对称程度可能因此而增加。换句话说,实体企业配置金融资产或者实体企业脱实向虚增加了公司未来盈利信息、现金流信息、风险信息等方面信息的复杂度,加大了投资者的估值难度,这种信息复杂度及估值难度的加大,可能加剧投资者间的信息不对称程度,进而降低公司股票流动性。基于此,提出如下假设:

假设1:上市实体企业脱实向虚或金融化程度能够显著降低公司股票流动性。

二、实体企业脱实向虚对股价特质性波动率的影响

股价特质性波动率是指在特定时间内,个股波动率不能由市场波动率解释的部分,也就是在控制市场风险后公司股价的波动率。根据经典的资本资产定价模型,在充分有效的资本市场中,理性的投资者可以通过构建最充分完全的资产组合来对冲特定证券的特质性波动率,这意味着单项证券或股票的特质性波动率风险可以通过有效的资产组合来完全分散,理性的市场投资者不会受特质性波动率风险的影响,特质性波动率也不存在风险溢价。

但在现实的股票市场中,资本市场并不完美,可替代性资本品也不一定存在,受限于融资约束、交易成本等因素,现实中的投资者往往不能够构建最完美有效的资产组合来分散特质性风险。许多学者的研究表明,特质性波动率并不能够被完全分散,具有一定的资产定价效应,能够在一定程度上影响资产定价。但此类研究并没有形成一致观点,这些观点可分为以下三类。

（一）特质性波动率与股票预期收益率不存在显著的关系

根据 Markowitz(1959)提出的投资组合理论，以及 Sharpe(1964)等提出的资本资产定价模型，在完美的股票市场中，理性的投资者都会构建最充分的资产组合来分散个体风险，投资者并不会承担个体风险，股票的特质性波动率不会影响股票的预期收益率，股票的预期收益率只取决于股票的系统性风险水平。Fama 和 Macbeth(1973)对资本资产定价模型的实证检验发现，股票的特质性风险的确不具有资产定价效应，不影响股票的预期收益率。Bali(2008)实证研究发现，特质性波动率的衡量方法、样本及样本期间、资产组合的构造方法及资产组合收益率的计算方法等因素的变化，都会导致股票特质性波动率与预期收益率间的关系发生变化。股票特质性波动率与股票预期收益率间的关系并不稳定。Erik 和 Johan(2010)以欧洲股票市场上市公司为样本的实证研究发现，在牛市及熊市状态下，特质性波动率与股票预期收益率间的关系不显著。

（二）股票特质性波动率能够显著影响股票预期收益率

资本市场的参与者包括较为理性的机构投资者以及人数众多、理性程度较低的个体投资者，这同有效资本市场理论假设的投资者充分理性并同质性的条件不符，且现实中的股票市场存在诸多市场摩擦和交易摩擦，这些因素决定了现实中的股票市场并非完全有效，现实中的资本市场并不完美。Goetzmann 和 Kumar(2004)研究发现，由于投资者年龄、收入水平和教育程度等各种因素的限制，投资者不可能完全构建充分的资产组合来分散特质性风险。Merton 和 Robert(1987)提出投资者认知能力受限假说，根据该观点，投资者受限于信息搜集能力、信息解读和加工能力，并且投资者在信息搜集、加工和解读能力方面也存在着个体间差异。在认知能力受限的情况下，投资者构建资产组合具有一定的偏好，譬如投资者倾向于购买自己熟悉的股票或者是购买信息透明度较高的股票等。此外，投资者在构建自身资产组合时还可能呈现出特定类型的系统性偏好，譬如很多投资者偏好购买波动率高并具有极低概率带来极高回报率的股票。这意味着现实中的投资者并不能或不愿意构建最充分的资产组合来分散特质性波动率风险，更可能需要承担特质性波动率风险并因承担这种风险而要求较高的特质性波动率风险溢价，这意味着特质性波动率风险与预期收益率正相关。在信息不完备的前提下，Merton 和 Robert(1987)考虑了资本成本、信息不完备、教育程度等约束条件，修正了资本市场均衡资产定价模型，基于分散投资模型证明了股票特质性波动率与股票预期收益率显著正相关。Xu 和 Malkiel

(2002)基于股票特质性波动率风险难以被分散的事实,重新构造了资本资产定价模型并证实了 Merton 的上述推断。王萍(2012)以三因子模型和广义自回归模型分别估计股票的特质性波动率,并证实在中国股票市场中,以三因子模型为基础估计的股票特质性波动率对股票预期收益率具有显著的正向影响,但基于广义自回归模型估计的股价特质性波动率在资产组合分析中与股票预期收益率正相关,而在横截面回归分析中上述关系为负值。Nicholas 等(2001)以行为金融理论为基础,论证了股票的特质性波动率与股票预期收益率正相关。

(三) 股票的特质性波动率与股票预期收益率显著负相关

Ang 等(2006)采用三因子资产定价模型估计美国股票市场中个股月内日收益率的特质性波动率,并根据估计的特质性波动率水平构建资产组合,实证结果显示股票特质性波动率与股票预期收益率间存在显著的负相关关系,这种关系在控制了公司规模、股票换手率、动量因子及流动性因子后仍旧稳健。此后,Ang 等(2009)把该研究拓展至美国以外的 G7 国家及其他 23 个发达国家股票市场,该研究再次证明,个股月内日收益率的特质性波动率与股票的月度预期收益率显著负相关,并且公司规模、协偏度、账面市值比因子、动量因子、流动性因子等已知的资产定价因子均不能解释这种特质性波动率的负向资产定价效应。陈国进等(2013)以及张华平和叶建华(2019)的研究也证明,在中国沪深两市的 A 股市场,特质性波动率与股票预期收益率间存在显著的负相关关系,且该结果并不能由账面市值比效应、动量效应、规模效应等资产定价效应替代。概括来讲,第三类研究的结论与经典资产定价理论秉持的只有系统性风险才具有定价作用的观点不符,与资本均衡定价理论中的"高风险、高收益"的基本观点也向左。因此,特质性波动率的负向资产定价效应被称为"特质性波动率资产定价之谜"。

对特质性波动率影响因素的研究可以分为三类。①信息披露的影响。Jiang 等(2009)研究发现,公司信息披露质量与特质性波动率有关。公司会择时披露利好信息,而延迟甚至不披露坏信息。公司信息披露质量越高或公司选择性信息披露行为越弱,公司股价的特质性波动率越低。付鸣等(2015)认为,公司财务报告质量越高,投资者异质性信息对股价特质性波动率的正向影响越弱。公司的财务报告传递的是最关键、最综合的价值相关信息,但其中有许多晦涩难懂的专业信息,多数非专业的投资者实际上不愿意或者无法有效解读财务报告中涵盖的信息,转而从其他更方便的渠道获取投资决策所需要的信息。较高质量的财务报告强化了关键的财务会计信息对投资者决策的影响,弱化了其他各种渠道信息对投资者决策的影响,进而降低了投资者意见的异质性。这意味着,高质量的财务会计报告信息能够降低股价的特质性波动率。持同样的观点,刘维奇和刘新新(2014)认为,公司信息披露质量越高,股价特质性波动率越低。②机构羊群行为。Chang 和 Dong(2006)研究证明,机构投资者的羊群行为及公司利润波动率均正向影响股价的波动率。③高管背景特征会影响股价特质性波动率。Chok 和 Sun(2007)以生物科技公司 IPO 为样本,研究发现董事会成员的年龄及首席执行官的薪酬水平等因素都显著正向影响股价的特质性波动率。Tan 和 Liu(2016)研究发现,公司总经理的能力水平会对股价特质性波动率产生显著的负向影响。

基于以上结论,本书认为中国 A 股上市实体企业的金融资产配置基于如下三个方面影响股价的特质性波动率。①上市实体企业的金融资产配置加剧了公司信息的不透明程度。正如前文所言,实体企业配置新的金融资产或过度参与金融投资活动后,这些新的资产或新的活动与主业固有的相关资产或活动的相关度降低,这增加了公司未来现金流、价值信息的复杂程度,以及投资者对公司进行估值的难度。当公司的信息更加复杂、投资者估值难度更高时,既可能增加公司信息披露的难度,也可能增加投资者解读信息的难度,此时投资者更可能依赖私有信息或其他来源信息,这会导致投资者间信念的异质性程度加强。②实体企业脱实向虚一定程度上折射出此类公司的经理人主业管理能力可能较低的事实。资本是逐利的,实体企业脱实向虚的一个重要原因是主业盈利能力弱或者公司成长性不足。在前面描述性统计分析阶段已经证实,低盈利公司会配置更多的金融资产,更多地依赖金融利润。对特定公司而言,主业盈利能力较低或者成长能力弱,主要的原因与公司高层管理者的能力有关。因此可以合理推测,脱实向虚程度较高的实体企业,其高层管理者的能力可能较弱。已有研究结论实证,高层的管理能力对股价特质性波动率会产生显著的负向影响。

基于以上分析,本书认为实体企业脱实向虚,一方面折射出公司高管的管理能力低下,另一方面也可能加剧公司信息的不透明程度。公司高管的能力越弱,公司股价的特质性波动率越高;公司信息的不透明度越高,公司股价的特质性波动率越高。基于此,提出如下假设:

假设 2:上市实体企业的金融化程度会加剧公司股价的特质性波动率。

三、实体企业脱实向虚对股票收益率偏度的影响

偏度是数理统计中的概念,又称为偏态、偏态系数,该指标刻画了特定变量的偏斜方向和偏斜程度,是判断特定变量非对称性程度的重要统计量。

与偏度类似,峰度也是刻画特定变量非对称性特征的统计量,又称为峰态系数,刻画了变量分布函数顶端夹峭或扁平的程度,衡量频数分布的集中程度。直观来看,峰度反映了峰度的尖部以及尾部的厚度。正态分布的偏度系数为0,峰度系数为3。若偏度系数为正,则分布右偏,此时均值大于中值,均值右侧观测值的数量明显多于均值左侧,右侧少数数量值较大,使得密度函数的右侧尾部拖得较长;若偏度系数为负,则分布左偏,此时均值小于中值,均值右侧观测值的数量多于均值左侧,概率函数的左侧尾部比右侧尾部拖得长。若峰度大于3,则分布函数尖峰厚尾,相对于正态分布来说更加陡峭,尖峰说明实际分布中靠近均值的数量更多,厚尾说明极端值的频率高于正态分布的预测;当峰度系数小于3时,说明该分布与正态分布相比更扁平一些。

通常假设收益率序列独立同分布,依据历史数据估价高阶矩,偏度用样本三阶矩的估计量表示,峰度则用样本四阶矩衡量(部分文献也采用样本四阶矩减去3衡量)。标准无条件偏度(传统偏度)的取值范围是[−3,3],偏度等于0表明收益率序列服从正态分布。采用传统的方法度量峰度和偏度存在一定的弊端。第一,度量结果要求很大的样本量,但对于中国股票市场而言,样本期可能较短。第二,极端值对于传统方法的度量结果会产生很大的影响,实际测量结果可能无法反映真实的高阶矩。虽然实证研究中可以通过剔除异常值消除此问题,但异常值剔除本身并无客观标准,且剔除异常值还可能带来统计推断无效或信息失真的问题。分位数度量方法可以很好地克服传统度量方法的部分缺陷。用分位数度量偏度常用方法的具体表达式如下:

$$RA_\theta = \frac{(q_\theta r_{t,n} - q_{0.5} r_{t,n}) - (q_{0.5} r_{t,n} - q_{1-\theta} r_{t,n})}{q_\theta r_{t,n} - q_{1-\theta} r_{t,n}} \tag{2-1}$$

其中,$\theta = 0.75$,即四分位数。与传统的度量方法不同,分位数度量方法可以克服传统度量方法中极端值的影响,且计算结果有较好的连续性,跳跃较小,有利于降低异常值对测量结果的影响。分位数度量法得到的偏度绝对值不大1,偏度为0时,收益率分布为对称分布。

Hinkley 和 David(1975)改进了分位数度量方法,界定 θ 的取值在 0.5~1 之间,而不是固定的 0.75,且 θ 取值决定了偏度的度量。

Groeneveld 和 Meeden(1984)整合了 θ 取值,使得偏度度量结果独立于 θ 的取值影响,保持偏度值不大于1,具体度量的方法如下所示:

$$S = \frac{\mu - q_{0.5}}{E \left| r_t - q_{0.5} \right|} \tag{2-2}$$

其中，$q_{0.5}$代表收益率序列的中位数。

Kim 等(2002)在前人研究的基础上，提出了与 Groeneveld 和 Meeden(1984)相似的度量方法，具体方法表达式如下所示：

$$S = \frac{\mu - q_{0.5}}{\sigma} \qquad (2-3)$$

式(2-3)中分母变成了收益率序列的标准差。

此外，近年的研究开始使用日内股票交易数据估计偏度和峰度。此类方法首先估计各股日内交易的已实现方差(假定日内高频收益率的均值为 0，符合实际)等于日内高频收益率的平方和。然后，用日内高频收益率和计算得到的日内已实现方差构建指标去度量已实现偏度(三阶矩)及已实现峰度(四阶矩)。

基于以上分析可以看出，已有研究主要基于传统方法、分位数方法及高频数据方法来度量峰度和偏度，峰度和偏度等高阶矩的具体度量结果不仅取决于度量方法的选择，还受样本期间选择的影响。由日度、周数据的移动窗口得到的偏度估计结果有可能会不一样，有别于二阶矩估计量的有效性与收益率的频率正相关的情况。

波动的非对称性。波动如何影响收益率是财务学研究的重要主题，至今方兴未艾。Black 和 Johni(1976)最早发现波动率与股票收益率呈明显的负相关关系。Engle 等(1993)则发现，资产收益率的波动具有非对称性的特征，也就是利空信息带来的波动远大于利好信息带来的波动。造成这种现象的原因有两个：一是公司股价下跌造成公司市值下降，公司杠杆因此加大，投资公司股票的风险加大，最终加剧公司股价波动率，反之则投资公司股票的风险减少，公司股价的波动率降低。二是波动率反馈效应，投资者预期未来股价波动率上升，要求提高投资收益率，导致公司股价下跌。

异质信念与卖空限制。基于传统的资本资产定价模型，投资者具有同质信念，市场中不存在卖空限制。但在中国 A 股市场中个体投资者占据绝对主导地位，且只有少部分股票允许卖空。Miller 和 Edward(1977)认为，由于存在卖空限制，当潜在悲观投资者认为股价低于其真实价值且不能通过卖空进行套利时，股价仅反映市场中潜在乐观投资者及处于多头状态的悲观投资者的观点。因此，股价并不能完全反映所有投资者的观点，被高估的证券需要更长的时间才可以回归至其内在价值。换句话说，在投资者充分理性的条件下，由于卖空限制的存在，市场并不能对利空信息及时做出反应，但可以对利好信息做出及时反应。因为促使利空信息注入股价的卖空交易不能够实施,而促使利好信息及时注入股价的做多交易则不受更多限制。因此,投资者的异质性以及股价对利好和利空信息的不对称反应是造成收益率非对称波动的本质原因。

对利好信息反应过度。殷静(2010)认为,投资者对利空信息的反应程度低于利好信息的反应程度会造成股价凸性现象。同数量级的正信号与同数量级的负信号相比,前者能够在更大程度上影响股价,从而使股票收益率呈现更明显的右偏分布特征,也就是资产收益率呈右偏分布现象。

基于以上分析,本书认为在中国 A 股市场,个体投资者在数量上居于主导地位,机构投资者并不发达,并且中国 A 股市场存在典型的卖空限制。这意味着中国 A 股市场中的投资者并非完全理性,很可能存在着异质信念,市场对公司利好信息很可能反应过度。在中国特殊的制度背景下,由于金融业的整体利润高于实体企业,当实体企业配置金融资产呈现脱实向虚的倾向时,无疑会在短期内向市场传递盈利状况有可能改善的利好信息。随着公司披露有关脱实向虚的信息,非完全理性的投资者很可能对此类信息做出更积极的反应,脱实向虚企业股票的收益率可能会呈现出更大的右偏度。基于此,提出如下假设:

假设 3:上市实体企业的金融化程度会加大公司股票收益率分布的右偏度。

四、实体企业脱实向虚对股票收益率的影响

(一) 实体企业脱实向虚与资产定价

实体企业脱实向虚直接表现为企业配置更多的股票、债权、衍生金融工具等金融资产,或表现为过度依赖于金融收益。实体企业脱实向虚可能加剧信息不对称性,增大资产定价困难。在有效的资本市场当中,有关资产价格的信息是完全的,充分理性的投资者能够对资产予以合理的定价。但在现实资本市场当中,由于代理问题、信息搜集处理成本问题、监管问题以及交易摩擦等因素的存在,有关资产价格的信息并不完备。上市实体企业金融化意味着这些企业配置的金融资产越来越多或者金融收益占总收益的比重越来越高,这可能会加剧公司的不透明度。一方面,实体企业配置的金融资产可能是股票、债券、期货、衍生金融工具及其他权益性工具,这些不同工具的风险特质、定价模型复杂多变,直接增加了投资者对企业资产组合进行估值的难度。另一方面,根据现行的会计准则,企业的金融资产只需要按照《企业会计准则第 22 号——金融工具确认和计量》的要求进行会计核算,该准则并不要求公司详细披露金融工具的信

息且在金融工具的分类、计量属性的选择上也提供了较大的空间，这种高度概括性、专业性且灵活度高的规定会进一步加剧外部投资者解读信息和估值的难度。此外，中国上市公司中最关键的代理问题是大股东和中小股东的代理问题，在公司内外部治理机制并不完善的背景下，掌握公司控制权的大股东在会计政策选择、会计估计及信息披露方面很可能做出有倾向性、符合自身利益的选择。许多文献表明，管理层会为了其私利滥用职权，由于内部人交易法规不健全和诉讼风险较低，管理层会影响公司信息披露决策获取私有收益。金融工具本身估值难度大，会计处理要求的专业性强且自由裁量空间大，再加上控股股东可能对金融资产会计处理及信息披露施加影响，在这些因素的综合影响下，配置金融资产的公司信息透明度可能因此而降低，估值难度随之增大。

在资产透明度低、资产定价困难时，投资者认知偏差等非理性因素对资产定价的影响程度加大。自 Sharpe(1964)等学者提出资本资产定价模型以来，单一的系统性风险因子的定价作用受到多方面挑战，后续学者们不断寻找新的资产定价因子，包括三因子模型、五因子模型。尽管如此，这些有效资本市场框架下的资产定价模型依然无法解释现实中许多资产定价异象。Shefrin 和 Meir(2000)将行为金融理论引入资产定价模型，认为交易者的行为因素对资产定价具有重要影响。Nicholas 和 Shleifer (2001)等理论分析了投资者情绪对投资者形成资产未来回报预期过程的影响，指出投资者对于信息存在的"反应不足"和"过度反应"行为会影响资产的预期收益率。在所有的行为因素当中，投资者过度乐观普遍存在于股票市场中，而且不会随着投资者经验、阅历的增加而降低。投资者过度乐观是指投资者倾向于高估好结果出现的概率，低估坏结果出现的概率。此外，现实中的股票市场并不完美，包括中国股票市场在内的多数国家股票市场均存在卖空限制，这种限制会阻碍对公司脱实向虚持悲观信念的投资者的意见注入股价。这对乐观投资者高估实体企业配置金融资产起到了推波助澜的作用。

概括来讲，中国上市实体企业脱实向虚的金融化活动加剧了公司信息不透明问题以及公司与投资者间的信息不对称性程度，进而加剧投资者的认知偏差程度。在机构投资者并不发达、短期卖空机制并不完善的中国 A 股市场，中小投资者构成的市场主体普遍具有过度乐观偏差，这种乐观偏差决定了市场对实体企业配置金融资产的定价水平。这种影响表现为实体企业配置较高水平的金融资产有可能产生较高的短期收益，并伴随着未来价格回归至价值时的超额低收益率。基于此，提出如下假设：

假设4：中国上市实体企业脱实向虚的程度能正向影响本期股票收益率。

(二) 市场情绪、实体企业脱实向虚与资产定价

与投资者情绪低落期相比，投资者过度乐观认知偏差对中国上市实体企业配置金融资产的资产定价效应可能更明显。一是在市场情绪高涨期，更多的个体投资者参与到市场中，这些个体投资者会对股价产生较强的影响。二是个体投资者通常受限于知识和行为偏差而不愿意卖空股票。Barber 和 Odean(2002)研究发现，只有 0.29% 的个体投资者处于空头位置。三是 D'Avolio(2003)证明，要实施卖空交易，理性投资者需要借入股票，这些股票主要由机构投资者提供。在投资者情绪高涨期，股价更可能被高估，由于机构投资者知道股价被高估而不愿意借出股票，致使做空交易在此期间的成本更高。在中国特殊制度背景下，能够进行融券交易的股票非常有限。四是在市场情绪高涨背景下，较高的套利风险也会加大短期卖空的难度。Shleifer 和 Vishny(1997)指出，套利风险对短期卖空限制具有重要解释力。即使股价被高估，股价在最终下跌并恢复至内在价值前仍可能上涨一段时间。在投资者情绪高涨期，非理性且经验不足的情绪化投资者主导市场，理性投资者即使识别出了市场中被高估的股票，也难以预测股价的后期走势，套利风险更大。这意味着，在市场情绪高涨背景下，套利者要保持空头状态可能需要更多的成本或承担更大的风险，短期卖空受限程度会更明显。

基于上述分析，在投资者情绪高涨期，更多具有乐观信念的非理性投资者参与并主导股票市场，这可能在更大程度上高估上市实体企业脱实向虚的行为。对于做空机制不完善、中小投资者主导的中国 A 股市场，投资者情绪高涨时，套利交易的成本及套利风险更高，卖空交易大大受限。据此可以合理推断，在投资者情绪高涨期，中国 A 股上市实体企业脱实向虚配置金融资产对短期内股票收益率的正向预测能力更强，负向预测能力也更强。基于此，提出如下假设：

假设5：在市场情绪高涨期，中国上市实体企业脱实向虚能够在更大程度上正向影响本期企业价值，负向影响下期企业价值。

(三) 机构投资者持股、实体企业脱实向虚与资产定价

机构投资者持股可以削弱投资者情绪对实体上市企业脱实向虚、配置金融资产的非理性资产定价的影响。①机构投资者可以发挥对管理层的有效监督，缓解实体企业配置金融资产、脱实向虚的负面影响。Shleifer 和 Vishny(1997)认为，从机构投资者监督的角度看，机构投资者利用持股比例

较高的优势,有动机搜集信息以监督管理层,因为相比个体投资者这种监督可以给他们带来更多的利益。类似的,Monks 和 Minow(1995)认为,成熟的且持股比例较高的机构投资者更倾向于监督和约束管理者,从而确保公司的投资战略与公司长期价值最大化的目标一致,而不是迎合短期盈利目标。与该观点一致,实证研究提供了多种机构投资者可以带来好处的证据,譬如机构投资者持股会影响公司成长性、研发投资、经理人报酬、管理层(盈余预测)披露、CEO 离职率、反收购修正案以及公司治理等。机构投资者的公司治理效应观点与机构投资者给公司带来积极影响提高公司价值的事实相关。因此,若机构投资者持股比例较高,则通过更有效的监督可以降低实体企业配置金融资资产、脱实向虚行为对企业价值的损害。②机构投资者更趋理性,对实体企业配置金融资资产、脱实向虚的有偏资产定价效应更弱。③机构投资者持股体现了一定的公司治理功能,有利于提高企业的信息透明度,不仅可以抑制噪声交易,还可以降低私有信息的套利空间。通常认为,机构投资者是"智钱"的代表,而个人投资者情绪是噪声交易者的代表,总体上机构投资者情绪比个人投资者情绪更加理性,知情的机构投资者会积极地利用信息优势、专业优势进行私有化套利,对冲噪声交易者错误定价的影响。

综上分析,本书认为机构投资者对实体上市企业的持股比例较高时,通过发挥积极的监督作用来提高上市实体企业配置金融资产的有效性和公司信息透明度,进而缓解噪声交易者对实体上市企业配置金融资产错误定价的程度,并且理性的机构投资者也会利用自身的优势进行积极的套利,进一步消除错误定价的影响。基于此,提出如下假设:

假设 6:在机构投资者持股比例较低的公司中,中国上市实体企业脱实向虚能够在更大程度上正向影响本期企业价值、负向影响下期企业价值。

第四节　本章小结

本章界定了核心概念虚拟经济和实体经济的内涵,理清了虚拟经济与实体经济间的互动关系。对有关企业脱实向虚的影响因素及其经济后果的文脉进行了梳理,发现从宏观到微观的经济环境与经济政策、金融市场发展与创新、行业及产品市场竞争和企业行为及财务特征等都在推动着中国实体企业走向脱实向虚,且企业金融化这一行为与企业效益增加和健康发展存在非线性(倒 U 形)相关关系,即企业适度配置金融资源有利于投资多元化、分散财务风险并增加效益;但当企业过度金融化时就会面临再生产资金被挤占、主营业务受损、财务风险加剧、公司股价崩盘风险增加和股票投资回报率下降的问题。识别出了研究机会,并从理论上提出本书的研究主题。最后,基于信息不对称理论、行为金融相关理论,分析了实体企业金融化对股票市场流动性、股价特质性波动率、股票年度内日收益率偏度及股票年度收益率的影响。

第三章 国外主要国家实体企业脱实向虚的背景及发展历程

第一节 日本实体企业脱实向虚的背景及发展历程

一、日本实体企业脱实向虚的时代背景

日本企业的金融化是在特殊的时代背景下发生的。第二次世界大战后,美军占领日本,控制日本经济发展,日本只能依靠廉价的劳动力和资源优势发展制造业,最终形成贸易顺差,积累了巨额外汇储备。战后日本经济一直保持高速增长,最后于 1985 年超越苏联,GDP 仅次于美国位居世界第二,并顺利进入西方七国集团,进一步迈上国际舞台。由于急于在国际上展现国家担当,恰逢美国转嫁经济危机,日本于 1985 年签订了《广场协议》。之后,日本兑美元大幅升值,出口制造业遭受重大打击,经济随之大幅下行。图 3-1 为日本和美国 GDP 水平对比,图 3-2 是日本 GDP 和美国 GDP 在世界生产总值的占比。可以看出,1994 年后,曾与美国增速相当的日本,经济增长速度开始明显放缓,此时,日本 GDP 在世界生产总值的占比高达 17.6995%,是近 40 年来的最高水平,1995 年后,日本经济转增为降,GDP 开始维持在 5 万亿美元左右,世界生产总值的占比也逐渐降至 6% 左右。

日本当局采取刺激经济的政策,试图挽救经济,但由于政府政策变化过快、幅度调整过大,导致经济恢复时好时坏。加上日本当局并没有认清国内经济发展状况,错误地向国外学习推行金融自由化。一方面企业不断增加海外投资,将产业不断转移至国外发展,虽然一段时间内产业结构得以优化,但过度转移也导致国内产业空心化严重;另一方面随着金融自由化政策的推行,国内银行开始放松管制,兴起股票和土地交易的投机热潮,导致资

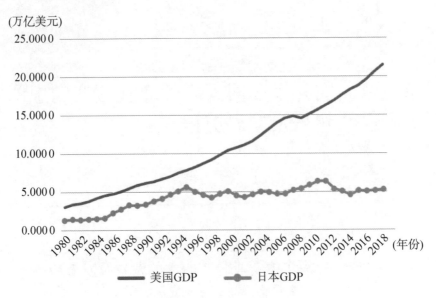

图 3-1　日本 GDP 与美国 GDP 发展水平对比

资料来源：根据 EIU 数据库数据绘制。

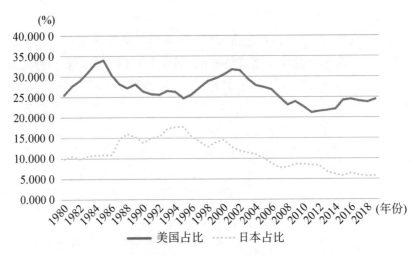

图 3-2　日本 GDP 和美国 GDP 在世界生产总值的占比

资料来源：根据 EIU 数据库数据绘制。

产价格严重脱离实体经济的发展。1990 年，由于日本政府大力推行金融紧缩政策，日本泡沫经济破灭，使得股市、楼市大跳水，银行也相继破产。日本金融业首当其冲，率先进入危机，由于日本政府没有意识到政策带来的严重后果，并未实施有效的救治措施，导致以金融业为开端的危机随后蔓延到日本的各行各业，由于日本经济在当时的影响力较大，危机最终甚至影响了国外经济的发展。由日本生产总值和其在世界生产总值的占比来看，日本经济确实进入了发展迟缓的阶段,也有学者称之为日本经济进入衰退期,更有国内外学者称之为"失去的 20 年"。

二、日本经济泡沫产生原因分析

对于日本经济泡沫产生的原因,国内外学者看法不一,主要分为以下几点。

从日本政府政策实施方面来看,陈思怡(2015)认为在泡沫经济初始阶段,日本政府实施的扩张性财政政策未达预期后,又错误地使用了过猛的通货紧缩政策,加上不良债权问题的解决不力使得日本经济出现停滞。陈俊(2019)认为中央银行独立性低、货币政策不稳定、资产价格波动不受关注等原因造成日本经济泡沫破灭。李琼(2018)认为日本政府使用政策不当导致日本经济"硬着陆"触发泡沫,泡沫破裂后,政府并未采取正确措施发展经济,最终导致日本经济长期低迷。Bernanke 和 Gertler(1999)认为日本政府采取的低利率扩张性货币政策是导致泡沫破裂的根本原因。林治华和陶阿敏(2015)、金凤伟和王东风(2014)认为日本政府持续不当地使用经济政策是导致泡沫危机爆发的根本原因。楚文静(2010)认为日本的泡沫危机从本质上说,是政府政策失误造成流动性的严重泛滥以及市场主体的集体非理性行为,诱发虚拟经济与实体经济同时出现巨大泡沫,最终导致全面金融与经济危机。沈建光(2010)认为日本政府扩大内需的政策以及宽松经济政策的鼓励导致大量资金流向股票及房地产行业,使得资产价格出现暴涨,泡沫积聚。

从国际和国内两方面综合分析来看,邢天添(2015)认为日美货币关系主导了日本的经济政策,最后导致政策失控,触发泡沫。他认为日本经济局面的形成一方面是由于国际经济战略格局的改变,另一方面是前期发展造成要素禀赋结构的变化。汪文松(2019)认为日本对美国经济的过度依赖是造成日本经济恶性发展的主要原因,当局政策只是助推器而已。寇佳丽(2019)认为美国步步紧逼,要求日本扩大开放市场,并要求其改变国内的经济政策,此为日本经济发展的隐患。最终付出的代价就是形成了经济泡沫,导致日本经济的倒退。费晟(2010)认为由于日本政府对自身经济发展前景过度自信,采取了不符合自身发展的、冒失的经济金融战略,导致日本经济出现大爆炸,并且首先爆发于金融界,这是日本自我选择及国际环境暗示的必然结果。

从日本经济体制来看,秦炳涛等(2018)认为银行业贷款中涉房贷款比例过高是导致房地产泡沫破灭的根本原因,之后由此引发一系列的经济衰退。范立夫等(2018)认为泡沫经济的破灭只是日本经济衰退的开端,银行不良债权恶化是导致经济衰退的直接原因,经济结构的失衡才是经济衰退的根源。温信祥和张翔(2017)从资产泡沫膨胀、流动性供给过度依赖财政以及经济增长量增质降三个方面分析得出,日本泡沫经济破灭的根本原因之一是自身经济结构的失衡,但这并不是日本产生经济泡沫的全部原因。伊藤诚和蔡万焕(2010)则认为经济泡沫是新自由主义过度倡导资本金融化造成的后果。奥村洋彦(2000)认为金融自由化使得金融交易的规则及信息流向发生变化,导致实体经济行为反常,引起日本经济泡沫。

从资产负债表理论来看,郑鸬捷(2019)从资产负债入手,认为若所有企业都面临负债最小化抉择,就会导致银行严重缺乏借贷需求,进而造成经济的恶性循环。从人口压力来说,蓝裕平(2019)认为日本经济问题其实是人口增长及城市化动力衰竭问题。汪文松(2019)也认为老龄化问题是掩藏在日本经济衰退表面下的深层次原因,根本上是人口红利的丧失导致财政不堪重负。也有很多学者认为是以上多种因素共同作用造成日本经济金融化过度,导致泡沫经济的崩盘。例如,野口悠纪雄(2005)认为金融机构对融资对象的放松审查、热衷资本运营、国家推行金融自由化及宏观经济政策等都是导致日本经济泡沫产生的原因。

经过梳理可以发现,很少有学者从企业的角度对泡沫经济进行分析。本章从企业出发,分析企业在泡沫经济发生前后的行为,及其对泡沫经济产生的影响,发现企业对泡沫经济的行为起着关键性的作用。

三、日本实体企业脱实向虚的行为分析

《广场协议》签订后,日本市场被进一步打开。为应对日本货币升值带来的经济衰退及国际压力,1986年,日本银行总裁前川春雄在《前川报告》中指出,必须"扩大内需,开放市场,推行金融自由化,纠正经常收支不平衡,提高国民生活水平"。之后,日本开始推行金融自由化,放宽借贷政策,利率正式成为由市场决定的货币价格。图3-3为银行短期优惠贷款利率,图3-4为固定资产(机器设备、建筑物等)实际存量的增长。综合来看,1985—1988年银行短期优惠贷款利率连续下滑,但固定资产(机器设备、建筑物等)实际存量却大幅增长,可见银行短期优惠利率的下调给日本企业投资带来了利好,但1990年银行短期优惠贷款利率的暴涨也为泡沫的破灭埋下伏笔。1985年,日本企业内部开始流行理财,企业将重心从生产经营本业逐步转移至理财,全民理财时代到来。1986年度统计数据显示,日本主要产业设备投资增长率下滑了1.8%。但房屋低价指数和股价指数却不断

暴涨,由于政府推出"低持有税、高交易税"的企业土地税收政策,企业把获得的利润转成土地资产进行避税,通过将土地向银行抵押进一步获得更多贷款,再继续购买土地,随着商用土地、住宅土地的减少,房地产开始出现供不应求的情况,随着房价的暴涨,房地产泡沫由此而生。

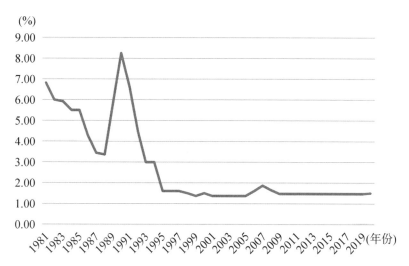

图 3-3　银行短期优惠贷款利率

资料来源：根据日本统计局公布的数据绘制。

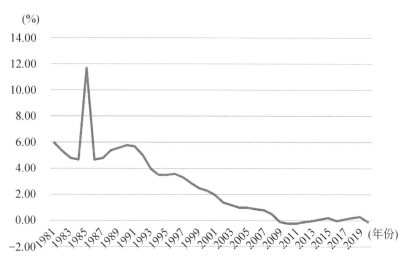

图 3-4　固定资产(机器设备、建筑物等)实际存量的增长

资料来源：根据日本统计局公布的数据绘制。

　　截至 1990 年,企业在股市牟利已经高达 85 万亿日元。日企不仅购买国内房产还不断购买国外房产,购买范围也由办公楼扩展到购物中心、住宅、餐饮业等。以美国为例,据统计,1984年日本对美不动产投资仅4.3亿美元,1985年达到18.6亿美元,1986年猛增到75.3亿美元,1987年比上一年增加约70%,达127.7亿美元。投资范围也在不断扩大,1986年以前日本的不动产投资主要集中在纽约、洛杉矶、檀香山等地,1986年之后日本的不动产投资已经遍及美国各地。

1986年,第一不动产公司买下纽约蒂芙尼大厦。1989年,三菱地所公司买下纽约市中心洛克菲勒中心14层办公楼,索尼公司花重金买下美国娱乐业的巨头——哥伦比亚影片公司。加州前十大银行,日本买下四个。日本住友银行甚至买下高曼萨克证券投资公司12.5%的股份。1991年,日本地产大亨横井英树买下美国帝国大厦。截至1990年,日本已经购买美国约10%的不动产。随着企业投资的扩张,银行的规模也不断扩大,截至1989年,世界排名前十的银行中,日本占据六个(见表3-1)。

表3-1 1989年世界最大银行排名

名次	1	2	3	4	5	6	7	8	9	10
银行	日本住友银行	日本第一劝业银行	日本富士银行	法国农业信贷银行	日本三和银行	日本三菱银行	英国巴克莱银行	英国国民西敏寺银行	德意志银行	日本兴业银行

资料来源:根据公开资料整理。

一方面,日本企业利用资产升值的机会,将资产进行抵押获得了更多贷款,用这些贷款来发展高端制造业,从而向东南亚等国家转移低端制造业,造成日本企业基础制造业产业空心化。另一方面,企业在固定资产上的投资并不会使企业的有效竞争力从根本上得到增强,历史上来看,很多企业反而因购买固定资产后经营不善,导致收入负增长。据统计,仅1995年和1996年,日本大型企业发生的违法犯罪事件约24件;1993—1996年,世界九大亏损案中,有7例来自日本。

1989—1990年,日本实行紧缩的经济政策,央行开始持续加息,将贴现率从2.5%上调至6%,同时对不动产抵押贷款进行限制,最终导致日本股市崩盘,随之房地产市场也遭遇重创。房地产紧缩导致资产价格迅速下降,在负债保持不变的情况下,资产的迅速缩水导致贷款断流,贷款买地的企业开始迅速抛售手中的土地,破产的企业由于无法偿还市场或银行的贷款,直接造成银行破产,系统性崩盘发生。此时,企业的还债需求超过融资需求,由于企业投资意愿衰竭,政府推出挽救经济的政策显得微不足道,日本经济开始停滞不前。

房地产和股市泡沫经济的破灭，逐步传导至各行各业，破产企业的规模也由小变大，进一步加剧了日本经济的衰退。日企的不断破产导致日本企业在国际市场的信誉下降，筹资难度增加，海外业务锐减，日本在国际上的形象也大幅下滑。国内金融机构破产重组加速，国内经济进一步恶化，最终使日本陷入泡沫经济的危机之中。

四、日本实体企业脱实向虚的后果分析

泡沫经济的崩盘给日本经济带来不可磨灭的损失。1990 年日本在股票、房地产资产上的损失达到 1 500 万亿日元，相当于日本三年 GDP 的总和，无论是企业还是个人都受到了重挫。吉川元忠认为，从财富损失的比例角度分析日本泡沫经济崩盘的后果，几乎和第二次世界大战战败造成的损失相当。具体表现在以下几方面。

（一）经济停滞不前

战后日本 GDP 的年均增长率约为 15%，从图 3 - 5 可以看出，1980—1985 年间大幅增长，1985 年 GDP 增幅高达 5.16%。签订《广场协议》后，1986 年和 1987 年日本 GDP 仍维持 3.29% 和 4.65% 的增速，1988 年之后，增速下降。泡沫破裂后，日本经济出现三年的负增长。1996 年日本 GDP 增长率为 3.13%，1997 年为 0.98%。到 1998 年，日本 GDP 增长率为－1.27%，已经呈现负值。日元的汇率不断升值，导致日本出口大受打击。日本政府不断改变其经济政策导致日本经济增速持续波动，但并没有实现有效的恢复，日本经济的增速已经远远低于世界经济的发展速度，其在世界生产总值的占比不断下降（见图 3 - 6），经济话语权越来越小，开始逐渐失去世界第二大经济体的地位，陷入"失去的 20 年"，造成了无法挽回的巨大损失。

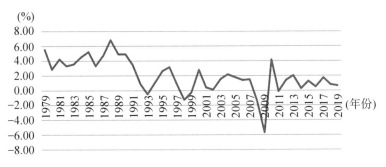

图 3 - 5　日本经济增长速度

资料来源：根据快易数据库数据绘制。

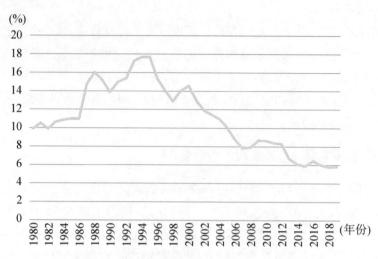

图 3-6　日本 GDP 在世界生产总值的占比

资料来源：根据快易数据库数据绘制。

(二) 不动产与股市双重泡沫

日本政府为了促进经济恢复，不断加大经济政策力度，造成资本市场过度膨胀，形成不动产与股市双重泡沫。由图 3-7 日经 225 指数可见，随着日本经济的发展，1980—1989 年日经指数不断上升，1989 年的日经指数是 1980 年的 5 倍多，股价总额空前膨胀。以东京为例，由图 3-8 可见，1990年的房屋地价指数是 1984 年的 3 倍多。随着日本实行紧缩的经济政策，日本不动产与股市泡沫纷纷破裂，最终甚至引起了系统性风险。

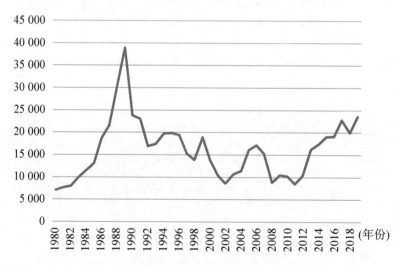

图 3-7　日经 225 指数

资料来源：根据 EIU 数据库数据绘制。

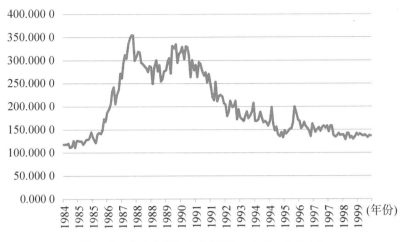

图 3-8　生产者价格指数(PPI)：东京：住宅土地

资料来源：根据 EIU 数据库数据绘制。

(三) 银行等金融机构破产

1997 年 11 月 17 日,日本北海地区最大的银行拓殖银行宣布破产,拉开了银行等金融机构破产的序幕。随后,三洋证券公司、兵库银行、阪和银行和太平洋银行等一大批银行相继宣布破产,就连日本长期信用银行这种政策性银行也不得不宣布破产。据统计,截至 1999 年,银行等金融机构倒闭总数为 180 家左右。伴随不动产与股市泡沫的破裂,系统性风险的发生,金融机构的破产导致国民对政府的信任度降低。

泡沫破灭后,日本经济经历了相当长的复苏期。中国经济发展进程慢于日本,面对中国企业将资金投入房地产市场和股市以谋求高额回报的情况,日本的整个危机应对经验对我国有深刻的借鉴意义。

第二节　美国实体企业脱实向虚的背景及发展历程

一、美国实体企业脱实向虚的时代背景

近年来美国过度金融化的表现主要为次贷危机的发生。一方面,继日本经济泡沫和亚洲经济危机后,各国开始注重资本外流和投资地区的稳定问题,由于美元在世界金融体系中有着举足轻重的地位,因此之前流入东亚和东南亚等国的资本纷纷转向美国市场;另一方面,随着信息技术革命的到来,美国的经济迈入新的高速增长阶段,资本市场也随之超前繁荣。由

图3-9可见,2001年美国实际GDP增速突然下跌,主要是因为互联网泡沫的破灭导致经济出现衰退趋势。此时,美联储为了刺激经济发展采取的降息扩张性货币政策最终缓解了经济衰退的趋势,但仍无法使经济恢复之前的增长速度。

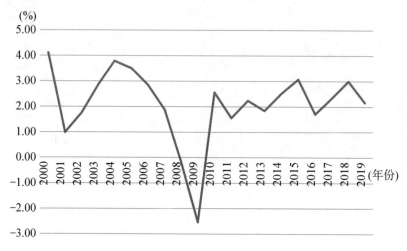

图3-9　美国实际GDP年增长率

资料来源:根据EIU数据库数据绘制。

与日本房地产引发的经济泡沫不同,美国的经济危机由房地产引起,经过华尔街发酵,最后形成次贷危机。2003年6月,联邦基金利率仅为1%,国民储蓄率因此大幅降低。随着国外的注资加持长期宽松的货币政策,美国的资本市场迅速壮大,股市空前繁荣,小布什总统提出实现美国人的购房梦,推出一系列利好政策。由图3-10可知,商业银行贷款及租赁的收费及拖欠主要集中在购买住宅,结合图3-11可知,美国的住宅总值2005—2006年的最高值比2000年增长了150%左右。

银行的运营作用在此时彰显,通过对金融行业的创新,创造出了一批优质的住房抵押支持证券。由于该证券风险较低,一度供不应求,因此银行又发行了资信状况并不乐观的住房抵押支持证券。由表3-2可知,美国次级抵押贷款支持证券的主要购买方是银行和基金公司。为了促进销售次级抵押债券,同时又发行了金融衍生品信用违约互换,用于转嫁风险。银行的这种操作行为为次贷危机埋下了伏笔。劣质购房人购买房子的同时,美国的房地产泡沫也开始膨胀,直至最后引发次贷危机。

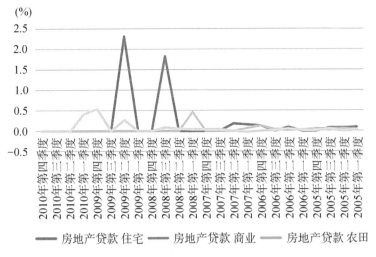

图 3-10　商业银行贷款及租赁的收费及拖欠率

资料来源：根据美国联邦储备系统理事会数据绘制。

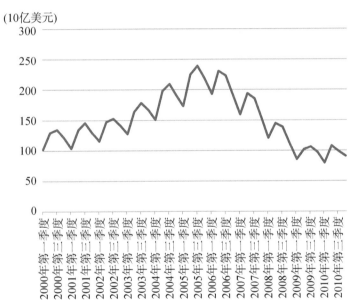

图 3-11　美国住宅总值

资料来源：根据 EIU 数据库数据绘制。

表 3-2　美国次级抵押贷款支持证券的主要购买方

购买方	金额（10亿美元）	百分比（%）
保险公司	319	23.35
美国商业银行	250	18.30

（续表）

购买方	金额（10 亿美元）	百分比（%）
美国对冲基金	233	17.06
外国银行	167	12.23
美国政府性抵押贷款机构	112	8.20
金融公司	95	6.95
美国投资银行	75	5.49
外国对冲基金	58	4.25
共同基金和养老基金	57	4.17
合　　计	1 366	100

资料来源：Greenlaw et al.（2008）。

二、美国次贷危机产生原因分析

对于美国次贷危机产生的原因，国内外学者看法不一，主要分为以下几点。

从政府政策上来看，Samuelson（2009）曾指出，次贷危机是美国放松管制政策的结果。成十（2008）、郑秀君和陈建安（2011）、张奕锴和黄华绮（2018）认为长期持续宽松的货币政策是美国经济泡沫的导火索。郑秀君和陈建安（2011）认为美国资产价格上升的背景是长期实行持续宽松的货币政策，导致信贷紧缩，泡沫破灭。赵立三和刘立军（2019）认为美国在推行宽松货币政策时，投资收益率之间收益率宽幅过大，最终导致泡沫破裂。从互联网泡沫与房地产泡沫的关系角度来看，赵夫增等（2008）认为美国形成房地产泡沫的原因是房产市场承接了互联网股市泡沫。田辉（2014）认为互联网泡沫与房地产泡沫都是美国经济寻求转型的试错过程，而美联储挽救互联网泡沫时采取了不当的货币政策则是造成房地产次贷泡沫的祸源。

从金融伦理的角度来看，Robert（2008）认为金融监管机构的不作为导致群众性的心理恐慌是美国发生次贷危机的根本原因。杜厚文和初春莉（2008）认为美国经济脱实向虚过度膨胀，资产泡沫破灭，引发次贷危机。程晓林和胡翰文（2017）认为美国投资者、金融机构甚至政府等行为主体不同程度的伦理缺失是引发危机的深层次原因。唐毅南（2019）认为美国金融体系丧失了为实体经济服务的功能，转而为自我服务，才是次贷危机的根源。周华（2019）认为由于盯市会计的助涨效应和助跌效应，致使泡沫加速膨胀后又加速破灭，导致金融危机深化。Bernanke（2008）认为新兴市场的资本积累激增导致全球经济失衡引发了危机。

从金融过度自由化以及监管不到位来看,张承惠和郑醒尘(2017)认为次贷危机的爆发是美国金融监管调整的结果。谭羽希等(2019)认为是提供次级抵押贷款的金融机构的财务危机引发了股市动荡,造成了次贷危机的发生。谢宝峰和刘金林(2019)认为美国次贷危机爆发的根本原因是美国崇尚市场化和自由化的同时,政府部门对金融机构过于放松监管。李雅丽(2019)认为金融创新中的资产证券化业务是引发 2008 年全球金融危机的直接原因。

更有学者从多种因素共同作用的角度进行分析。孙星光(2019)认为导致美国次贷危机的原因是借款人信用等级低、利率可调整、政府的政策激励、国内经济的下滑、还贷人的还款能力下降,以及利率水平上升等。慕胜坤(2019)认为金融危机爆发的政策根源主要有美元本位制度的缺陷、货币政策的过度宽松、金融监管的缺失以及金融的创新过度。张陆洋等(2020)认为美国的金融市场结构、货币政策、房地产市场衍生化、微观机制、公司治理机理以及美国公司的激励机制均存在问题,共同的作用导致了危机发生。

根本上来看,美国的过度金融化与企业脱实向虚行为有深层次的联系,次贷危机只是脱实向虚到一定阶段后的外化表现。

三、美国实体企业脱实向虚的行为分析

一般认为实体企业脱实向虚的金融化行为开始于 20 世纪 80 年代美国大规模的企业并购。70 年代美国大型企业集团业绩较差是导致企业并购市场繁荣的关键原因。政策(如对反垄断法的宽松实施)、金融市场(如垃圾债市场的出现及发展)以及金融理论(如期权定价理论的诞生)等因素对企业的金融化起到了关键的推动作用。

在市场方面,20 世纪 80 年代多元化公司、集团化公司的市场估值水平普遍较低。并购基金企业的并购狙击手有动机和能力通过公司控制权市场来收购集团公司,替换掉现有管理层,将公司拆解卖掉并从中获利。在政府规制方面,里根时代的政府放宽了对反垄断的指引和管制,各州修改了反垄断法。金融市场方面,迈克尔·米尔肯(Michael Milken)开创了垃圾债券投资,并垄断了整个垃圾债券市场,而费雪·布莱克(Fischer Black)和迈伦·斯克尔斯(Nyron Scholes)则发展出了 Black-Scholes 期权定价模型,美国公司并购市场因此得到迅速发展。到了 90 年代,美国财富 500 强公司的 1/3 都已经被收购或合并(Davis,1994)。

在金融市场大发展的背景下,企业高管的薪酬与企业市场价值挂钩,企

业市值的飙升拉动了高管薪酬的增加。在美国,政府为了凸显企业高管薪酬,改变了企业税收制度,规定管理层薪酬中 100 万美元以下的部分只在与公司盈利水平挂钩的情况下才允许抵扣公司所得税。这一政策的推出并没有达到预期效果,反而出现背道而驰的情况。新税法引导公司对高管采取期权激励的办法,进而减少现金薪酬的发放。许多大型公司开始实施管理层股票激励计划,通过授予管理层股票期权或者显著性股票,把管理层的薪酬和收益同公司股价挂钩,从而激励公司管理层采取各种措施来提升公司股价,管理层会因公司股价提升而获取高额薪酬。此外,公司股价的提升可能会降低普遍员工的薪酬。因为公司员工越多,支付的薪酬越多,公司的费用支出越大,盈利能力和盈利水平随之降低,这不利于公司价值的提升。管理层股权激励计划的实施加大了企业高管与普遍员工之间的薪酬差异,使普遍员工的数量、薪酬水平降低。公司实施股权激励后,高管可能会想尽办法来降低公司成本,包括大规模采用先进技术、减少人力资源成本的占用和员工雇佣量。管理层为提高公司业绩和市场价值所做的努力不仅仅局限于企业内部投资支出,还包括引导管理层更多涉足资本市场。概括来讲,美国企业大规模实施股权激励后,企业的行为方式发生了非常大的变化。

金融化对公司治理产生了影响。公司治理虽然涉及多个利益相关者的利益保护,但在 2000 年以后股东价值最大化已经成为公司治理的核心理念。从理论上讲,主流经济学家从市场竞争的角度分析了公司控制权市场理论的概念,并认为公司控制权市场中控制权转移风险的方式对公司高管的行为带来了潜在的压力。根据有效资本市场理论,股票市场能够正确评价公司价值,公司价值最大化是优化资源配置、提高社会整体福利的最优方式和最佳手段。学术研究认为,确保股东价值最大化是平衡各方利益的需要,如果一味地强调保证和实现各方利益,最终的结果是任何一方的利益都难以得到保障。在所有利益相关者当中股东是最重要的利益相关者,股东价值也应该首先得到保障。公司价值是公司在未来生产活动过程中产生的价值,公司价值的实现不仅有助于实现股东价值,更重要的是有利于社会价值的实现。公司价值的最大化也就是公司福利和公司整体利益相关者价值的最大化。此外,代表其他利益相关者的约束治理机制被摧毁或丧失也凸显了公司价值最大化的要求。譬如,传统工会力量的影响越来越小,管理层利益与金融市场利益的一致性越来越高(Thomas & Palley,2007)。

到了 20 世纪 90 年代末,社会公众开始广泛地投资公司股票,金融媒体的报道也更加频繁。公众的普遍关注及公众媒体的大规模报道给公司带来越来越大的业绩压力,公司为了更好地与公众投资者、媒体进行沟通和交流以及管理好公司市值,纷纷设立了投资者关系管理部门,并且在公司战略制定、经营方案的选择方面越来越体现以股票市值管理为中心的特点。这意味着,传统公司管理以产品市场为中心的管理模式日益弱化,企业高管围绕投资者和分析师讲故事的策略特征越来越明显(Froud et al.,2006)。譬如,公司管理层为了迎合非完全理性投资者的偏差,纷纷进行并购重组,为股票市场提供更多的资产购买选择。由图3-12可以看出,2005年美国公司破产数量已经达到高峰。

图3-12　美国商业案件申请破产数量

资料来源:根据RESSET宏观数据库数据绘制。

股东价值最大化的目标强化了企业管理层对盈利目标的追逐,促使企业更多地采用债务融资。对公司管理层而言,债务融资给公司带来的好处不言而喻,包括债务融资的利息支出具有显著的税盾效应,能够带来节税收益;债务能够降低企业的自由现金流量,对管理层和其他利益相关者的约束程度加强;债务融资有利于提高公司资产负债率,给股东带来了一部分杠杆收益。另外,上市公司还利用财务金融工程的手段来增加企业市场价值。譬如,上市公司为了提高股价,通过负债融资筹集大量资金以回购公司股票,从而增加每股收益、加大市场对股票的短期需求,进而抬升股价。企业通过负债来回购公司股票的方式,意味着资本市场不再是企业筹资的场所,更多地变成企业新注入资金的场所。

在股东价值最大化目标的统领下,上市公司纷纷追求轻资产、高利润的商业模式。企业的经营性资产越来越少,意味着企业的经营风险、财务压力逐渐降低。具体来讲,企业更有动机来实施并购和重组、减少员工以及增加能取代人力资源投入的技术等方面的投资。从产业链角度来看,企业追求轻资产、低经营风险的商业模式,客观上要求企业在开展经营时,更多地增加专业化方面的投资,而不是只是产业链的经营模式。企业的专业化生产使得产业分工甚至是全球分工变得越来越细。譬如,在家电领域、服装产业领域,很多企业不再投资于生产活动,而是把生产加工环节外包给生产成本低、生产能力强的发展中国家,自己只保留增值额度比较大的研发、设计、营销等环节。企业采取外包的经营方式大大减少了企业经营性资产的投资,降低了企业风险,从而使企业盈利能力大大增强,经营风险大幅度降低,企业价值随之增加。这也导致美国的制造业出现大幅度的下滑,实体经济受到影响。

实体企业所依托的主业也越来越多地介入金融活动。从图 3-13 可以看出,美国的制造业增长率从 2006 年开始下降,2008 年增长率已经为负值,到 2010 年增长率才开始为正值。一些大型的零售企业从发展信用卡及消费信贷入手,有的实体企业直接设立自己的商业银行。此外,部分实体企业利用自身的资金优势也开始涉足金融业。譬如,国际知名企业通用公司除了涉足产品市场以外,还涉足了融资租赁等业务,现在已被广泛认为是金融公司。

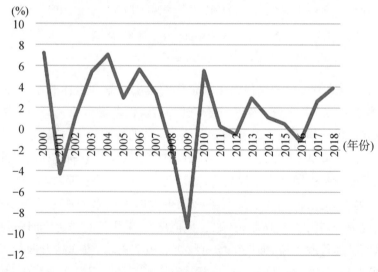

图 3-13 美国制造业增长率

资料来源:根据 RESSET 宏观数据库数据绘制。

与日本经济产生泡沫各行业分散投资最后集中到房地产的膨胀形式不同,美国的经济泡沫集中于华尔街,再从华尔街蔓延到各个产业甚至影响各国经济。随着 21 世纪美国金融自由化的推动,企业脱实向虚的土壤肥沃。

刺激产业脱实向虚的重要推手就是杠杆,以极少的资本撬动较多的资产。2007 年,美林的杠杆率约为 28 倍,雷曼的杠杆约为 30 倍,而房利美和房地美则已经达到了约 62 倍的高杠杆率。1970 年,美国实体经济产出占 GDP 的比例约为 36.1%,到 2007 年时,仅为 18.7%,而虚拟经济产出的占比则从 11% 左右上升了 9 个百分点。美国的支柱产业也逐渐从汽车、钢铁和建筑业等实体经济产业变为金融、房地产等虚拟经济产业。

四、美国实体企业脱实向虚的后果分析

(一)金融市场陷入萧条

2005 年全球 1 000 家大银行排名中,197 家来自美国。据统计,这 197 家美国银行的税前利润约为前 1 000 家银行利润总额的 28%,其中花旗银行连续 7 年蝉联全球第一。2008 年,该排名中美国银行占据 169 家,数量小幅减少,但利润却大幅下降,这 169 家银行的利润仅占榜上所有银行利润总额的 14%。由于次贷危机的发生,华尔街五大投资银行陷入亏损。即使美国政府采取了一系列的救市措施,也无法在短期内挽救美国经济,遏制悲剧发生。美国金融市场在继信息技术泡沫后又一次历经劫难,陷入萧条,这次危机对美国经济甚至全球经济都产生了很大的影响。

(二)美元作为国际储备货币的吸引力下降

2008 年金融危机爆发前,美国当局放任美元贬值,从中获利,没有及时采取应对危机的政策,导致在美国投资的其他国家承担了大量不必要的损失。借此机会,欧元开始受到各国官方外汇储备的青睐。根据国际货币基金组织官方外汇储备数据统计。相较于 2007 年的外汇储备,2008 年第一季度末,美元的外汇储备下降了 2%,欧元外汇储备的比例则增长了 1.5%,也就是说从美国减少的外汇储备很大一部分都转移到了欧洲。由图 3-14 可以很直观地看出国外存款的变化,从 2007 年下半年开始,国外存款就有缩减的迹象,2008 年,国外存款为负值,2009 年国外存款小幅恢复,这从侧面反映,美国推出的挽救经济的政策是有效果的。

(三)给世界各国经济的发展造成负面影响

美元是世界通用货币,参与次贷的投资者遍布世界,因此,次贷危机逐渐殃及世界各国。各国房价和股市在不同程度上都因次贷危机蒙受了部分损失,一时间各国都降低了投资规模,减少了资本的流动性,各国经济也因此出现萧条的情况。美国作为世界第一大经济体,国家信用的权威性被严重削弱。从图 3-15 可以看出,美国政府机构债券净购买量在次贷危机爆发后大幅下降。

(10亿美元)

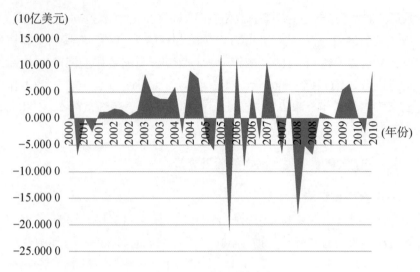

图3-14　美国国外存款

资料来源：根据 RESSET 宏观数据库数据绘制。

(百万美元)

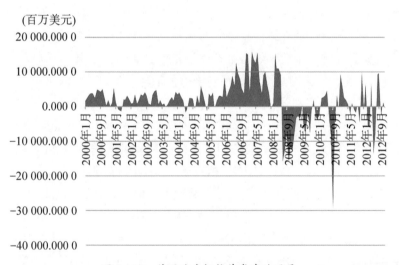

图3-15　美国政府机构债券净购买量

资料来源：根据 RESSET 宏观数据库数据绘制。

次贷危机之后，美国乃至世界经济都受到了不同程度的影响，足以显现出美国作为世界第一大经济体对世界经济的影响力。由于美国在危机后采取了有效的政策措施，因此并未像日本一样出现长时间经济萧条的情况。中国作为世界第二大经济体，对世界经济的影响举足轻重，应该吸取美国引发次贷危机的教训，在促进金融创新的同时，加强对金融行业的监管，发挥政府宏观调控的功能，制定合理的经济政策，在危机发生前有效化解危机，危机发生后尽量减少危机给本国或者他国带来的损失。总的来说,美国政府应对经济危机采取的措施值得我们学习。

第三节　英国实体企业脱实向虚的背景及发展历程

一、英国实体企业脱实向虚的时代背景

20世纪80年代以前,英国证券行业实行分业经营,采取固定佣金制。此时证券的承销、经纪、自营等业务交叉极少,金融市场纪律松散,前期积累的经济优势逐渐变弱,金融行业由于没有外来竞争的压力,竞争力逐渐下降,发展缺乏活力。伦敦作为世界级城市,在金融行业的地位逐渐下降,无法为撒切尔政党力推的经济私有化及自由化改革提供金融支持。为了扭转战后英国经济衰退的局面,捍卫英国世界金融中心的地位,20世纪80年代,撒切尔夫人在执政期间实施了一系列金融自由化政策,对金融行业进行了改革,人们称之为"金融大爆炸"。

英国的金融大爆炸在冲击传统金融制度的同时,也给世界金融业的发展带来了新鲜的血液。此次金融改革分为对内改革和对外开放,英国金融企业开始实施混业竞争,政府更是进一步开放市场,引入外国金融机构。不仅如此,英国政府还向外开放了金融服务业,这对英国金融业产生了巨大的冲击,英国本土证券公司的命运由此发生转变,并且直接导致改革后几年之内,毫无混业竞争能力的英国本土证券公司面对外国金融机构的挑战严重缺乏应对能力,造成本土证券公司几乎全部丧失了对英国市场的控制权。但这种改革促进了资本的自由流动,使英国传统金融业不得不迎难而上,给金融资本尤其是虚拟金融资本的发展带来新的机遇。

金融大爆炸击垮了英国本土以及英联邦国家的金融分业经营体制,商人银行业务开始与股票经纪业务相融合,与投资银行相互结合,就连非金融企业也不断被卷入纯粹的金融交易活动中。随着改革的不断推进,英国的非金融企业受金融因素的影响越来越大,被迫或者主动把更多的资源投入满足金融资本分配和其他金融业务中。

二、英国金融大爆炸产生原因分析

对于英国金融大爆炸产生的原因,国内外学者看法不一,主要有以下几种观点。

姚德良(2004)认为金融大爆炸产生的原因是为了提高英国金融市场的功效,为撒切尔夫人的执政纲领提供服务。江时学(2009)认为撒切尔为了挽救英国衰落的趋势,受到新自由主义思想的影响,对金融业进行改革,以吸引外国投资,支持本国经济增长。高小真和蒋星辉(2007)认为由于伦敦在世界经济金融市场中地位下降,金融市场缺乏活力和竞争力,不能为保守党政府推行的经济改革提供金融支持,因此撒切尔政府实施了第一次金融大爆炸。

关于英国金融大爆炸的性质和后果,主要有以下几种观点。申开富(2001)认为金融大爆炸的核心就是金融创新,实质上是国家的金融体制及结构发生了根本性变化。李仲阳(2008)认为撒切尔政府的改革抑制了英国的通货膨胀,改善了宏观经济的运行环境,有利于英国经济的发展。李振宇(2017)认为撒切尔政府认识到依靠刺激总需求根本无法解决国内高通胀、高失业的问题,英国的改革其实是对供给侧结构性的改革,从根本上减少政府对经济的干预,激发私人部门的活力,促进英国经济长远发展。戴险峰(2015)认为撒切尔政府的改革从根本上来说就是一场政治性改革,这场政治性改革挽救了英国的经济。托马索·派多·亚夏欧帕(2010)认为在英国政府的无效干预行为丧失民众信任、通货膨胀、高失业率的经济衰退状况下,撒切尔革命扩大了市场领地,释放出的生气加速了英国经济的发展,赋予了英国经济新的活力。

三、英国实体企业脱实向虚的行为分析

第一次金融大爆炸后,英国的金融市场恢复了活力,开放的竞争环境吸引了大量外国投资者和金融机构大举进入英国金融市场,市场竞争日益激烈。如图3-16所示,金融大爆炸时代,英国的外商直接投资净流入出现了两轮U形上升。从1979年的64.69481亿美元上升到1990年的413.6341亿美元,再到1999年的1298.916亿美元。金融市场供给侧改革效果明显,外国投资纷纷进入,金融市场容量上升,伦敦证券交易所地位上升,伦敦金融中心的地位逐渐确立,英国私人和工业部门得到充裕的资金支持,发展迅猛。

如图3-17所示,1979年,伦敦证券交易所股票市值为677.16亿英镑。到1999年,伦敦证券交易所股票市值增长了26.88倍,高达1.82万亿英镑。英国金融业呈现过度繁荣的景象,促使企业脱实向虚日趋严重。英国《金融时报》发表题为《金融危机的始作俑者?》的文章指出,1986年,撒切尔政府放宽了金融管制,虽然有利于伦敦作为金融中心的崛起,但这次金融大变革也为2008年的国际金融危机贡献了部分力量。

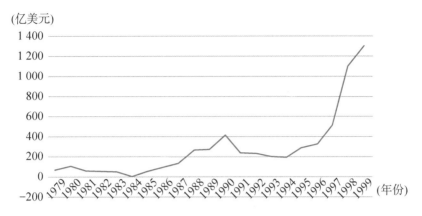

图 3-16 英国外商直接投资净流入

资料来源：根据 Wind 数据库数据绘制。

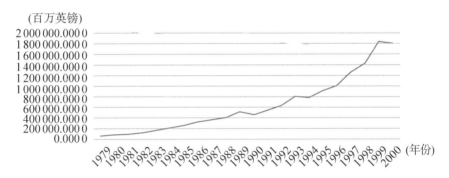

图 3-17 英国伦敦证券交易所股票市值

资料来源：根据 CEIC 数据库数据绘制。

　　在此之后，金融彻底摆脱了布雷顿森林体系对资金跨境流动的约束，税收大幅削减，英国的经济体系逐渐私有化。企业也开始经历戏剧性的转变，随着意识形态和法律法规的转变，企业的核心目标不再是发展企业的自有主业、提升企业竞争力，而是专注于实现公司所有者的财富最大化这一个目标。由于代理机制的存在，随着英国的非金融企业受金融因素的影响日益加深，经理们发现实现所有者财富最大化的最佳方式，不是生产更好的产品，而是利用金融手段，实现金融资本再分配，从那些优质企业身上榨取更多利润。描述这种商业转型和金融崛起的行为，准确的术语应该是"金融化"，也就是我们所说的企业脱实向虚。

　　20 世纪 50 年代，非金融市场投资于金融市场的资产额度相对较低，而从 60 年代中期到 70 年代后期，这一投资额度上升为资本市场现金流量的30％左右。到 20 世纪末期，非金融市场投资于金融市场的资产额度达到其资金流量的 50％左右。具体来看，1984—1990 年和 1997—2001 年这两个时间段内，该比例从未低于 50％。不仅如此，企业投资金融资产的利润的比例越来越高。英国非金融企业的金融收入也从 70 年代起开始增加，80年代开始大幅度上升，90 年代初期大幅下跌，但到 90 年代后期又重新恢复高位。

以私募股权投资基金为例。英国企业通常会收购一家实力雄厚的公司，然后在财务上一个接一个地压榨所有不同的利益相关者。通过避税天堂管理公司的金融业务，这些企业可能会压榨工人的养老金和工资，或者推迟向供应商付款，还可能会收购几家公司以占领某个市场，然后从顾客身上获取垄断利润。也有公司会成立一个空壳公司，为该公司借入巨额资金，从收益中支付巨额特别股息。在有限责任的法律保护下，如果这家新负债的公司破产，意味着私募投资巨头只对它们最初投资的一小部分股权负责，而这一小部分股权通常只是它们收购的公司价值的 2％。与它们榨取的巨额财富相比，2％的占比显得微不足道，因此，这对私募股权的投资者来说确实是一个比较有效率的获取财富的手段，但这从根本上对英国实体经济的发展并无明显的助力作用。

此外，随着英国企业融资系统的进一步发展，英国实体企业对金融的依赖性也逐渐增强。但在英国资本市场上，并非所有企业都能从资本市场进行融资，想要融资的企业其资产必须在 2 000 万英镑以上。从企业类型看，除非有资产抵押，否则小企业根本无法从资本市场融资。中型企业融资有两个途径：一是到资本市场发股筹资，二是向银行贷款。但是由于贷款成本过高，一般企业很少去银行贷款，而选择通过投行或保险公司直接融资；大公司选择范围比较广，不仅可到资本市场发股筹资，也可到国外发债融资，以及向银行借贷等，较大的公司制企业大多靠发行股票和债券筹措资金。从数据上来看，仅 1997 年前三季度，英国企业直接融资高达 4 000 亿英镑，其中发行欧洲债券约占直接融资的 80％，可见通过债券融资已成为主要的融资形式。同其他发达国家相比，英国企业的外部投融资具有自身特点：英国外部融资体系比美国、加拿大发展幅度要大，企业为避免高风险及经济起伏过大，通过发股发债的方式进行融资；企业外部融资动力不同，英国企业股东需要支付的所得税较高，还要分红，且英国公司法对企业融资有一定的优惠，如税前付息；从企业负债情况来看，相对于法国、美国、日本，英国的企业平均负债率较低；英国企业资本的收益率比其他国家高，说明英国资本运营情况较好。当企业债务水平较低时，企业会进一步发动扩张或者收回发行的股票，减少分红成本及利息负担。企业融资形式除股票和债券外，还有租赁、收购、出售、企业重组、项目融资等形式。由此看出,英国企业直接融资的形式多样,发行债券是主要形式,内部融资是资金的主要来源,企业直接融资的出发点主要是为了减少企业资产的机会成本,把风险降到最低点。

四、英国实体企业脱实向虚的后果分析

(一) 经济增长放缓

在英国这个本应具有竞争力的低税收、高资金的经济体中,非金融经济领域的投资率和劳动生产率比高税收的德国和法国低。资源之所以被错误配置,是因为金融本身成为一种投资的游戏,大量的资金游离于实体经济之外,与它应该服务的人和企业脱节。一旦实体企业金融化的规模超过了其应有的规模,它的负面作用就会超出正面作用,并逐渐损害宏观经济。如图 3-18 所示,80 年代通过金融深化,英国 GDP 增长率持续上升,经济加速增长。1988 年至今,英国 GDP 增长率螺旋式下降,1988—1991 年和 2009年 GDP 增长率呈现断崖式下降,可能受 1987 年美国股灾和 2008 年全球经济危机的影响。

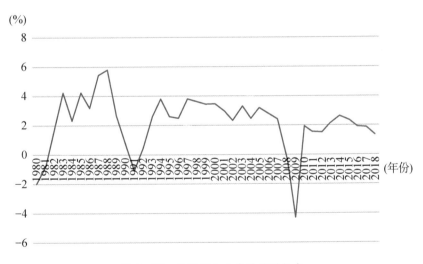

图 3-18 英国国内生产总值增长率

资料来源:根据 EIU 数据库数据绘制。

(二) 市场资源配置扭曲

首先,大量金融资本进入金融行业会引发金融资产泡沫,泡沫破灭会造成巨大经济和社会损失,如 2008 年源于美国的金融和经济危机造成的危害至今仍未完全消除。其次,大量的资金游离于实体经济之外,经济结构扭曲,金融领域榨取其他领域的财富,造成 2.7 万亿英镑的错配成本损失。这

些错配成本的计算基于一项经各方认可的国际研究。该研究表明,当私人部门获得的信贷量相当于国内生产总值的 90%～100% 时,往往是金融部门规模最为合适的时候,一旦超过了这个界限,金融部门的扩张就会对经济增长造成负面影响。1995—2016 年,英国的信贷量占 GDP 的比例平均达到 160%。一个多世纪以前,80% 的银行贷款的确流向了企业,并进行了真正的投资。但是现在,只有不到 4% 的金融机构的商业贷款流向了制造业,而大量的金融机构贷款主要是相互借贷,而且这些资金大量流入了住房和商业地产领域。

(三) 产业空心化日益严重

英国实体企业的过度金融化也加剧了其产业空心化。英国曾经是世界著名的汽车工业中心,拥有许多世界知名品牌,但最后很多都走向了被收购的下场,如捷豹路虎被印度塔塔收购,MG/罗孚被上海汽车收购,宾利被大众收购,劳斯莱斯被宝马收购,这些汽车品牌都被外国企业收购,直接导致产业优势被削弱和大量的工作岗位流失。英国去工业化后,其产业核心逐渐转移为金融、保险等虚拟产业。如图 3－19 所示,从 1997 年至今,英国的工业占国内生产总值的比重不断下降,从 2009 年的 26.55% 降至 2019 年的19.98%。按下降幅度来分,主要可以分为四个阶段:1997—2000 年缓慢下降,2000—2009 年迅速下降,2009—2016 年降幅变缓,2016 年至今保持平稳。服务业占国内生产总值的比重在 70% 左右,并从 1997 年的 72.38% 稳步上升至 2019 年的 79.36%。农业占国内生产总值的比重比较稳定,从1997 年的 1.08% 下降至 2019 年 0.66%。这一方面表明,英国的农业和工业生产率较高,保留了产值较高的生产服务业和其他服务业,去工业化;另一方面表明,金融业发展迅速,经济脱实向虚的趋势明显。

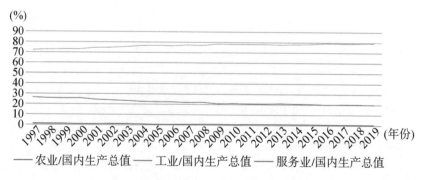

图 3－19　英国三大产业占 GDP 的比重

资料来源:根据 EIU 数据库数据绘制。

随着英国资本主义金融化,金融资本已延伸到劳动者个人收入和其生活消费、社会保障等领域。社会保障私有化的新自由主义改革主要是为了满足金融资本积累的需要,让金融市场去承担本应由政府和企业提供的社会保障责任,将金融市场变成整个国家经济运行的重心,彻底取代实体经济的发展地位,造成实体企业的发展资本不断流入金融市场和英国经济的过度金融化,这对我国经济的健康发展有一定的借鉴价值。

第四节　德国实体企业与虚拟企业的发展

一、德国实体经济发展的时代背景

与前面讨论的日本、美国、英国相比,德国经济的发展相对平稳,很少出现大规模的经济危机,德国经济的高效、稳定、抗风险能力是举世瞩目的,同时德国也是第二次世界大战后 GDP 年均增速最快的发达国家。从图 3-20 可以看出,德国经济在 2008 年世界金融危机后得到迅速恢复,经济年增长率较为平稳。这些都可以归功于德国在抑制虚拟经济泡沫的同时相当注重实体企业的发展。

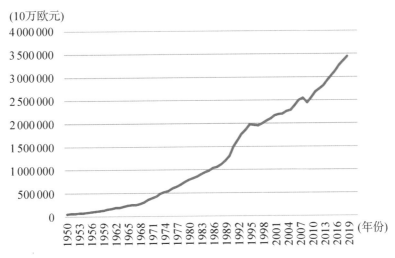

图 3-20　1950—2019 年德国 GDP 年度增长趋势图

资料来源：根据 Wind 数据库数据绘制。

第二次世界大战后,德国政府采用路德维希·艾哈德的经济改革方针,在国内推行社会市场经济的政策。社会市场经济是指从社会政策的角度加以控制的市场经济,在相关理论的指导下,德国进行了货币改革和价格改革,并构建了社会市场经济,这为之后的德国经济发展奠定了良好的制度基础。并且,在战后重建的过程中,德国还通过了《反限制竞争法》,并对一些大型企业进行了拆分合并。在政府扶持、市场积极环境等多因素的推动下,德国逐步发展起一批具有活力的中小实体企业。

对比英国、美国、日本等国家近年来出现的实体经济空心化现象,德国一直坚持发展制造业,近年来德国制造业占 GDP 比重始终稳定保持在20%以上。德国适度发展虚拟经济,采取相应措施,促进金融业与房地产行业健康发展。德国适度发展金融业是为了服务实体经济,发展房地产行业是为了保障居民住房需求。德国股票交易额及国内信贷投放额占GDP 的比重均显著低于美、日、英三国。德国的《住宅建设法》明确规定,保障居民住房是联邦政府首要的政策目标之一。不仅如此,德国房地产业还拥有成熟发达的信托投资体系、资产管理体系和国际运作经验,并且出台了一系列抵制房价炒作的措施,因此德国的房地产相对较为安全,经常被称为"无泡沫房地产"。

二、德国未爆发大规模经济危机的原因分析

德国作为欧洲主要经济体并没有像美国、日本那样在国内爆发大规模的经济危机,德国经济一直保持着较为稳定的发展,即使是受到经济危机的影响也可以迅速从危机中恢复发展,原因有很多。

从产业结构上来看,李彬和田玉鹏(2013)认为德国受次贷危机影响后能迅速恢复经济有赖于实体经济的发展,尤其是制造业及高新技术产业的发展。徐占忱和刘向东(2012)认为德国能在欧债危机中迅速恢复是因为德国心无旁骛地发展实体经济,坚持制造业立国。李飚和孟大虎(2019)认为正是德国实行了以实体经济为主的发展战略,德国实体经济和虚拟经济的就业才能实现平衡发展。李巍和邓允轩(2017)认为德国在金融危机后能迅速恢复发展,并在欧债危机期间带领欧洲走出危机得益于德国产业结构的固有优势,即汽车工业、机械制造、化工医药以及电子电气四大支柱产业形成的技术壁垒和品牌影响力构成的绝对优势。

从市场制度及结构上来看,梁新莉(2018)认为德国实体产业之所以发达是因为德国拥有完善的市场制度框架、严密的科技公共服务、务实的教育培养机制,并且充分发挥了社会组织的作用。梁云凤等(2019)认为德国经济没有脱实向虚发展的原因是德国金融业以国有经济为主导,服务于实体经济的发展,加上德国实行以实体经济为主导的产业政策,政府支持中小企业发展实体经济,并对房地产市场进行严格干预,因此德国的制造业得到充分发展并形成了德国的主导产业。Christian 等(2014)则认为德国经济取得成功主要依赖于劳动力市场的具体治理结构使得德国就业加强,经济得以发展。

从国家层面上来看,赵柯(2014)认为在欧盟形成之前,马克已经是世界第二大储备货币,欧元推出后,德国出口因欧元兑换马克导致马克贬值而得到增加,德国经济得到迅速发展。特别是欧债危机后,德国成为资本的避风港,进一步拉低了德国的融资成本,掌控欧洲资本的流动。

三、德国企业未明显脱实向虚的原因分析

对比日本,《广场协议》后,德国也受影响出现货币升值现象,却没有出现类似日本泡沫经济崩盘的现象,也没有发生类似美国的次贷危机。即便是在 2010 年的欧债危机中,德国的经济和房价也总体平稳,没有出现爱尔兰、希腊等国经济崩溃的情况,根本原因在于德国相对其他国家更注重实体经济的发展,适当发展以服务实体经济为目的的虚拟经济,为实体企业的发展提供良好的环境。

(一)德国政府支持实体经济和中小企业的发展

与美国和日本相比,欧洲经济一体化推进历程中,实体企业发展较好的国家当以德国最为突出。德国实体经济产业一直都处于世界较高水平,国际知名品牌也多集中于汽车制造业等实体经济产业。2019 年,德国制造业增加值占经济的比重为 21.59%,房地产业占比为 10.56%,金融业占比仅为 3.86%。德国实体经济的发展与其政府支持制造业实体经济发展与中小企业发展有关,德国是发达国家中对中小企业扶持力度较大国家。从图 3 - 21 可以看出,制造业采购经理人指数大多高于 50,说明德国制造业发展环境比较好,同时也说明德国比较注重发展以制造业为中心的实体经济。

德国也是在次贷危机和欧洲债务危机中恢复最快的欧洲国家。当前德国政府正在实施由《国家高技术战略 2020》支持的"工业 4.0"计划,即德国政府以制造业和中小企业为中心,调整产业结构、技术结构和产品结构,促进产品、数据和服务互联互通,利用信息技术、智能机器人及云计算等新兴技术实现实体经济的进一步发展,促进中小企业"小而精"发展。实体经济中,汽车制造、机械制造、化工、电子工业等传统产业一直是德国经济健康发展的重心,自动化工程、信息科学、生物等技术也在德国政府的产业政策支撑下领先世界。

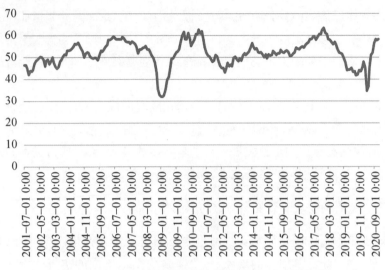

图 3-21　德国 Markit 制造业采购经理人指数(PMI)

资料来源：根据 RESSET 宏观数据库数据绘制。

此外,德国的农业和畜牧业也十分发达,而且农业的机械化程度很高。如今,德国的农产品生产和出口在欧洲名列前茅,拥有"出口冠军"的称号,同时也为其农村地区带来了大量的就业岗位以及经济繁荣。德国的农业用地量约占全国土地面积的一半。2008 年共有农业用地 1 693 万公顷,其中耕地面积 1 193.3 万公顷,农业用地占土地面积的比重为 48.54%。2008 年农林渔业产值为 195.6 亿欧元,占国内生产总值的 0.8%。农业就业人口85.5 万,占国内总就业人数的 2.12%。2016 年德国共有农业用地 1 671 万公顷,农业用地占土地面积的比重为 47.68%,其中耕地面积 1 182.2 万公顷,占农业用地的 70%。虽然农业用地占土地面积的比重有所下降,但其创造的经济效益、社会效益非常高,对经济发展和社会稳定发挥着重要作用。德国农业的突出特色是农业与工业相互联系,形成了农工综合体、产销一体化的模式。到 2019 年,德国拥有 75 万个农业综合企业,吸收约 450 万劳动力,创造的价值达 4 120 亿欧元。从农工一体化的角度讲,德国农业对国民经济的贡献远远大于它的 GDP 占比。

(二) 德国虚拟经济的发展服务于实体经济

1. 德国金融业以国有经济为主导,有利于支持实体经济

德国金融业以国有银行为主导,国有资产占比高于私有银行资产占比,银行主要包括合作银行体系、国有银行体系和私有商业银行体系。国有银行主要是为了满足德国中小企业的融资需求,不以营利为目的。因此,德国银行业的平均资本回报率相对较低,而欧盟其他成员的商业银行资本回报

率较高。在金融危机和世界经济低迷的情况下,德国金融业的风险防范能力尤其突出,因此也能更好地服务于实体经济的发展。

2. 德国发展房地产业是为了居住

德国房地产市场长期稳健发展,房价也从未出现大幅波动现象,这些都得益于德国政府住房政策的实施。德国《宪法》和《住宅建设法》都明确规定,联邦政府首要的政策目标之一就是保障居民住房,保障居民住房也是德国国家福利体系的重要组成部分,因此德国并未把房地产纳为支柱产业。德国还出台了许多遏制住房投机的政策,德国政府认为,房地产泡沫会冲击实体经济发展,不利于社会公平,不符合市场经济体制的原则,因此需要政府的干预。其主要做法有三种:一是补贴供给,增加房地产供给面的补贴;二是鼓励租房,租房市场设有补贴、价格设定机制,德国拥有欧洲最大的住房租赁市场,租房率高达 50% 以上;三是颁布法令抑制投机,德国政府明确规定购房的首付比例不低于 30%,且对低收入家庭要求更高的首付比例。由图 3-22 可以看出,无论是新房还是二手房的价格指数都相对稳定,并没出现大幅上涨或者下降的情况,这充分体现了德国房地产市场的稳定性。

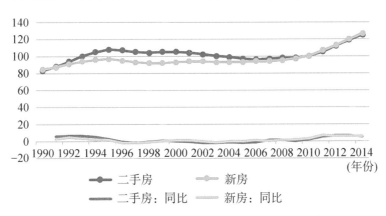

图 3-22　德国房地产价格指数年度同比变化趋势

资料来源:根据 Wind 数据库数据绘制。

(三) 创新、科研和人才培养政策的支持

德国实体产业之所以能一直不断地发展,其中一个重要的原因就是源源不断的创新科技人才的投入,创新使德国实体经济拥有强大的竞争力。由图 3-23 可以看出德国研发支出占 GDP 的比重一直高于英国,2010 年之后超过美国。德国每年约有 3 万家中小企业持续地进行科研创新投入,制造业相关创新研发费用占 GDP 的比重是美国的 20 倍左右。第二次世界大战后,德国高校迅速发展,除了传统意义上的综合类大学外,德国集中开设

致力于工科和理科建设的工程和自然科学专业的工业技术大学,如慕尼黑工业大学、卡尔斯鲁厄理工学院等。除此之外还有进入职场的快车道——高等专科学校,以工作为目的对专科人才进行培养。

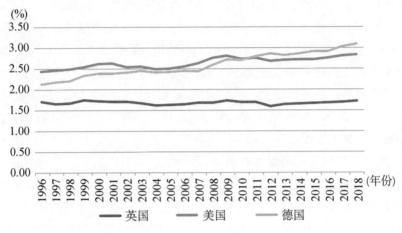

图 3-23　德国、英国、美国研发支出占 GDP 比重

资料来源:根据 Wind 数据库数据绘制。

(四) 完善的社会保障制度为实体经济发展提供劳动力来源

德国实施的社会保障制度主要包括三个部分:社会保险、社会补贴和社会救助。其中社会保险是核心,主要包括养老保险、医疗保险、就业促进、生育保障、工伤事故保险等。社会补贴主要包括家庭负担补贴和住房补贴等,用来保障低收入者。由图 3-24 可以看出,德国的财政支出中,人均社

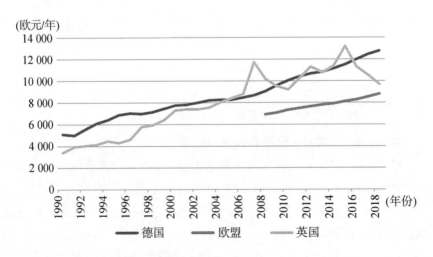

图 3-24　德国、英国、欧盟人均社会保障支出

资料来源:根据 Wind 数据库数据绘制。

会保障支出远高于欧盟,大部分年份高于英国。社会救助则包括特殊生活阶段的救济以及生活费救济等,用来保障残疾人等弱势群体。社保体系注重效率,避免泛福利化,既有利于保障低收入和社会弱势群体,又有利于促进就业,增强社会和谐,为实体经济的发展注入源源不断的劳动力。

四、德国实体经济发展启示

(一)注重支持实体经济发展

实体经济是一个国家经济运转和实现高质量发展的基石。王海燕和汪善荣(2016)认为德国经济发展转型的主体是实体经济。德国在经济转型中紧盯相关产业,不断促进产业结构升级,在世界竞争中占据优势地位。我国正处于经济发展转型阶段,更应该注重发展实体企业以促进实体经济的发展,使中国制造迈向中高端。首先,通过进一步深化国家改革措施,减轻实体企业的负担,切实落实扶助中小企业,帮助实体企业缓解生产经营难题。其次,要引导传统企业转型升级,调整企业发展战略,创新管理经营模式。同时,要立足长远,加大研究和开发一批标志性、带动性强的关键产品,抢占竞争制高点,掌握主动权。

(二)促进实体企业科技创新

创新是实体企业发展的核心和根本保障。德国一直重视和支持实体企业的科技创新,2014 年德意志银行的一项研究显示,创新投入较多的德国实体企业发展更快,利润也较多。对于我国,仍然要坚定不移走创新驱动、科技兴国之路。首先,要发挥大型企业创新骨干的作用,促进其形成良好的创新发展格局。其次,应与时俱进,推动科技金融产业的融合发展。马建强(2016)认为在推进创新链、产业链和资金链"三链融合"的同时,应积极引导社会资本投入科技创新领域,不只是国家财政对科技创新的投入,还应发挥市场的功效,建立多元化的科技投入体系,扩大企业科技创新的投资规模。

(三)推动实体经济与虚拟经济协调发展

正确处理实体经济与虚拟经济的关系有利于实现经济协调发展。李彬和田玉鹏(2013)认为虚拟经济的发展要服务于实体经济的需求,金融行业的发展不能脱离实体经济。一方面,控制好房价的炒作热度,房住不炒;另一方面,金融市场也应服务于实体,而不单是投机套利。我国要高度重视实体经济与虚拟经济协调发展,通过改革不断推动实体经济持续健康发展。当前,我国实体企业特别是制造企业的发展环境出现明显的变化,一是制造业尤其是高端制造业的国际竞争明显加剧;二是中小企业面临融资难以及制造业转型难等问题。想要走出这些困局,需要为实体经济营造良好稳定的宏观政策环境,推动实体经济和虚拟经济的协调发展。

第五节　本章小结

本章主要梳理和分析了美国、日本、英国、德国等主要经济体金融化发展产生的背景、影响因素及其演进历程,最后与德国经济没有出现过度金融化的情况进行对比研究。发现无论是美国的次贷危机,还是日本的房地产泡沫,抑或是英国的金融大爆炸,一个行业的快速兴起会吸引投资者注入增量资金并扩大买卖价差,那么该产业利润率激升并具有金融品的性质,泡沫开始堆积。此时在高管股权激励制度和股东价值最大化目标的影响下,公司更倾向于投资配置资产定价错位严重但买卖价差大的金融资产,泡沫开始蔓延。如果政府宏观调控监管不力,泡沫越来越严重,当评级机构下调这些资产的信用等级或资产实际价值被投资者发现时,泡沫将会破裂,并对经济产生极度恶劣且不可逆的影响。而德国则是一个国家立足发展实体经济时应该借鉴的对象,发展实体经济可以促进国家经济健康可持续发展,增强防范经济脱实向虚的能力,提高国家实体经济的竞争力。德国以发展实体经济为主要产业导向,用金融业辅助实体经济发展,并制定一系列政策和法律抑制房地产泡沫的产生,从根本上抑制了虚拟产业的发展,为中小企业发展提供了肥沃的土壤,进一步促进了就业的稳定,加之对教育和科技人才的重视,使得德国制造业、电子电器、化工等行业形成了自己的品牌优势,提高了他国的准入门槛,有着无可匹敌的竞争优势。我国应在提出建设制造强国的宏伟目标基础上,借鉴德国经验,在"创新驱动、质量为先、绿色发展、结构优化、人才为本"方针的指引下早日实现国家战略目标。

第四章 中国宏观经济及 A 股实体企业脱实向虚程度时间序列分析

第一节 中国宏观经济脱实向虚程度时间序列分析

一、金融化程度宏观指标分析

自 2008 年世界金融危机以来,中国宏观层面经济的脱实向虚主要表现为"三背离":货币增速与经济增速背离、虚拟经济增长与投资效率背离、商品房平均销售价格与其他商品价格背离。

(一) 1989—2019 年 GDP 增速时间序列分析

整体而言,我国货币增速在近年增长较快,但经济增速却没有大幅度增加,反而经济增长面临较大的下行压力。图 4-1 显示了 GDP 时间序列趋势,可以看出中国的 GDP 在 2008 年之前基本保持在 10% 以上的增速,但 2008 年

○─ 国内生产总值指数(上年=100)

图 4-1 中国 GDP 累计同比实际增速

受世界经济金融危机冲击后,中国经济遭受断崖式下跌。随后虽然在4万亿投资计划的刺激下,经济呈现V形反弹态势,但此后GDP增速基本维持在7%以下,经济进入了结构调整、调速换挡的低增长期。

(二) 1992—2019 年货币供应情况

货币供应量与经济发展相背离。图4-2显示了货币和准货币供应量的变化情况。可以看出,中国的货币供应在2008年7月之前一直保持平稳增长趋势,但之后货币供应量增速明显加大。以上对比说明中国货币供应量与经济增长存在较大的背离。在国内房地产投资为主要投资渠道以及国内生产主要满足国外市场需求的发展模式下,当外部市场萎缩及国内房地产饱和时,实体企业的投资机会显得越来越少。此时,发行货币越多,经济增长率与货币发行量的背离程度会越来越高。通过对具体数据测算,本书发现在2000—2018年,中国广义货币供应量增长率高于GDP增长率6.3个百分点,同期美国广义货币供应量与GDP增长率基本接近。

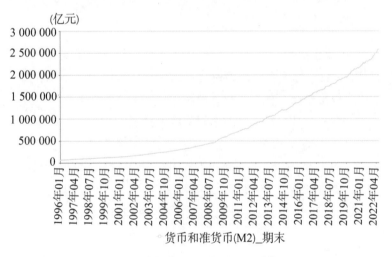

图 4-2 中国货币供应量变动趋势图

图4-3显示了2002—2021年中国社会融资规模增量时间序列图。可以发现如下趋势:第一,人民币贷款、企业债券及社会融资规模增量均呈递增趋势。2002年1月,社会融资规模增量为一472亿元,此后整体呈扩大趋势,至2021年12月扩大至23 682亿元。第二,人民币贷款增加速度高于企业债券增加速度,并同社会融资规模增量变动趋势保持高度一致。第三,外币贷款融资增量保持相对稳定并呈略微下降趋势。上述变化说明,中国金融市场流动性不断增强,国内融资成本不断下降。

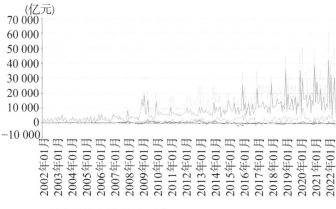

社会融资规模增量_当期
社会融资规模增量_人民币贷款_当期
社会融资规模增量_企业债券_当期
社会融资规模增量_外币贷款(折合人民币)_当期

图 4-3　人民币贷款融资增量

(三) 2002—2018 年人民币贷款基本情况

针对实体企业脱实向虚,已有文献重点关注了其对企业经营行为的影响,而缺乏其对资本市场效应的全面关注。鉴于此,本书重点研究实体企业脱实向虚的资本市场效应。

在 2008 年之前,中国经济增长的动力来自出口和国内投资。换句话说,国内企业制造的产品更多是为了满足国外市场及国内投资的需求,较少满足国内消费需求,国内生产能力是为出口和国内投资设计的。在中国特殊的制度背景下,金融危机之前经济发展的主要动力来源于基建投资和国外市场需求。金融危机后,中国政府实施了 4 万亿的经济投资刺激计划,短期内刺激了经济的快速发展,但经济刺激计划的作用消退后,国内市场需求并没有有效恢复,企业国内投资机会越来越少。国外市场以及世界范围内经济和金融危机的冲击使国外市场的需求严重受挫。此时,企业在实体领域的投资机会并不多,产业资金纷纷投资于金融市场。

二、主要资本市场发展情况分析

(一) 中国股票市场发展概况

首先分析中国股票市场发展情况。图 4-4 显示了股票日均交易量趋势。可以看出,在 2005 年之前,中国股票市场的交易活跃度非常稳定,交易量也较低。在此期间,中国实体经济保持较高速度的增长。其原因可能是,实体经济高速增长为企业提供了更多的投资机会,有限的金融资源被分配到实体产业,致使股票市场交投并不非常活跃。在 2005 年完成股权分置改革后,上市国有企业大股东股票不能流通的问题得以解决,上市公司治理改善,推动了公司业绩提升,上市公司质量和市场估值随之提升,这造就了2006 年、2007 年和 2008 年上半年的股市繁荣,股票成交量在此期间大幅度增加。2008 年、2009 年实施的大规模经济刺激计划,包括过度宽松的货币政策,为市场投入了大量的流动性。但此期间由于外需乏力、内需不足以及国内产能过剩,市场的流动性资金并没有大量进入实体产业,而是变道进入了股票市场,从而造就了股市繁荣。股票市场成交量长期保持高位,尤其明显的是,自 2008 年中国股票市场成交量提升以后,成交量基本维持在较高水平并呈现上升趋势。实际上,在 2008 年后,中国经济由于出口受挫以及内需不振,再加上经济结构整体不合理,行业产能过剩与行业结构性供给不足并存。2008 年后,中国经济依靠强劲的房地产市场发展,但可持续性较差,发展速度较低。经济发展速度放缓以及经济结构性失衡是导致中国资本市场快速发展的重要原因。

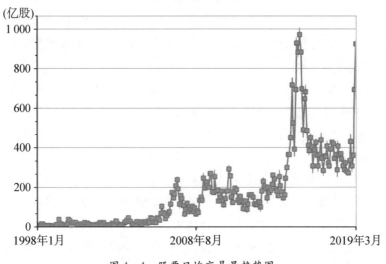

图 4-4　股票日均交易量趋势图

中国股票市场成交量不断放大的另一个原因是股票市场加速扩容。图 4-5 显示了上海证券交易所和深圳证券交易所在 1998 年 1 月—2019 年 5 月间上市公司数量的变化,可以看出上市公司数量加速增加。上市公司数量的增加也是导致中国股票市场交易量和交易规模快速扩张的原因。

图 4-5 显示了中国股票市场自 1998 年创建以来上市公司数量的变动情况。1998 年 1 月,深圳证券交易所上市公司数量不足 400 家,此后稳步快速增加,截至 2019 年 5 月,深圳证券交易所上市公司数量增加至 2 100 多

家,上海证券交易所上市公司数量增加至 1 500 家。

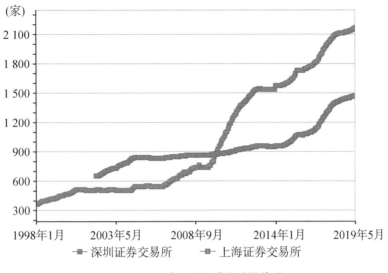

图 4－5　上市公司数量变动趋势图

　　图 4－6 显示了中国基金市场中各类基金的数量变动趋势。基金具有规模效应、专业优势、信息优势,在资本市场中能够更好地发挥稳定市场、提供市场流动性及价值发现的功能。近年来基金在中国的快速发展也为股票市场提供了充足的流动性,这也是导致股票市场交易活跃的重要因素。公募基金在 2017 年 3 月大约有 4 000 只,但到了 2019 年 4 月,这一数量增长到约 6 000 只,增长速度较快。

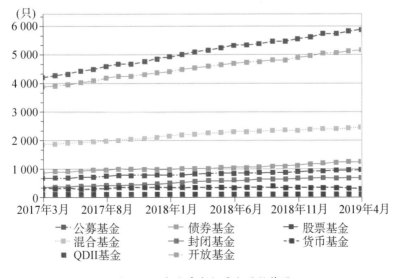

图 4－6　各类基金数量变动趋势图

图4-7显示了中国A股市场股票日均交易额变动趋势。整体而言,股票日均交易额变化趋势与股票日均交易量变化趋势保持一致,表现为2005年之前市场交易额保持较低的平稳水平,在股权分置改革后开始放大,2008年经济危机后股票交易额突破前期最高值并不断放大。

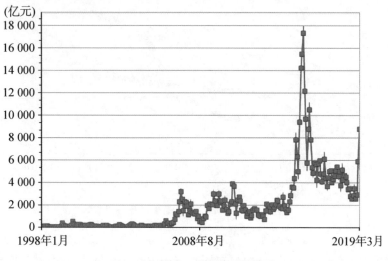

图4-7　股票日均交易额趋势图

通过以上分析,本书认为中国股票市场发展同实体经济增速并不完全一致。在实体经济高速发展期间,股票市场的交易量和交易额并没有保持高速发展的态势,其原因可能是实体产业发展初期市场有太多的投资机会,投资实体产业对资本更具有吸引力。上市公司治理机制的完善有助于强化对出资人的保护,提高投资人投资股票市场的积极性,表现为2005年股权分置改革后,股票市场的交易量和交易额在短时期内快速突破前期长时间的低位盘整,而上升到了新的水平。经济的低速增长也可能带来股票市场的快速发展,其原因可以概括为两个方面。首先,经济低速发展对资本的需求量可能较小,这意味着有更多的资金可以投入金融市场。其次,经济低速发展可能意味着调速换挡,中国经济在全球产业链中的地位可能大大提升,产业附加值快速增加,这为资本市场提供了更多优质资产,上市公司的价值大幅度增加,对资金的吸引力也大幅度增强。

(二)中国债券市场发展概况

中国债券市场中的债券种类很多,包括企业债券、企业信用债券、政府债券、可转换公司债券以及可交换公司债券等。其中,政府债券、国债及基本的企业债券是主体。在中国特殊的制度背景下,债务融资作为一种直接融资方式,其条件比股票融资更为宽松①,融资成本也更低。此外,中国居民储蓄率居高不下,投资渠道相对单一,流通性较好的公司债券为居民投资提供了低风险、高流动性且相对收益有保障的投资渠道。因此,中国债券市场快速发展,现今已经跃居世界第一位。在现有融资方式中,公司债券融资成本低于银行信贷融资,发行成本和难度又低于发行股票融资,这种融资方式深受企业和投资者欢迎,债券融资因此发展迅速。

图4-8显示了2013年1月—2019年5月中国债券市场融资余额变动趋势。在2013年1月,中国债券市场融资余额约为20万亿元,到2019年5月,中国债券市场的融资余额达到90万亿元,这意味着6年时间中国债券市场融资规模增长约3.5倍,并且增长幅度波动较少,一直保持较高增长速度。

图4-8 中国债券市场月末余额变动趋势图

图4-9显示了2013年1月—2019年5月中国债券市场债券发行额度变动趋势。从中可以看出,在此期间内,中国债券市场月度债券发行额度虽有波动,但整体增加的趋势保持不变。2013年1月,中国债券市场月度发行额度保持在0.5万亿元左右,但到了2019年,中国债券市场月度发行额

---

① 根据我国《证券法》《公司法》和《公司债券发行试点办法》的有关规定,发行公司债券应当符合下列条件:股份有限公司的净资产不低于人民币3 000万元,有限责任公司的净资产不低于人民币6 000万元;本次发行后累计公司债券余额不超过最近一期期末净资产额的40%;金融类公司的累计公司债券余额按金融企业的有关规定计算;公司的生产经营符合法律、行政法规和公司章程的规定,募集的资金流向符合国家产业政策;最近三个会计年度实现的年均可分配利润不少于公司债券1年的利息;债券的利率不超过国务院规定的利率水平;公司内部控制制度健全,内部控制制度的完整性、合理性、有效性不存在重大缺陷;经资信评估机构评级,债券信用级别良好。

度达到 4.5 万亿元。

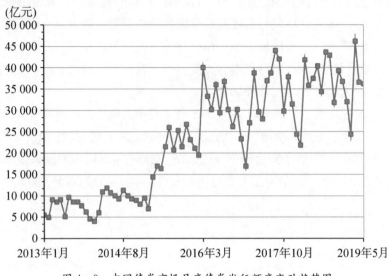

图 4 - 9　中国债券市场月度债券发行额度变动趋势图

图 4 - 10 显示了中国债券市场国债月度发行额度变动趋势。国债又称国家公债,是国家以其信用为基础,按照债券的一般原则,通过向社会发行债券筹集资金所形成的债权债务关系。国债是中央政府为筹集财政资金而发行的一种政府债券,由中央政府向投资者出具的、承诺在一定时期支付利息和到期偿还本金的债权债务凭证,由于国债的发行主体是国家,所以它具有最高的信用度,被公认为是最安全的投资工具。从图 4 - 10 中可以看出,1999 年国债月度发行额度约为 700 亿元,并在 2009 年之前基本保持稳定。2009 年中国债券

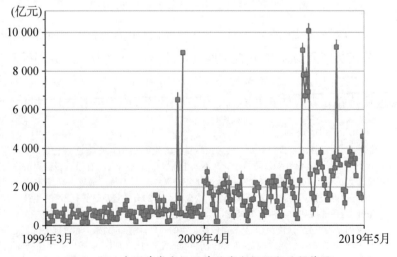

图 4 - 10　中国债券市场国债月度发行额变动趋势图

市场开始稳步增加,月度国债发行额度达到约 1 400 亿元,2016—2019 年国债筹资额度进一步增加到约 3 000 亿元。这说明,在样本期间内,中国债券市场中国债发行稳步增加,但中间波动幅度较大,且增加速度相对较低。

图 4 - 11 显示了 2013—2019 年间中国公司信用债月度发行额度变动趋势。公司信用债券是指发行债券的公司不以任何资产为担保或抵押,全凭公司的信用发行的债券,属于无担保证券。只有少数经营状况良好、信誉显著的大公司才能成功发行公司信用债券。公司信用债券的持有者为公司的一般债权人,一旦公司倒闭清算,只有在清偿一切有抵押的负债后,才能对公司信用债券的持有者偿还本息。为了保护公司信用债券投资者的利益,一般要附有某些限制性条款,如在公司信用债券未清偿之前要限制股东分红派息事宜等。从图 4 - 11 中可以看出,中国公司信用债的发行额度稳步增加。在 2013 年,公司信用债的月度发行额约为 3 500 亿元,到 2014 年约为 5 000 亿元,到 2016 年达到 8 000 亿元,此后基本稳定在 7 000 亿元左右。这说明中国公司信用债发行额度非常大,远远高于国债的发行额度。因此,发行公司信用债也是公司重要的筹资方式。

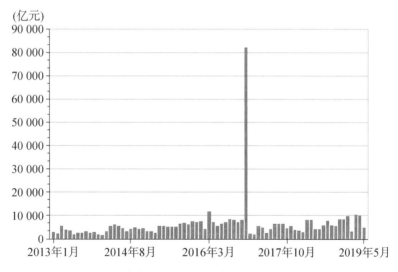

图 4 - 11　中国债券市场公司信用债月度发行额变动趋势图

图 4 - 12 显示了中国债券市场中可交换公司债券月度筹资额变动趋势。可交换债全称为“可交换他公司股票的债券”,是指上市公司股份的持有者通过抵押将其持有的股票交给托管机构进而发行的公司债券,在未来的某个时期内,该债券的持有人能按照债券发行时约定的条件,用持有的债券换取发债人抵押的上市公司股权。可交换债券是一种内嵌期权的金融衍生品。从图 4 -12 中可以看出,可交换公司债券在中国债券市场的筹资规模较小,属于

非主流的债券筹资方式,并且这种债券筹资方式在近几年越来越少见。

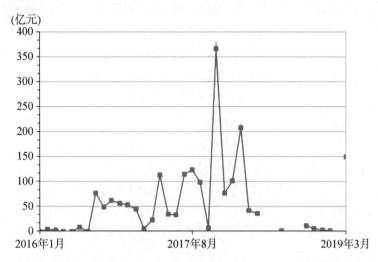

图 4-12 中国债券市场可交换公司债券月度筹资额度变动趋势图

图 4-13 显示了中国债券市场中可转换公司债券的月度筹资额度变动趋势。可转换债券是指债券持有人依照发行时约定的价格将债券转换成公司普通股票的债券。若债券持有人不愿转换成股票,则可以继续持有债券,直到偿还期满收取本金和利息,或到流通市场出售变现。若债券持有人对发债公司股票的增值潜力持看好态度,在宽限期之后可以行使转换权,按照预定转换价格将债券转换成为股票,发债公司不得拒绝。该债券利率通常低于普通公司的债券利率,企业发行可转换债券能够降低筹资成本。可转换债券持有人在一定条件下还拥有将债券回售给发行人的权利,发行人在一定条件下享受强

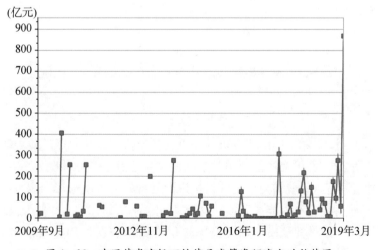

图 4-13 中国债券市场可转债月度筹资额度变动趋势图

制赎回债券的权利。在 2016 年前,中国债券市场中可转债发行数量较少,且时断时续。但在 2016 年后,中国债券市场发行可转债的公司越来越多且筹资额也越来越大,到 2018 年和 2019 年,发行可转债的公司明显增多。

(三) 中国股票市场、债券市场筹资额对比情况

表 4-1 显示了中国股票市场、债券市场筹资额的时间序列。可以看出,在中国特殊的制度背景下,债券筹资额度远远大于发行股票的筹资额度。在债券筹资方式中,公司债券的筹资额度最大。如今中国债券市场已经跃居世界第一大债券市场,未来随着国家提倡直接融资以及科创板的推出,直接融资比重还会增大。

表 4-1　中国股票、债券市场各种筹资方式年度筹资额　　单位：亿元

年度	公司债	国债	公司信用类债	金融债	可交换公司债	债券发行额	可转债	优先股	股票发行筹资额	证券市场筹资额	股配	定向增发	股票首发筹资额
2014	2 482	21 747	51 487	37 468	0	110 512	311	0	7 060	10 630	138	4 031	669
2015	20 188	59 408	67 235	102 115	0	228 788	108	0	11 321	28 907	42	6 709	1 767
2016	28 802	29 458	164 102	346 744	315	355 883	195	0	14 510	47 975	299	16 978	1 634
2017	16 796	36 213	54 737	120 893	1 049	401 445	792	1 399	11 816	35 407	157	12 871	2 186
2018	21 003	31 555	73 334	274 057	410	430 423	787	1 350	6 827	4 616	228	8 421	1 378

(四) 中国金融机构贷款情况

在中国特殊的制度背景下,公司上市筹资以及发行债券筹资难度很大,筹资额度有限。此外,非上市公司数量众多,而风险投资发展程度又较低。因此,金融机构贷款是中国融资体系中最为重要的筹资方式。金融机构贷款是指企业向商业银行和非银行金融机构借入资金。其中商业银行作为国家金融市场的主体,其拥有雄厚资金可为企业提供长期贷款和短期贷款,所以商业银行贷款是企业负债经营时采用的主要筹资方式。

图 4-14 显示了中国金融机构人民币各项贷款和境内非金融机构及团体贷款期末余额情况。从中可以看出,2007—2019 年,中国金融机构人民币各项贷款和境内非金融企业及机关团体贷款余额均保持了持续增长态势,且增长幅度很大。在 2007 年,境内非金融企业及机关团体贷款额度约为 20 万亿元,到 2019 年 5 月末增加到 90 万亿元。在 2010 年,中国金融机构人民币各项贷款额度约为 40 万亿元,到 2019 年 5 月末增加到约 140 万亿元。实际上,中国金融机构贷款额度远远超过了债券市场融资额度,这说明中国金融机构贷款依然是中国企业最重要的筹资来源。

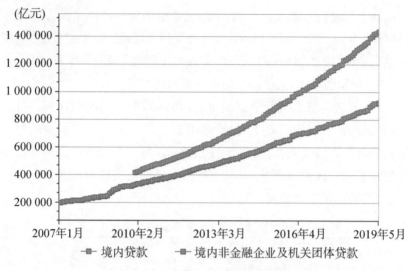

图 4-14　中国金融机构各项贷款期末余额

图 4-15 显示了 1990—2019 年间中国金融机构人民币各项贷款月度增速及变动额情况。从中可以看出,在此期间中国金融机构人民币各项贷款月度增速及变动额度均呈现出显著的增加趋势。1990—1997 年,中国金融机构人民币各项贷款增速为 12%～13%,但随后逐步增加,尤其是在 2007 年、2008 年、2009 年和 2010 年度更是跳跃式增加,在 2012 年以后增加幅度有所下降,但仍保持在 13% 的水平。整体而言,中国金融机构人民币贷款整体保持较高的增速,并且在整个时间序列中呈现出周期性变化的特

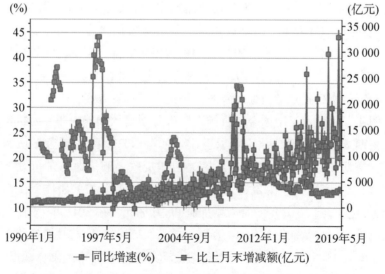

图 4-15　中国金融机构人民币各项贷款月度增速及变动额

征。从中国金融机构人民币贷款增加额度看,样本期间内变动额度不断增加,尤其是在近年来增加幅度更大。

第二节　中国 A 股实体企业脱实向虚程度时间序列分析

一、上市公司脱实向虚的衡量

根据已有研究,衡量企业金融化程度的方法大致分为以下三类。

第一类,基于资产负债表衡量企业金融化程度。首先计算各年度末合并资产负债表中的金融资产(包括交易性金融资产、持有至到期投资、投资性房地产、可供出售金融资产、长期股权投资)除以同期总资产的比值,然后用 t 年初、年末上述比值的均值来衡量企业的金融化程度[①]。基于资产负债表计算的 i 上市公司 t 年度的金融化程度用变量 $FinA_{i,t}$ 表示。

第二类,基于金融投资活动利润占比来衡量企业的金融化程度。该方法基于利润表相关数据来衡量企业的金融化程度,用 t 年度合并利润表中投资净收益与公允价值变动净损益之和除以同期利润总和来衡量企业的金融化程度。基于利润表计算的 i 上市公司 t 年度的金融化程度用变量 $FinI_{i,t}$ 表示。

第三类,基于金融资产、金融利润的绝对数额衡量上市公司金融化的程度。该方法基于合并资产负债表中五类金融资产(交易性金融资产、持有至到期投资、投资性房地产、可供出售金融资产、长期股权投资)之和衡量上市公司金融化资产配置的整体规模。金融利润数额等于上市公司年度合并利润表中投资净收益与公允价值变动净损益之和。

从理论上讲,资产是利润产生的基础,利润是资产的孳息,也可以认为资产是本金,利润是利息。因此,基于金融资产衡量的企业金融化程度的指标可能更加稳定,基于收益衡量的企业金融化程度指标可能波动率更高。基于金融资产规模衡量上市公司金融化规模的指标应该具有更强的稳定性,且该指标能够更直观地体现上市金融资产投资规模在时间序列上的变化趋势。

[①]　鉴于母公司的控制性股权投资更多表现为母公司基于公司战略视角的安排,更多是职能或业务性子公司,投出资金更多地具有实体属性的事实,本研究以合并报表为基础衡量上市公司的金融化程度。2018 年会计准则把金融资产从四分类调整为三分类,本书仍旧采用四分类法以囊括更多样本。

计算企业金融化程度的基础数据来源于 Resset 金融研究数据库,涉及的数据集包括财务指标数据集。

二、中国 A 股非金融类上市公司时间序列特征分析

(一) 中国 A 股非金融类上市公司金融资产数额时间序列特征

表 4-2 显示了中国 A 股市场非金融类(剔除了 J 门类及 K 门类)上市公司各年度金融资产配置数额的统计量。鉴于 1990—1992 年样本数量较少,表 4-2 中未列举相应年度的统计结果。

从时间序列看,上市公司配置金融资产数额的均值、3/4 分位数呈逐年递增趋势,而中值、1/4 分位数呈缓慢增长趋势。在 2000 年,上市公司配置金融资产数额的均值、中值、1/4 分位数、3/4 分位数分别为 1.296 4 亿元、0.595 1 亿元、0.165 1 亿元和 1.464 6 亿元,而到了 2019 年这几个统计量的数值分别为 10.511 5 亿元、1.573 9 亿元、0.291 7 亿元和 5.677 6 亿元。可以看出,2000—2019 年,上市公司配置金融资产的数额的各基本水平指标全面上升。2000 年上市公司配置金融资产的数额多数在 0.59 亿元左右,到了 2019 年公司配置金融资产的数额多数在 1.57 亿元左右,增加了大约 2 倍。此外,2000 年上市公司配置金融资产的 1/4 分位数、3/4 分位数分别为 0.165 1 亿元和 1.464 6 亿元,在 2019 年上市公司配置金融资产的 1/4 分位数和 3/4 分位数分别为 0.291 7 亿元和 5.677 6 亿元。图 4-16 显示了 1993—2019 年间,上市公司配置金融资产数额的中值、均值、1/4 分位数和 3/4 分位数的增长趋势图,该图很直观地说明所有 A 股上市公司配置金融

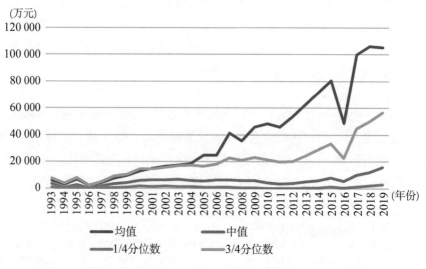

图 4-16　中国 A 股非金融类上市公司年度金融资产数额的基本统计量

表 4 - 2　中国 A 股非金融类上市公司各年度配置金融资产数额的统计量

年份	均值（万元）	标准差	中值（万元）	1/4 分位数（万元）	3/4 分位数（万元）	最大值（万元）	最小值（万元）	偏度	峰度	样本量
1993	6 023.201	79 760 133.360	3 420.963	1 000.000	7 717.072	45 118.996	0	2.439	6.936	106
1994	2 879.712	63 529 526.043	548.700	0.000	3 769.831	60 069.100	0	5.719	43.666	181
1995	6 659.426	119 054 405.119	2 795.450	497.739	7 995.512	112 939.983	0	4.857	34.568	196
1996	2 014.368	55 145 369.795	238.930	0.000	2 000.000	30 375.000	0	9.029	115.938	360
1997	4 294.131	76 994 141.193	1 830.825	328.861	5 031.963	107 495.150	0	6.174	65.303	529
1998	7 474.999	136 663 296.961	3 242.200	665.854	9 113.743	212 890.779	0	7.145	87.216	624
1999	9 687.965	180 037 381.789	4 414.806	1 008.426	10 618.059	215 222.463	0	5.720	50.142	727
2000	12 964.623	219 020 296.494	5 951.418	1 651.461	14 646.911	271 310.317	0	4.697	34.447	846
2001	15 141.456	394 440 551.304	6 350.275	1 524.987	14 670.962	391 000.000	0	13.757	276.406	916
2002	16 492.830	458 617 508.231	6 244.110	1 603.921	15 998.205	1 102 500.000	0	15.249	331.496	984
2003	17 305.668	477 724 246.303	6 657.830	1 275.800	16 905.633	1 115 000.000	0	13.788	280.725	1045
2004	18 552.975	562 040 675.812	5 881.837	1 184.996	17 515.772	1 340 900.000	0	14.070	288.471	1138
2005	24 669.750	2 548 145 083.672	5 353.799	1 078.558	16 497.353	8 539 450.000	0	32.560	1 087.845	1150
2006	25 003.164	1 046 882 471.846	6 198.580	1 131.124	18 329.565	2 551 350.000	0	16.003	330.294	1216

（续表）

年份	均值（万元）	标准差	中值（万元）	1/4分位数（万元）	3/4分位数（万元）	最大值（万元）	最小值（万元）	偏度	峰度	样本量
2007	41 179.534	1 717 996 305.110	6 380.115	750.239	22 781.573	3 133 500.000	0	11.345	159.840	1 318
2008	35 419.868	1 429 528 550.220	5 972.958	709.292	21 050.723	2 999 700.000	0	13.933	254.991	1 387
2009	45 849.899	1 948 091 091.222	5 974.191	580.588	23 366.949	3 724 215.911	0	12.104	187.866	1 456
2010	48 516.889	2 560 117 796.115	4 355.881	178.781	21 647.792	6 548 100.000	0	16.022	330.254	1 778
2011	46 086.383	2 641 310 610.833	3 324.648	43.942	19 894.748	7 206 300.000	0	17.320	382.470	2 032
2012	53 758.280	3 122 283 579.136	3 671.362	100.000	20 447.352	8 137 100.000	0	16.848	362.126	2 167
2013	62 984.886	3 955 182 016.021	4 958.378	358.011	24 640.916	11 789 200.000	0	19.715	488.003	2 149
2014	71 611.658	4 377 791 951.000	6 095.510	642.903	28 813.378	11 870 300.000	0	18.691	428.131	2 261
2015	80 623.890	4 441 848 132.000	8 077.145	1 182.621	33 479.966	12 842 074.600	0	17.500	403.512	2 491
2016	48 700.382	2 708 107 053.000	5 487.506	614.187	22 813.665	7 212 844.592	0	17.458	401.394	2 680
2017	99 911.192	5 875 207 083.000	9 996.849	1 300.000	44 472.673	18 395 900.000	0	19.241	482.409	3 101
2018	105 975.714	5 887 249 961.000	12 073.783	1 990.637	50 150.547	17 145 300.000	0	18.001	424.739	3 242
2019	105 115.470	5 550 092 451.000	15 739.052	2 917.317	56 776.462	15 552 300.000	0	18.116	428.239	3 320

资产的平均数额逐年稳步增长。这些数据均表明,中国Ａ股上市公司配置金融资产的金额整体上呈现出稳步增长的态势。

此外,统计数据表明,样本期间内上市公司各年度的金融资产配置金额呈现出典型的右偏分布特征。第一,1993—2019年,上市公司配置金融资产的年度中值与1/4分位数及3/4分位数的距离均大于0,中值与1/4分位数的距离为0.4838亿元,中值与3/4分位数的距离为1.5308亿元,二者间的差异为1.0470亿元。第二,在样本期间内,上市公司各年度金融资产配置数额分布的峰度和偏度均大于0,偏度的最大值和最小值分别为1087.845和6.936,峰度的最大值和最小值分别为3320.000和106.000,样本期间内偏度和峰度的均值为284.728和1461.000。由此可以看出,在样本区间内上市公司金融资产配置金额呈典型的右偏分布特征。这说明,在样本期间内,只有少部分上市公司配置了较高额度的金融资产,而大多数上市公司配置了较少额度的金融资产。

（二）中国Ａ股非金融类上市公司金融利润数额时间序列特征分析

从图4-17和表4-3可以看出,金融利润数额在各年度内的1/4分位数相对稳定,围绕0值波动,整个样本期间的均值为-1.559万元,最小值为-203.641万元,最大值为204.940万元。1993—1997年以及2016—2019年,金融利润数额在各年度的1/4分位数为正值,2001—2006年,金融利润数额在各年度的1/4分位数为负值,其他各年份金融利润数额的1/4分位数为0值。这说明在样本区间内大约有1/4的非金融类上市公司配置金融资产并没有产生稳定的正向收益率,而只能获取间歇性的正收益率,甚至遭受阶段性亏损。

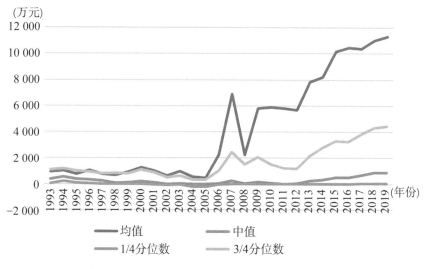

图4-17　中国Ａ股非金融类上市公司年度金融利润数额的基本统计量

表 4 - 3　中国 A 股非金融类上市公司各年度金融利润数额的统计量

年份	均值（万元）	中值（万元）	1/4 分位数（万元）	3/4 分位数（万元）	最大值（万元）	最小值（万元）	偏度	峰度	样本量
1993	927.462	377.401	39.879	1101.246	28350.566	−959.601	8.899	86.255	106
1994	1034.063	579.203	204.940	1210.108	20443.840	−427.924	6.996	64.901	181
1995	754.294	375.318	96.302	1041.034	13707.347	−4490.587	4.417	38.738	196
1996	1050.661	341.848	34.495	954.143	70076.304	−2895.122	14.726	250.572	360
1997	771.417	263.008	6.321	798.343	26412.938	−5409.903	6.795	83.121	529
1998	703.298	108.129	0	865.572	28913.175	−5773.431	6.317	69.015	624
1999	948.784	124.703	0	806.081	45178.369	−2574.003	7.611	89.837	727
2000	1291.926	235.348	0	1103.502	120370.234	−28048.453	13.815	289.333	846
2001	1012.077	142.333	−11.686	906.554	56316.674	−22914.563	6.780	72.862	916
2002	637.507	19.000	−72.120	499.023	71504.060	−43363.280	7.233	106.166	984
2003	1002.078	32.172	−36.802	627.153	131736.979	−59573.045	10.773	209.012	1045
2004	560.444	0	−191.471	360.571	152323.852	−37485.276	11.876	221.458	1138
2005	482.553	0	−203.641	362.881	100305.814	−71321.116	5.750	98.101	1150
2006	2270.697	43.861	−39.874	1019.084	325751.600	−125879.945	13.011	270.951	1216
2007	6893.007	283.905	0	2452.932	650489.978	−56885.977	12.381	184.638	1318

（续表）

年份	均值（万元）	中值（万元）	1/4 分位数（万元）	3/4 分位数（万元）	最大值（万元）	最小值（万元）	偏度	峰度	样本量
2008	2 261.632	44.019	0	1 525.991	529 950.000	−885 903.300	−9.249	316.746	1 387
2009	5 820.590	166.082	0	2 100.476	837 472.901	−37 799.723	15.870	344.315	1 456
2010	5 904.454	77.244	0	1 539.848	995 208.818	−19 549.014	17.893	392.112	1 778
2011	5 811.337	29.741	0	1 216.427	1 312 614.211	−19 551.693	22.827	609.934	2 032
2012	5 668.135	67.938	0	1 175.795	1 543 648.254	−40 828.063	25.211	801.888	2 167
2013	7 842.019	265.833	0	2 146.822	2 545 320.165	−10 210.191	27.717	939.178	2 149
2014	8 210.703	334.192	0	2 801.340	2 785 239.634	−140 004.727	31.685	1 201.895	2 261
2015	10 166.237	519.610	0	3 318.168	2 937 761.755	−91 366.758	28.223	900.338	2 491
2016	10 463.792	523.067	0.012	3 276.157	3 056 300.000	−280 714.118	25.938	731.319	2 716
2017	10 381.965	693.594	44.785	3 800.050	3 080 727.313	−52 875.642	27.752	992.757	3 101
2018	11 019.947	908.688	49.525	4 319.472	3 301 304.796	−199 441.399	26.503	943.838	3 242
2019	11 301.243	893.973	37.247	4 464.144	2 639 732.803	−197 704.880	21.180	573.734	3 320
均值	4 266.382	275.934	−1.559	1 696.034	1 015 080.088	−90 516.731	14.775	403.075	1 461
最小值	482.553	0	−203.641	360.571	13 707.347	−885 903.300	−9.249	38.738	106
最大值	11 301.243	908.688	204.940	4 464.144	3 301 304.796	−427.924	31.685	1 201.895	3 320

从中值来看,样本期间内除 2004 年和 2005 年外,其他各年份金融利润数额的中值基本为正值,在此期间平均值为 275.934 万元,最小值为 0,最大值为 908.688 万元。这说明样本期间内金融利润数额的年度中值均为非负值,整体变化趋势同 1/4 分位数的变化趋势一致,具有阶段性趋势特征。

在样本区间内,均值、3/4 分位数的阶段性变化趋势特征非常明显。1993—2005 年,中值、3/4 分位数比较接近,基本在 1 000 万元上下波动。2006—2019 年,金融利润的年度均值、3/4 分位数的量级不断增大,且各年度均值基本大于相应年度的 3/4 分位数。这说明在 2006—2019 年,上市公司金融收益大幅度增加,并且利润数额极大,公司数量较少,但金额巨大。

此外,统计数据表明,样本期间内上市公司各年度的金融利润数额呈现出典型的右偏分布特征。第一,1993—2019 年,上市公司金融利润的年度中值与 1/4 分位数及 3/4 分位数的距离均大于 0,中值与 1/4 分位数的距离为 0.027 7 亿元,中值与 3/4 分位数的距离为 0.142 0 亿元,二者差异为 0.114 3 亿元。第二,在样本期间内,上市公司各年度金融利润数额分布的峰度和偏度绝大部分大于 0,峰度的最大值和最小值分别为 1 201.895 和 38.738,偏度的最大值和最小值分别为 31.685 和 -9.249(负值出现年份唯一),样本期间内峰度和偏度的均值为 403.075 和 14.775。这些数据充分说明,在样本区间内上市公司金融利润数额呈典型的右偏分布特征。这意味着,在样本期间内,只有少部分上市公司获得了较高的金融利润,而大多数上市公司获得的金融利润较少。此外,整个样本期间内,与金融资产分布的偏度和峰度相比,金融利润分布的各年度峰度和偏度更大。这说明,与金融资产分布的右偏特征相比,金融利润分布的右偏特征更加明显。

基于上述分析,中国 A 股上市公司金融利润规模呈整体的上升趋势,并且这种趋势在 2005 年股权分置改革完成后尤其是 2008 年金融危机后更加明显。此外,中国 A 股上市公司金融利润规模呈较明显的右偏分布特征。

(三) 中国 A 股非金融类上市公司金融资产占比的时间序列特征分析

表 4-4 和图 4-18 显示了中国 A 股市场中非金融类上市公司各年度金融资产除以总资产的比值(简称金融资产占比)的年度统计量。从中可以看出,在样本期间内,金融资产占比各年度的均值、中值、1/4 分位数和 3/4 分位数的均值分别为 6.575%、3.344%、0.697% 和 8.957%。这说明中国 A 股非金融类上市公司配置金融资产的比率并没有超过总资产的 10%,更多公司配置金融资产占总资产的比例在 5% 左右。

表 4 - 4　中国 A 股非金融类上市公司各年度金融资产占比的统计量

年份	均值（%）	标准差	中值（%）	1/4 分位数（%）	3/4 分位数（%）	最大值（%）	最小值（%）	偏度	峰度	样本量
1993	10.764	0.102	9.063	2.595	16.826	50.193	0	1.484	4.123	106
1994	4.901	0.077	0.643	0.000	7.136	38.814	0	1.925	3.482	181
1995	7.365	0.078	5.377	0.789	11.906	35.070	0	1.225	1.018	196
1996	2.753	0.046	0.352	0.000	3.688	27.895	0	2.330	6.186	360
1997	4.646	0.053	2.729	0.632	7.057	27.694	0	1.564	2.477	529
1998	7.154	0.079	4.657	0.910	10.864	44.180	0	1.570	2.667	624
1999	7.582	0.084	4.731	1.217	11.258	50.778	0	1.679	3.174	727
2000	8.877	0.093	6.092	1.578	12.768	48.906	0	1.519	2.281	846
2001	8.052	0.088	5.105	1.329	11.462	51.206	0	1.661	2.941	916
2002	7.916	0.088	5.141	1.389	11.237	50.165	0	1.750	3.431	984
2003	7.277	0.083	4.376	0.993	10.716	49.061	0	1.753	3.479	1045
2004	6.981	0.085	4.194	0.859	9.892	54.433	0	2.084	5.362	1138
2005	6.628	0.084	3.533	0.785	8.977	53.456	0	2.107	4.974	1150
2006	7.090	0.093	3.522	0.824	9.662	54.850	0	2.085	4.583	1216
2007	8.063	0.118	3.254	0.544	10.504	67.015	0	2.387	6.372	1318

（续表）

年份	均值（%）	标准差	中值（%）	1/4 分位数（%）	3/4 分位数（%）	最大值（%）	最小值（%）	偏度	峰度	样本量
2008	6.980	0.102	2.685	0.415	9.279	62.441	0	2.443	6.862	1387
2009	6.728	0.102	2.605	0.375	8.515	63.714	0	2.548	7.454	1456
2010	5.781	0.098	1.658	0.119	6.613	65.349	0	2.804	8.952	1778
2011	4.794	0.086	1.242	0.023	5.182	61.054	0	2.998	10.537	2032
2012	4.733	0.084	1.307	0.045	5.097	57.781	0	2.943	9.625	2167
2013	4.919	0.083	1.671	0.161	5.509	57.476	0	2.891	9.574	2149
2014	5.213	0.086	1.861	0.261	6.195	62.227	0	2.981	10.685	2261
2015	5.726	0.090	2.324	0.441	6.992	72.173	0	3.005	11.489	2491
2016	6.030	0.091	2.578	0.528	7.495	66.218	0	2.866	10.222	2716
2017	6.028	0.091	2.595	0.488	7.588	68.158	0	2.865	10.429	3101
2018	6.462	0.093	3.013	0.672	8.355	66.537	0	2.801	10.039	3242
2019	8.080	0.106	3.974	0.836	11.068	65.375	0	2.104	5.006	3320
均值	6.575	0.088	3.344	0.697	8.957	54.897	0	2.236	6.201	1461
最小值	2.753	0.046	0.352	0.000	3.688	27.694	0	1.225	1.018	106
最大值	10.764	0.118	9.063	2.595	16.826	72.173	0	3.005	11.489	3320

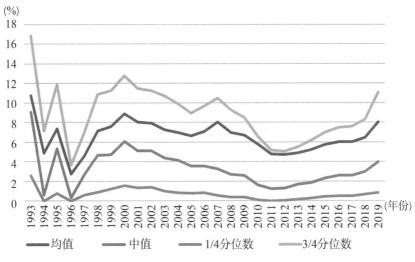

(%)

均值　　　中值　　　1/4分位数　　　3/4分位数

图 4 - 18　中国 Ａ 股非金融类上市公司年度金融资产占比的基本统计量

从时间序列看,中国 Ａ 股非金融类上市公司金融资产占比在整个样本期间有阶段性波动,各阶段呈现先升后降的规律。根据金融资产占比变化的周期性特征,可以把整个样本期间划分为 1993—1995 年、1996—2010 年以及 2011—2019 年 3 个子样本期间。1993—1995 年,非金融类上市公司金融资产占比波动明显。1996—2010 年,非金融类上市公司金融资产占比呈现明显的倒 U 形变化特征。1996 年金融资产占比的 1/4 分位数、中值、均值和 3/4 分位数分别为 0、0.352%、2.753% 和 3.688%,此后各指标逐年上升,1999 年达到最大值,各指标数值分别为 1.217%、4.731%、7.582% 和 11.258%,此后年度呈下降趋势,至 2010 年各指标数值下降至 0.119%、1.658%、5.781% 和 6.613%。2011—2019 年,非金融类上市公司金融资产占比呈整体递增趋势,2011 年金融资产占比的 1/4 分位数、中值、均值和 3/4分位数分别为 0.023%、1.242%、4.794% 和 5.182%,到 2019 年各指标升至 0.836%、3.974%、8.080% 和 11.068%。通过以上时间序列变动趋势的分析,本书发现中国 Ａ 股非金融类上市公司配置金融资产具有典型的周期性特征,在特定周期内,上市公司金融资产占比呈先上升后下降的趋势,一个短周期结束后开始另外一个短周期。2011—2019 年为整个周期的前半期,在可预期的随后若干年内中国非金融类上市公司金融资产占比可能呈下降的趋势。

此外,统计数据表明,样本期间内上市公司各年度的金融资产占比呈现出典型的右偏分布特征。第一,1993—2019 年,上市公司金融资产占比年度中值与 1/4 分位数及 3/4 分位数的距离均大于 0,其中中值与 1/4 分位数的距离均值为 2.647％,中值与 3/4 分位数的距离均值为 5.613％,二者间差异的均值为 2.966％。第二,在样本期间内,上市公司各年度金融资产占比分布的峰度和偏度均大于 0,峰度的最大值和最小值分别为 11.489 和 1.018,偏度的最大值和最小值分别为 3.005 和 1.225,样本期间内峰度和偏度的均值分别为 6.201 和 2.236。这些数据充分说明,在样本区间内上市公司金融资产占比均呈典型的右偏分布特征。这意味着,在样本期间内只有少部分上市公司配置了较高比例的金融资产,而大多数非金融类上市公司的金融资产占比较低。

整体而言,中国上市公司金融资产占比呈周期性变化规律,在特定周期内,公司金融资产占比呈倒 U 形,也就是先增加后减少的变化规律。这说明中国 A 股上市公司在金融资产配置方面具有很强的主观选择性特征。

(四) 中国 A 股非金融类上市公司金融利润占比的时间序列特征分析

图 4-19 和表 4-5 显示了在样本期间内,中国 A 股非金融类上市公司金融利润除以利润总额(简称金融利润占比)的描述性统计量。整体而言,金融利润占比的年度均值在整个样本期间内的平均值、最大值和最小值分别为 19.259％、31.568％和 9.239％,金融利润占比的年度中值在整个样本期间的平均值、最大值和最小值分别为 3.726％、17.332％和 0.077％。

对比表 4-4,金融资产占比的年度均值在整个样本期间内的平均值、最大值和最小值分别为 6.575％、10.764％和 2.753％,而金融资产占比的年度中值在整个样本期间内的均值、最大值和最小值分别为 3.344％、9.063％和 0.352％。

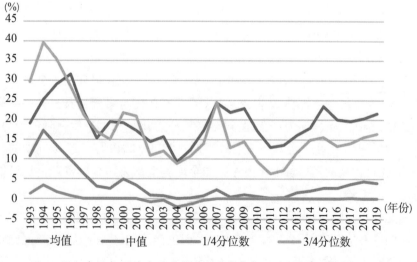

图 4-19 中国 A 股非金融类上市公司年度金融利润占比的基本统计量

表 4-5　中国 A 股非金融类上市公司各年度金融利润占比的统计量

年份	均值(%)	标准差	中值(%)	1/4 分位数(%)	3/4 分位数(%)	最大值(%)	最小值(%)	偏度	峰度	样本量
1993	19.055	0.226	10.774	1.259	29.611	98.016	-0.201	1.513	1.834	106
1994	25.167	0.269	17.332	3.426	39.576	113.041	-10.424	1.214	0.927	181
1995	29.029	0.459	13.490	1.763	35.316	274.728	-26.963	2.974	11.097	196
1996	31.568	0.936	9.921	0.796	28.462	1 244.968	-33.422	8.620	94.400	360
1997	22.162	0.572	6.323	0.097	21.335	592.758	-72.052	6.277	47.926	529
1998	15.373	0.330	3.186	0.000	16.940	255.145	-101.624	3.338	15.933	624
1999	19.565	0.665	2.571	0.000	15.033	950.338	-77.236	8.409	93.926	727
2000	19.290	0.515	4.939	0.000	21.772	550.723	-171.578	4.807	38.167	846
2001	17.295	0.650	3.420	0.000	20.991	806.181	-466.948	5.454	65.000	916
2002	14.468	0.719	0.873	-0.830	11.026	654.194	-159.370	8.061	82.817	984
2003	15.793	0.656	0.719	-0.425	12.063	783.478	-313.777	5.642	50.272	1 045
2004	9.239	0.565	0.077	-2.037	8.893	815.521	-280.764	5.493	65.641	1 138
2005	12.378	0.636	0.233	-1.316	10.735	752.900	-373.477	5.029	44.938	1 150
2006	17.297	0.702	0.806	-0.446	13.921	836.548	-277.840	6.254	57.349	1 216
2007	24.301	0.561	2.321	0.000	24.434	453.966	-53.872	3.693	16.751	1 318

（续表）

年份	均值（%）	标准差	中值（%）	1/4分位数（%）	3/4分位数（%）	最大值（%）	最小值（%）	偏度	峰度	样本量
2008	21.926	0.849	0.445	−0.002	12.909	887.625	−291.549	5.296	39.601	1387
2009	22.935	0.658	0.989	0.000	14.489	586.130	−69.317	4.726	27.987	1456
2010	17.169	0.554	0.628	0.000	9.376	549.932	−105.845	5.635	39.205	1778
2011	13.040	0.455	0.163	0.000	6.415	504.119	−134.773	5.119	35.621	2032
2012	13.598	0.434	0.299	0.000	7.221	380.884	−88.747	4.580	25.364	2167
2013	16.159	0.444	1.606	0.000	11.619	361.992	−77.254	4.222	21.621	2149
2014	17.945	0.496	1.959	0.000	14.874	418.684	−102.730	4.088	20.742	2261
2015	23.463	0.754	2.646	0.000	15.578	780.990	−188.563	5.414	37.556	2491
2016	20.090	0.702	2.696	0.000	13.416	976.464	−238.462	6.139	55.127	2716
2017	19.627	0.629	3.718	0.194	14.129	815.756	−128.338	6.649	58.847	3101
2018	20.416	0.643	4.435	0.099	15.646	760.446	−211.015	5.712	44.459	3242
2019	21.646	0.733	4.020	0.000	16.475	1095.032	−249.820	5.974	53.337	3320
均值	19.259	0.586	3.726	0.095	17.121	651.873	−159.480	5.197	42.461	1461
最小值	9.239	0.226	0.077	−2.037	6.415	98.016	−466.948	1.214	0.927	106
最大值	31.568	0.936	17.332	3.426	39.576	1244.968	−0.201	8.620	94.400	3320

　　通过对比样本期间内金融资产占比、金融利润占比的整体水平,可以发现,上市公司金融利润占比的整体水平高于金融资产占比的整体水平。这说明,中国 A 股非金融类上市公司配置的金融资产整体上给上市公司带来了较高的盈利水平,这与行业分析的证据一致。

　　金融利润占比的分布呈现典型的右偏分布特征。第一,在整个样本期间内,各年度金融利润占比的中值与 1/4 分位数的距离(称为 D1)均小于中值与 3/4 分位数的距离(称为 D3),D1 的年度均值、最大值和最小值分别为3.631％、13.906％和 2.114％,D3 的年度均值、最大值和最小值分别为13.395％、22.244％和 6.338％。

　　第二,在样本期间内,中国 A 股非金融类上市公司金融利润占比的年度偏度、峰度均大于 0,且各年偏度的均值、最大值和最小值分别为 5.197、8.620 和 1.214,各年度峰度的均值、最大值和最小值分别为 42.461、94.400 和 0.927。中国 A 股非金融类上市公司金融资产占比的年度偏度、峰度均大于 0,各年偏度的均值、最大值和最小值分别为 2.236、3.005 和1.225,各年度峰度的均值、最大值和最小值分别为 6.201、11.489和 1.018。

　　通过分析金融利润占比的中值与 1/4 分位数的距离、3/4 分位数与中值的距离,以及金融占比的峰度、偏度的基本统计量,可以发现中国 A 股非金融类上市公司的金融利润占比呈典型的右偏分布,且右偏程度高于金融资产占比的右偏分布程度。

　　概括来讲,通过对金融资产数额、金融利润数额、金融资产占比、金融利润占比的时间序列分析,可以得出以下结论:①中国 A 股非金融类上市公司金融资产配置数额呈整体上升趋势,并且上市公司金融资产配置数额呈典型的右偏分布特征,少数公司年度金融资产配置数额极大,多数公司年度金融资产配置数额较小。②上市公司金融利润数额在样本期间内具有阶段性的变化特征,2006 年前的金融利润数额整体水平较低且在 0 附近上下波动,但 2006 年后上市公司金融利润数额较大并呈上升趋势。此外,非金融类上市公司金融利润数额呈典型的右偏分布特征,少部分公司金融利润数额较大,多数公司金融利润数额较低。③上市公司金融资产占比具有阶段性的周期特征。在特定周期内,上市公司金融资产占比呈倒 U 形,即上市公司金融资产占比呈先上升后下降的规律特征。最近的周期约开始于2011 年,上市公司金融资产占比仍处于上升区间。④中国 A 股非金融类上市公司金融利润占比水平高于金融资产占比水平,金融资产占比、金融利润占比均呈右偏分布,且金融利润占比的右偏分布程度高于金融资产占比的右偏分布程度。

第三节　本章小结

从宏观层面分析中国经济的金融化程度有利于更好地把握中国实体企业金融化的背景。本章从中国股票市场发展、中国债券市场发展、中国金融机构贷款额度等方面量化分析了中国经济的金融化程度。分析结果表明，自改革开放以来，中国经济的金融化程度不断增强，表现为上市公司数量不断增多，发行股票筹资的金额不断上升；国家、国有企业、民营企业通过发行债券的方式进行筹资的金额不断增加；银行等金融机构提供的贷款额度也持续增加。在所有融资方式中，银行等金融机构提供的信贷依然是最重要的融资方式，债券融资、发行股票融资等直接融资方式也蓬勃发展并且越来越重要。整体而言，中国金融市场持续、稳定、快速扩大，这种趋势在 2008 年金融危机后更加明显，这说明中国经济的金融化特征越来越明显，金融深化发展较快。

通过对中国 A 股市场非金融类上市公司 1993—2019 年间金融化规模及程度在时间序列上变化趋势的分析，可以得出以下基本结论：

第一，中国 A 股市场上市公司配置金融资产的规模整体上不断扩大，并在 2008 年美国金融危机诱发的全球性经济危机后金融资产规模加速提升。

第二，中国 A 股市场上市公司金融利润的规模呈扩大趋势，并在 2006 年前后快速扩大，且金融利润的增速快于金融资产。

第三，中国 A 股市场上市公司金融资产占比整体呈现倒 U 形的周期性特征，金融利润占比的变化规律与金融资产占比的变化规律保持一致，且金融利润占比的整体水平高于金融资产占比的整体水平。

第五章　中国 A 股实体企业脱实向虚截面特征分析

第一节　中国 A 股实体企业脱实向虚程度行业间差异分析

根据中国证监会制定的《上市公司行业分类指引》(2012 年修订)进行行业分类,本章主要探讨 19 个行业门类及制造业门类中制造业大类间金融化程度的差异,并结合各个行业的基本特征,探讨行业门类及制造业大类间上市公司金融化程度存在差异的根本原因。

一、中国 A 股实体企业脱实向虚行业特征分析

(一) 行业门类间金融化程度的截面差异分析

根据已有研究,衡量企业金融化程度的方法大致分为两类。

第一类,基于资产负债表衡量企业金融化程度。首先计算各年度末合并资产负债表中的金融资产(包括交易性金融资产、持有至到期投资、投资性房地产、可供出售金融资产、长期股权投资)除以同期总资产的比值,然后用 t 年初、年末上述比值的均值来衡量企业的金融化程度[1]。基于资产负债表计算的 i 上市公司 t 年度的金融化程度用变量 $FinA_{i,t}$ 表示。

第二类,基于金融投资活动利润占比来衡量企业的金融化程度。该方法基于利润表相关数据来衡量企业的金融化程度,用 t 年度合并利润表中投资净收益与公允价值变动净损益之和除以同期利润总和来衡量企业的金

---

① 鉴于母公司的控制性股权投资更多表现为母公司基于公司战略视角的安排,更多是职能或业务性子公司,投出资金更多地具有实本属性的事实,本研究以合并报表为基础衡量上市公司的金融化程度。2018 年会计准则把金融资产从四分类调整为三分类,本书仍旧采用四分类法以囊括更多样本。

融化程度。基于利润表计算的 i 上市公司 t 年度的金融化程度用变量 $FinI_{i,t}$ 表示。

从理论上讲,资产是收入或利润产生的基础,利润是资产的孳息,也可以认为资产是本金,利润是利息。因此,基于资产衡量的企业金融化程度的指标可能更加稳定,基于收益衡量的企业金融化程度指标波动率可能更高。

1. 基于金融资产占比的各行业门类间金融化程度差异分析

以中国证监会制定的《上市公司行业分类指引》(2012 年修订)作为行业分类依据,将上市公司的经济活动分为门类、大类两级。门类用一个特定字母表示,即 A、B、C……共分为 A-S,19 个门类。在门类中,J 类为金融业(包括货币金融服务、资本市场服务、保险业和其他金融业),K 类为房地产业,本书把 J 类和 K 类视为金融业,C 类为制造业。在整个样本期间,按照 19 个行业门类构建子样本,并分别计算各行业门类金融化程度衡量指标 $FinA_{i,t}$ 和 $FinI_{i,t}$ 的基本统计量。为消除缺失值及极端值的不利影响,在计算这两个变量的基本统计量之前,剔除如下样本观测值:指标 $FinA_{i,t}$ 或 $FinI_{i,t}$ 缺失的样本观测,然后分别按照这两个变量对整体样本进行 1% 和 99% 的缩尾处理。经过上述清洗程序,最终得到的有效年度样本观测值数量为 41 884 个。

表 5-1 显示了按照金融资产与总资产之比衡量的各行业门类的金融化程度指标的统计量,并按照金融化程度指标的均值从小到大的顺序进行了排序。从样本量来看,除了居民服务、修理和其他服务的 O 门类,卫生和社会服务的 Q 门类以及教育 P 门类的样本量小于 100 外,其他门类的样本量均远大于 100。样本量最大的是制造业 C 门类,样本量达到 25 947 个。这说明按照金融资产占比衡量上市公司金融化程度时,所获取的样本量具有很好的代表性。

在所有行业门类中,E 门类(建筑业)、B 门类(采矿业)、M 门类(科学研究和技术服务)、C 门类(制造业)及 A 门类(农林渔业)的金融化程度较低,金融资产占比的均值分别为 4.554%、4.585%、4.969%、5.148% 和 5.845%。建筑业、采矿业、制造业、农林渔业均属于典型的实体企业,经营性资产占用资源较多,这导致金融资产占比相对较低。科学研究和技术服务门类的技术门槛较高,行业集中度高,垄断性强,此类企业可能因主业的盈利能力较强,而不愿意配置更多的金融资产获取金融利润。

K 门类(房地产)、P 门类(教育)、H 门类(住宿和餐饮业)、S 门类(公共管理、社会保障和社会组织)和 J 门类(金融业)的金融化程度位居所有门类前 5 位,金融资产占比的均值分别为 10.590%、11.588%、12.424%、13.591% 和 24.092%。对于 J 门类而言,金融业是其业,金融资产占比较高理所当然。S门类企业提供的社会公共服务具有天然的垄断性,且此类企业的主业业绩往往较为稳定而且有保障,业绩的现金含量较高,现金流充沛,主业的扩张可能受到区域行政管制的限制。在现金流充沛、主业扩张受限的情况下,S门类的企业增加金融资产的配置也具有其合理性。K门类本身具有金融行业的属性,且此类行业现金流充沛,金融资产配置水平较高也不足为奇。P门类行业金融资产配置水平较高也与行业特征密切相关,一方面此类行业具有轻资产特性,经营性长期资产规模相对较小;另一方面,教育行业利润高、现金流充沛。鉴于教育行业的这些特征,可以理解此类行业金融资产配置较高的原因。H门类是竞争充分的行业,行业盈利能力相对较弱,主业经营资金需求量大。在此背景下,餐饮行业可能会更多地转向盈利能力更高的金融业,配置更多的金融资产。

　　在几乎所有行业门类中,金融资产占比的密度函数呈右偏分布。从表5-1中可以看出,在所有行业门类中,金融资产占比的均值均大于中值,3/4分位数与中值的距离均大于中值与1/4分位数的距离,且对应的偏度和峰度均远大于1,如C门类中,中值与1/4分位数及3/4分位数的距离分别为1.704%和4.628%,二者的差距为2.924%。在P行业门类中,金融资产占比的中值与1/4分位数及3/4分位数的距离分别为2.753%和16.858%,二者的差距为14.105,在所有行业门类中最大。O行业门类中,金融资产占比的中值与1/4分位数及3/4分位数的距离分别为3.642%和3.970%,二者的差距为0.328%,在所有行业门类中最小。在其他各行业门类中,金融资产占比的中值和3/4分位数的距离与中值和1/4分位数的距离之差的均值为3.625%,处于0.328%和14.105%之间(见图5-1)。上述证据充分说明,对A股上市公司来说,所有行业门类中少数公司配置金融资产的比例远高于均值,多数公司配置金融资产的比例低于均值。

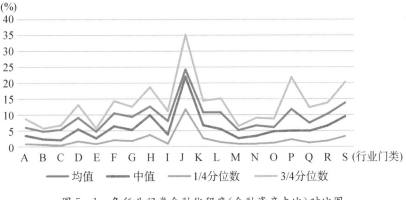

图5-1　各行业门类金融化程度(金融资产占比)对比图

表 5-1 中国 A 股各行业门类上市公司金融化程度统计量(金融资产占比)

行业门类	均值(%)	标准差	中值(%)	1/4 分位数(%)	3/4 分位数(%)	最大值(%)	最小值(%)	偏度	峰度	样本量
E	4.554	0.067	2.521	0.699	5.653	68.158	0	4.182	27.090	992
B	4.585	0.073	2.227	0.508	5.607	72.173	0	3.536	16.967	843
M	4.969	0.068	2.515	0.706	6.305	46.468	0	2.615	9.011	268
C	5.148	0.080	1.945	0.241	6.573	72.019	0	2.845	10.409	25 947
A	5.845	0.070	3.341	0.689	8.582	52.301	0	2.100	6.488	754
O	5.922	0.061	4.665	1.023	8.635	25.587	0	1.421	2.064	51
N	6.456	0.083	3.224	0.752	8.890	61.099	0	2.522	9.265	440
Q	7.291	0.078	4.775	1.078	12.185	30.962	0	1.301	1.258	56
I	7.869	0.103	3.692	0.773	11.042	66.479	0	2.061	4.995	2 165
D	8.900	0.102	5.357	1.518	12.989	67.015	0	2.036	5.562	1 543
G	9.183	0.109	5.140	1.637	12.381	63.751	0	1.912	3.800	1 318

（续表）

行业门类	均值（%）	标准差	中值（%）	1/4分位数（%）	3/4分位数（%）	最大值（%）	最小值（%）	偏度	峰度	样本量
R	10.094	0.113	6.432	1.661	13.633	64.331	0	1.760	3.284	441
F	10.310	0.120	6.270	1.901	14.177	66.218	0	1.924	4.061	2 523
L	10.432	0.129	5.355	1.236	14.987	64.131	0	1.865	3.410	483
K	10.590	0.119	6.594	2.488	14.275	68.101	0	1.956	4.137	1 912
P	11.588	0.111	4.854	2.101	21.712	31.278	0.720	0.711	−1.121	19
H	12.424	0.110	9.756	3.508	18.570	57.749	0	1.404	2.699	161
S	13.591	0.135	9.332	3.078	20.211	65.624	0	1.298	1.194	1 260
J	24.092	0.155	21.865	11.555	35.035	69.016	0	0.495	−0.439	708

注：按照行业门类金融化指标的均值排序。

研究发现,影响上市公司金融资产占比高低的行业因素可能包括:

(1) 行业的竞争程度及盈利能力。行业竞争越激烈,行业盈利水平越低,上市公司越可能增加金融资产配置,以便运用金融利润对冲主业盈利能力的下滑。

(2) 行业的资金需求量。重资产行业的资金需求量大,资金需求量越大,金融资产占比可能相对越低。

(3) 行业的收益质量及现金流的稳定性程度。行业收益质量高、盈余现金含量较高的行业,更可能配置较多的金融资产,例如采掘业、教育行业等。

(4) 行业的成长性。成长空间大、技术壁垒高的行业中的公司可能会降低金融资产配置。通过分析金融资产占比的分布特征,发现在所有行业门类中,少数上市公司金融资产占比远高于所在行业的均值,多数上市公司金融资产占比低于所在行业的均值。

2. 基于金融收益占比的各行业门类间金融化程度差异分析

表5-2显示了按照金融收益与利润总额的比值衡量的中国A股各行业门类上市公司金融化程度的统计量。从样本量看,除了O、P、Q门类外,其他各门类的样本量均超过100个,样本量最高的是制造业C门类,达到25 947个,这说明各行业门类的样本量较大,能够反映整体行业状况。还可以看出,M(科学研究和技术服务)、B(采矿业)、O(居民服务、修理和其他服务)、Q(卫生和社会工作)以及C(制造业)为按照金融收益占比衡量的金融化程度最低的5个行业,相应的金融收益占比均值分别为11.379%、12.406%、12.648%、15.170%和16.020%。按照金融资产占比衡量金融化程度时,B、C和M门类也居于金融化程度最低的5个行业中。按照金融资产占比确定的其他2个金融化程度较低的行业门类为E(建筑业)和A(农林牧渔),这2个门类在按照金融收益占比确定的行业门类排序中位列第6和第10,说明金融化程度也较低。

按金融收益占比从小到大的排名中,占比最高的5个行业门类分别为F(批发和零售业)、P(教育)、H(住宿和餐饮业)、S(公共管理、社会保障和社会组织)、J(金融业),对应的金融收益占比均值分别为26.322%、28.869%、28.895%、46.720%和60.115%。其中P、H、S和J门类是按照金融资产占比确定的金融化程度最高的行业门类。F门类在按照金融资产占比确定的金融化排名中居于第7位,金融化程度也较高。

表5-2　中国A股各行业门类上市公司金融化程度统计量(金融收益占比)

行业门类	均值(%)	标准差	中值(%)	1/4分位数(%)	3/4分位数(%)	最大值(%)	最小值(%)	偏度	峰度	样本量
M	11.379	0.487	2.054	0	7.028	429.156	-75.045	6.665	49.892	268
B	12.406	0.556	0.897	0	6.320	815.756	-183.968	7.271	75.559	843
O	12.648	0.411	4.585	0	15.126	180.007	-124.587	0.700	7.613	51
Q	15.170	0.437	2.855	0	13.478	286.234	-22.008	4.800	27.542	56
C	16.020	0.592	1.331	0	11.134	1244.968	-466.948	6.593	67.068	25947
E	16.685	0.541	2.752	0	13.356	954.194	-130.886	7.991	105.060	992
N	17.630	0.544	2.894	0	16.247	640.647	-234.626	5.759	52.460	440
I	18.134	0.604	2.537	0	13.902	976.464	-191.296	6.653	71.796	2165
G	18.489	0.473	5.661	0.215	21.349	788.561	-151.323	7.398	88.410	1318
A	19.965	0.648	0.983	-0.007	15.300	541.257	-280.764	3.097	17.194	754

（续表）

行业门类	均值(%)	标准差	中值(%)	1/4分位数(%)	3/4分位数(%)	最大值(%)	最小值(%)	偏度	峰度	样本量
R	22.544	0.720	4.708	0.109	18.392	836.548	-227.669	6.151	52.691	441
L	23.117	0.665	3.523	0.001	21.383	667.918	-112.807	5.807	46.038	483
D	25.254	0.652	6.254	0.029	27.844	815.521	-105.845	5.741	46.181	1543
K	25.885	0.673	5.510	0.000	30.476	881.446	-278.214	4.655	34.998	1912
F	26.322	0.698	5.958	0.115	28.224	771.918	-222.536	4.935	36.800	2523
P	28.869	0.313	12.489	2.150	44.715	107.475	-2.026	1.096	0.548	19
H	28.895	0.551	12.135	1.545	38.679	434.425	-41.026	4.889	30.457	161
S	46.720	0.967	14.113	0.398	59.397	1095.032	-277.840	3.968	25.306	1260
J	60.115	0.922	31.459	5.002	77.539	741.671	-106.707	3.036	12.519	708
均值	23.487	0.603	6.458	0.503	25.257	695.221	-170.322	5.116	44.639	2204

在各行业门类中,金融收益占比均呈显著的右偏分布。第一,在各行业门类中,金融收益占比的中值与对应 3/4 分位数及 1/4 分位数的距离之差均大于 0,且金融收益占比分布密度函数的峰度和偏度均大于 0。在所有行业门类中,M 门类的金融收益占比的中值与 1/4 及 3/4 分位数的距离分别为 2.054% 和 4.974%,距离差为 2.920%,该距离差为所有行业门类中的最小值。S 门类的金融收益占比的中值与 1/4 及 3/4 分位数的距离分别为 13.715% 和 45.284%,距离差为 31.569%,该距离差为所有行业门类中的最大值。其他行业门类的金融收益占比的中值与 3/4 及 1/4 分位数的距离差介于 2.920% 和 31.569% 之间(见图 5-2)。上述证据表明,所有行业门类中的金融收益占比的概率密度函数呈右偏分布,这意味着少数上市公司的金融收益占比很高,多数上市公司的金融收益占比低于该行业门类的均值,并且所有中国Ａ股上市公司的金融收益占比的分布也呈右偏分布。

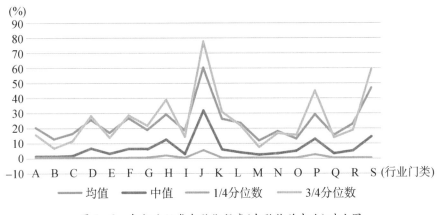

图 5-2　各行业门类金融化程度(金融收益占比)对比图

以金融资产占比衡量上市公司金融化程度时,各行业门类上市公司金融化程度指标分布的偏度和峰度均值分别为 1.997 和 6.007,而以金融收益占比衡量金融化程度时,各制造业大类中金融化程度指标分布的偏度和峰度均值分别为 5.116 和 44.639。以金融资产占比(金融收益占比)衡量金融化程度时,各制造业大类中值与 1/4 及 3/4 分位数的距离的均值分别为 3.827%(5.955%)和 7.452%(18.799%)。这说明,以金融利润衡量各行业门类上市公司的金融化程度时,金融化程度指标的右偏分布程度更高,存在极少部分公司金融收益偏高,而大多数公司金融收益低于均值的现象。

各行业门类的金融资产占比均值普遍低于金融收益占比均值。这说明在中国金融资源供给以银行信贷为主且具有垄断特征的背景下,金融业的利润普遍高于其他行业的利润,企业配置金融资产给企业带来了更高的盈利。行业门类层面的数据揭示了中国企业配置金融资产的一个重要原因就是金融资产的盈利能力较强。

图 5-3 直观地分析了各行业门类金融资产占比与金融收益占比的对比关系。

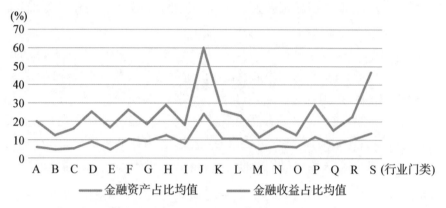

图 5-3　各行业门类金融资产占比均值、金融收益占比均值对比图

从图 5-4 可以看出,所有行业门类的金融收益占比均值与金融资产占比均值之比均大于 1,其中 E 行业门类的比值最大,达到 3.6,这说明 E 行业门类的上市公司投入占总资产 1% 的财务资源,据此获得的净收益占利润总额的 3%。此外,各行业门类金融收益占比中值与相应金融资产占比中值之比在 1 上下徘徊。这说明从中值来看,并非所有行业配置金融资产获取的收益都超过主业的收益,相当一部分行业门类配置金融资产的收益率并没有超过其经营性资产的盈利能力。金融收益占比均值与金融资产占比均值之比均高于相应的中值之比,这说明在各行业门类中,少部分上市公司配置金融资产的盈利能力高于平均水平,但多数上市公司配置金融资产的盈利能力低于平均水平,即从盈利能力看上市公司配置金融资产只有少数

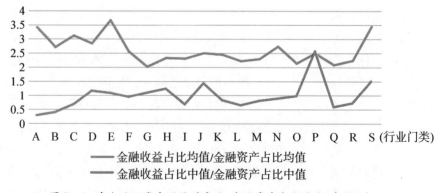

图 5-4　各行业门类金融收益占比、金融资产占比均值(中值)对比图

是赢家,多数可能是输家。

通过对各行业门类基于金融资产占比、金融收益占比确定的金融化程度差异的分析结果可以得出如下基本结论:

(1)按照金融资产占比和金融收益占比确定的行业门类间金融化程度差异具有较高的一致性。这说明中国Ａ股上市公司金融资产占比与金融收益占比呈高度正相关,配置金融资产整体上带来了较高的金融收益率。

(2)盈利能力低、竞争充分、成长性较弱的行业门类倾向于配置更高比例的金融资产,这种高比例的金融资产配置使得这些行业的盈利更多地依赖金融收益,如Ｈ门类(住宿和餐饮业)以及Ｆ门类(批发和零售业)。

(3)行业垄断性强、现金流充沛,但成长空间受到行政干预的行业也可能配置更多的金融资产,这种资产配置也给此类行业带来了较为丰厚的金融收益,如Ｐ门类(教育)和Ｓ门类(公共管理、社会保障和社会组织)。

(4)资金密集、具有一定垄断性且现金流充沛的行业配置金融资产的比例较低,如Ｂ(采掘业)和Ｅ(建筑业)。

(5)在几乎所有行业门类中,上市公司金融资产的平均盈利能力高于经营性资产的盈利能力,至少部分上市公司金融资产的盈利能力超过了该行业金融资产的平均盈利能力。

(二)制造业大类行业间金融化程度差异分析

由表5-2可知在41 884个上市公司年度样本观测值中,制造业计算机、通信和其他电子设备制造业的上市公司数量为25 947个,占所有上市公司样本的比例高达61.950%。鉴于制造业占比较高的事实,下面将对Ｃ门类制造业按照前3位代码做进一步行业细分,以考察各细分行业的金融化程度。根据此门类的前两位数字确定行业大类,并计算各行业大类的金融化指标的描述性统计量。

表5-3显示了制造业大类行业以金融资产占比衡量的金融化程度的描述性统计量。从样本量看,除了C42、C20和C43细分制造行业的样本量小于100外,其他细分制造行业的样本量均超过100,样本观测值数量最多的是编号为C39(计算机、通信和其他电子设备制造业)的细分制造行业,样本量为3 434。可以看出,C42(工艺品及其他制造业)、C31(黑色金属冶炼及压延加工业)、C29(橡胶及塑料制品业)、C22(造纸及纸制品业)和C20(木材加工及木、竹、藤、棕、草制品业)等细分制造行业以金融资产占比衡量的金融化程度较低,金融资产占比的均值分别为2.327%、2.655%、3.192%、3.203%和3.484%。C37(铁路、船舶、航空航天和其他运输设备制造业)、C17(纺织业)、C41(仪器仪表及文化、办公用机械制造业)、C13和C18(纺织

表5-3　C门类制造业大类行业金融化程度描述性统计量（金融资产占比）

细分行业	均值（%）	标准差	中值（%）	1/4分位数（%）	3/4分位数（%）	最大值（%）	最小值（%）	偏度	峰度	样本量
C42	2.327	0.064	0.409	0.189	1.669	4.291	0.064	0.284	-1.075	17
C31	2.655	0.054	0.772	0.081	2.453	52.717	0	4.860	32.397	573
C29	3.192	0.053	0.801	0.032	3.966	38.627	0	2.564	7.562	791
C22	3.203	0.045	1.118	0.063	5.183	27.748	0	2.258	6.796	500
C20	3.484	0.069	1.477	0.329	2.316	49.080	0	4.286	23.715	84
C43	3.581	0.025	3.284	2.295	4.682	9.963	0	1.033	1.828	17
C33	3.754	0.058	1.155	0.081	5.039	43.199	0	2.481	7.504	591
C32	3.975	0.070	1.357	0.226	4.613	54.083	0	3.344	13.593	786
C21	4.041	0.073	1.091	0.000	4.694	53.334	0	3.286	15.457	144
C35	4.182	0.068	1.626	0.171	5.030	65.882	0	3.432	16.691	2 101
C15	4.382	0.073	1.584	0.186	5.321	51.603	0	3.091	11.629	587
C26	4.451	0.072	1.586	0.178	5.471	61.054	0	2.982	11.379	2 883
C30	4.686	0.078	1.805	0.248	5.573	62.468	0	3.392	14.689	1 247
C25	4.743	0.065	2.098	0.122	6.948	42.997	0	2.182	6.493	305
C38	4.813	0.074	2.160	0.269	5.811	59.783	0	3.050	12.097	2 132

（续表）

细分行业	均值（%）	标准差	中值（%）	1/4分位数（%）	3/4分位数（%）	最大值（%）	最小值（%）	偏度	峰度	样本量
C34	5.118	0.075	1.839	0.308	7.163	57.665	0	2.532	8.397	1 267
C14	5.470	0.081	2.274	0.078	7.027	59.621	0	2.587	9.067	402
C28	5.548	0.092	1.665	0.181	7.384	59.298	0	2.995	11.005	484
C39	5.630	0.088	2.113	0.240	7.351	65.863	0	2.720	9.049	3 434
C36	5.696	0.083	2.064	0.138	7.757	44.371	0	2.086	4.235	675
C27	5.810	0.085	2.798	0.405	7.759	72.019	0	2.976	12.460	2 578
C24	5.872	0.090	1.812	0.000	9.174	61.487	0	2.956	13.146	120
C40	5.969	0.078	3.337	0.504	8.644	41.691	0	2.195	5.373	472
C23	6.048	0.069	3.541	0.824	9.076	27.131	0	1.434	1.404	124
C19	6.496	0.073	3.191	0.685	10.473	30.656	0	1.221	0.839	101
C37	6.610	0.091	3.112	0.581	8.412	53.729	0	2.197	5.116	1 199
C17	7.204	0.100	2.996	0.522	9.886	57.808	0	2.129	4.671	1 048
C41	7.303	0.092	3.998	0.661	10.423	64.257	0	2.178	6.473	383
C13	7.357	0.105	3.054	0.627	9.902	62.654	0	2.342	6.123	674
C18	9.565	0.103	5.675	1.329	15.080	45.437	0	1.334	1.385	228
均值	5.097	0.073	2.240	0.416	6.860	49.350	0.002	2.547	9.317	865

服饰业)等细分制造业以金融资产占比衡量的金融化程度最高,金融资产占比的均值分别为 6.610％、7.204％、7.303％、7.357％和 9.565％。从整体上看,各制造业大类中,金融资产占比的均值比较接近,差异较小。金融资产占比最高的制造业大类为 C18,最低的为 C42,金融资产占比的均值分别为 9.565％和 2.327％。

在各制造业大类行业中,金融资产占比基本呈右偏分布,说明在制造业大类行业中,多数公司的金融化程度低于该大类行业均值,少数公司的金融化程度高于该大类行业金融化程度均值。如图 5-5 所示,在所有制造业大类中,均值均大于中值,并且除 C20 外其他所有制造业大类金融资产占比的中值与 3/4 分位数、1/4 分位数的距离差均大于 0。C24 制造业大类金融资产占比的中值与 3/4 分位数、1/4 分位数的距离差为 5.55％,是各大类行业中的最大值。C20 制造业大类(样本量为 17,代表性不足)金融资产占比的中值与 3/4 分位数、1/4 分位数的距离差额为 -0.309％,是各大类行业中的最小值。除了这两个制造业大类行业外,其他各制造业大类行业金融资产占比的中值与 3/4 分位数、1/4 分位数的距离差均大于零,且小于 5.55％,所有制造业大类的平均值为 2.808％。基于上述分析可以看出,在所有制造业大类行业中,以金融资产占比确定的金融化程度衡量,多数公司的金融化程度低于平均水平,少数公司的金融化程度高于平均水平。

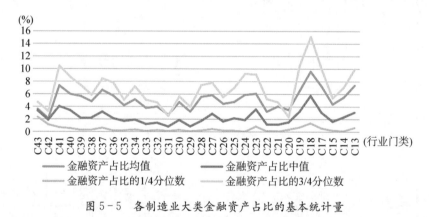

图 5-5 各制造业大类金融资产占比的基本统计量

表 5-4 显示了制造业大类行业以金融收益占比衡量的金融化程度的描述性统计量。金融收益占比最低的制造业大类包括 C42(工艺品及其他制造业)、C43(废弃资源和废旧材料回收加工业)、C21(家具制造)、C22(造纸及纸制品)和 C33(金属制品业),对应的金融收益占比均值分别为 2.327％、3.264％、5.194％、10.173％和 10.617％。相反,在所有制造业大类中,金融化程度最高的 5 个制造业大类分别为 C34、C39(计算机、通信和其他电子设备

制造业)、C13、C37(铁路、船舶、航空航天和其他运输设备制造业)和C36(汽车制造业),对应的金融收益占比分别为18.788%、19.416%、21.573%、21.714%和23.848%。可以看出,按照金融收益占比衡量金融化程度时,金融化程度最高组的金融收益占比远高于金融化最低组的金融收益占比,并且极端组间的金融收益占比分别为2.327%和23.848%,差别非常大。

图5-6显示在各制造业大类行业中,金融收益占比均呈右偏分布,说明多数公司的金融化程度低于该大类行业均值,少数公司的金融化程度高于该大类行业均值。在所有制造业大类中,金融收益占比的均值均大于中值,金融收益占比的中值与3/4分位数、1/4分位数的距离差均大于0。C41制造业大类金融收益占比的中值与3/4分位数、1/4分位数的距离差为13.965%,是各大类行业中的最大值。C42制造业大类(样本量为17,代表性不足)金融收益占比的中值与3/4分位数、1/4分位数的距离差为1.040%,是各大类行业中的最小值。除了这两个制造业大类行业外,其他各制造业大类行业金融收益占比的中值与3/4、1/4分位数的距离差均大于1.040,且小于13.965%,所有制造业大类中以上距离差的平均值为7.587%。

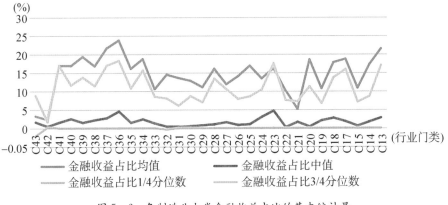

图5-6 各制造业大类金融收益占比的基本统计量

以金融资产占比衡量上市公司金融化程度时,各制造业大类上市公司金融化程度指标分布的偏度和峰度均值分别为2.547和9.317,而以金融收益占比衡量金融化程度时,各制造业大类金融化程度指标分布的偏度和峰度均值分别为5.571和48.176。以金融资产占比(金融收益占比)衡量金融化程度时,各制造业大类中值与1/4、3/4分位数距离的均值分别为1.824%(1.705%)和4.620%(9.292%)。这说明,在以金融收益衡量各制造业大类上市公司的金融化程度时,金融化程度指标的右偏分布程度更大,存在极少部分公司的金融收益高于均值,而大多数公司的金融收益低于均值的现象。

表 5 - 4　C 门类制造业大类行业金融化程度描述性统计量（金融收益占比）

细分行业	均值（%）	标准差	中值（%）	1/4 分位数（%）	3/4 分位数（%）	最大值（%）	最小值（%）	偏度	峰度	样本量
C42	2.327	0.064	0.409	0.189	1.669	24.664	−5.355	2.986	10.441	17
C43	3.264	0.107	1.587	−2.104	8.794	29.932	−13.973	0.824	1.456	17
C21	5.194	0.140	1.569	0	7.196	79.424	−39.735	2.878	12.939	144
C22	10.173	0.391	0.168	0	7.505	397.296	−158.475	4.924	35.621	500
C33	10.617	0.368	1.239	0	8.494	352.702	−152.955	4.900	35.478	591
C19	10.772	0.404	1.995	0	6.671	332.400	−42.924	5.903	42.172	101
C15	10.912	0.479	0.521	0	7.051	697.423	−82.883	8.234	92.171	587
C29	11.141	0.523	0.706	0	6.973	830.134	−232.768	9.363	127.863	791
C27	11.941	0.411	1.528	0	10.552	668.593	−225.166	6.253	66.103	2 578
C30	12.885	0.536	0.480	0	8.624	605.936	−245.008	5.099	41.203	1 247
C24	13.493	0.367	2.967	0	10.463	247.059	−14.212	4.697	24.244	120
C31	13.643	0.797	0.288	0	6.043	1 244.968	−217.527	10.063	130.407	573
C26	14.103	0.625	0.773	0	7.847	950.338	−229.392	7.993	86.229	2 883
C32	14.545	0.585	0.367	−0.383	8.000	728.527	−140.687	6.007	52.564	786
C28	16.129	0.542	0.970	0	13.411	650.072	−100.600	5.814	50.461	484

（续表）

细分行业	均值（%）	标准差	中值（%）	1/4分位数（%）	3/4分位数（%）	最大值（%）	最小值（%）	偏度	峰度	样本量
C35	16.160	0.596	1.418	0	10.817	825.057	-466.948	6.190	61.385	2 101
C23	16.263	0.326	4.630	0	17.531	249.802	-14.555	4.132	23.188	124
C38	16.861	0.624	2.141	0	11.450	1 034.120	-226.610	6.949	70.107	2 132
C40	16.914	0.577	2.471	0	11.648	455.293	-210.554	4.511	26.744	472
C25	16.935	0.687	0.988	0	8.547	698.494	-168.147	5.681	43.944	305
C41	17.005	0.723	1.508	0	16.981	845.717	-133.142	8.191	82.998	383
C14	17.280	0.606	1.655	0	8.588	482.555	-116.848	4.774	26.645	402
C18	17.842	0.519	2.676	0.002	13.731	442.082	-48.085	5.222	33.643	228
C20	18.581	0.617	0.330	0	11.268	438.937	-16.182	4.976	28.486	84
C17	18.778	0.617	1.739	0	15.948	817.549	-269.602	5.612	53.862	1 048
C34	18.788	0.567	2.358	0	15.679	611.923	-249.820	4.588	32.130	1 267
C39	19.416	0.662	1.448	0	13.783	851.387	-373.477	5.781	46.964	3 434
C13	21.573	0.654	2.747	0	17.051	700.110	-205.738	4.486	31.001	674
C37	21.714	0.681	2.690	0	17.003	779.805	-313.777	4.859	37.582	1 199
C36	23.848	0.702	4.480	0.001	18.271	689.219	-190.108	5.227	37.254	675
均值	14.637	0.517	1.628	-0.077	10.920	592.051	-163.508	5.571	48.176	865

基于上述分析可以看出,在所有制造业大类行业中,以金融收益占比衡量上市公司的金融化程度时,多数公司的金融化程度低于平均水平,极少数公司的金融化程度高于平均水平。

在分析各制造业大类按照金融资产占比衡量的金融化程度时发现,各制造业大类间金融化程度的差异变化比较平缓,极大、极小制造业大类的金融化程度分别为 9.565% 和 2.327%,而极大、极小制造业大类的金融收益占比均值分别为 23.848% 和 2.327%。从整体来看,所有制造业大类金融资产占比的均值、中值、1/4 分位数、3/4 分位数的均值分别为 5.097%、2.240%、0.416%、6.860%,而所有制造业大类金融收益占比的均值、中值、1/4 分位数、3/4 分位数的均值分别为 14.637%、1.628%、-0.077%、10.920%。由图 5-7 可以看出,制造业上市公司的金融资产占比低于金融收益占比,这说明制造业公司金融资产的整体收益率高于其经营性资产的整体收益率。

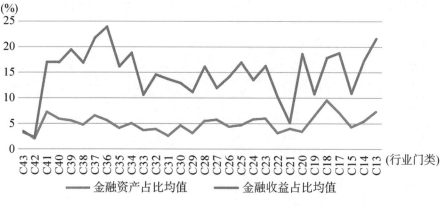

图 5-7 各制造业大类金融资产占比均值、金融收益占比均值的对比图

此外,金融资产占比的 1/4 分位数均值、3/4 分位数均值都是正值且二者的差异为 6.444%,而金融收益占比的 1/4 分位数均值、3/4 分位数均值分别为 -0.077%、10.920%,一正一负,二者的差异为 10.997%。这说明尽管金融资产整体的盈利能力较强,但也可能给企业带来亏损,金融资产的风险较高,这可能会加剧制造业企业的盈利波动程度。

二、各行业门类金融化规模分析

(一) 各行业门类金融投资额分析

表 5-5 显示了样本期间内各行业门类上市公司配置金融资产的数额。可以看出,J 门类(金融业)配置的金融资产占金融资产总量的比例约为

表 5 - 5　各行业门类金融资产配置数额的描述性统计量

行业门类	均值(万元)	标准差	中值(万元)	1/4分位数(万元)	3/4分位数(万元)	最大值(万元)	最小值(万元)	偏度	峰度	样本量	总额(万元)	百分比(%)
O	13 918.393	161 880 840.342	13 156.892	1 627.128	19 739.250	103 639.980	0.000	3.470	18.401	51	709 838.038	0.002
M	16 177.116	314 580 009.521	4 097.726	897.229	19 189.550	278 089.130	0.000	4.760	31.174	268	4 335 467.091	0.015
A	16 334.863	463 844 654.770	6 550.273	1 174.630	14 254.760	632 685.190	0.000	8.079	80.391	758	12 381 826.372	0.043
H	33 321.268	484 343 740.335	14 360.673	4 296.659	39 766.150	322 743.090	0.000	2.850	10.563	162	5 398 045.435	0.019
C	33 646.169	2 413 822 435.540	4 483.246	436.244	17 853.610	13 957 289.900	0.000	35.100	1 645.400	26 094	877 963 124.630	3.061
P	37 151.778	538 973 407.937	17 983.062	7 416.580	48 857.050	244 287.130	2 532.480	3.438	13.428	19	705 883.786	0.002
Q	37 442.976	442 664 239.969	15 402.081	1 810.115	58 145.370	152 218.430	0.000	1.090	-0.088	56	2 096 806.641	0.007
I	43 620.845	2 117 352 979.821	6 605.984	1 106.576	26 298.750	4 141 827.300	0.000	15.300	271.370	2 170	94 657 233.207	0.330
N	44 615.794	1 149 705 787.442	10 179.963	1 963.427	33 160.870	1 401 276.900	0.000	6.830	63.142	440	19 630 949.203	0.068
S	47 743.961	1 184 099 008.417	11 328.286	3 022.913	34 655.370	1 073 873.300	0.000	4.996	29.284	1 278	61 016 782.060	0.213
R	64 064.095	1 099 297 378.829	22 709.122	2 995.319	83 897.760	764 540.750	0.000	3.505	14.812	441	28 252 265.720	0.099
L	77 845.745	1 595 946 472.670	11 371.134	1 533.252	57 205.140	1 193 589.500	0.000	3.448	14.455	486	37 833 032.013	0.132
F	80 483.096	2 815 222 510.888	13 947.500	3 396.157	49 512.090	5 837 885.500	0.000	9.468	128.136	2 539	204 346 581.264	0.712
D	167 311.403	4 078 565 047.754	23 960.927	5 666.697	93 178.890	4 028 578.400	0.000	4.156	21.621	1 551	259 499 986.242	0.905
G	186 500.125	5 229 665 210.058	23 388.733	5 335.340	112 569.700	5 468 194.200	0.000	5.387	35.614	1 325	247 112 665.856	0.862
E	225 534.144	10 516 968 879.880	15 297.735	2 619.446	64 865.460	15 212 013.000	0.000	9.260	106.260	995	224 406 473.544	0.782
K	255 468.026	8 010 616 804.323	26 143.587	6 357.480	121 848.700	11 696 913.000	0.000	6.200	50.645	1 928	492 542 354.156	1.717
B	357 047.555	15 927 211 150.050	17 226.998	1 922.500	89 428.500	18 395 900.000	0.000	7.240	59.907	847	302 419 279.194	1.054
J	34 229 853.890	792 501 191 890.080	3 506 428.040	648 102.260	25 414 650.000	551 201 600.000	0.000	3.760	15.620	712	24 371 655 972.660	84.975

84.975%,其余约15%的金融资产由非金融企业配置。C门类(制造业)上市公司配置的金融资产占金融资产总量的比例约为3.061%,而单位制造业类上市公司配置的金融资产均值为33 646.169万元,这与制造业的样本量较大密切相关。此外,K门类(房地产业)、B门类(采掘业)上市公司配置的金融资产均值分别为255 468.026万元和357 047.555万元,且这两个行业门类上市公司配置金融资产总额占金融资产总额的比例均超过1%。上述数据说明,由于制造业门类涵盖公司的样本量比较大,尽管单个公司金融资产配置金额不高,但配置总量位居所有非金融行业门类中的第一位,这说明制造业门类公司配置金融资产问题比较重要。K门类、B门类上市公司配置金融资产数额巨大,金融化现象比较明显。

表5-6显示了各行业门类上市公司金融资产收益额的描述性统计量。从中值来看,各行业门类收益额的均值与投资额的均值保持较高的一致性,即投资额越高的行业门类,收益额也越高。这说明,中国A股上市公司配置金融资产越多,带来的金融利润越多。尽管J门类(金融业)金融资产配置占金融资产总额的比例为84.975%,但该行业门类的金融利润占利润总额的比例仅为55.727%,这其中的原因在于金融行业的高杠杆,也就是说尽管金融行业金融资产总额较高,但金融业上市公司的金融资产产生的收益一部分需要由债权人享有。C门类(制造业)配置金融资产的比例仅为3.061%,但该行业门类上市公司的金融收益占比为15.607%,这与制造业杠杆率水平远低于金融业杠杆率水平的现实情况有关,同时再次说明,制造业企业金融化现象更加值得研究。K门类和B门类配置金融资产的数额居于所有非金融行业门类中的前两位,对应的金融收益也位居前列。

(二) 各行业门类金融投资收益分析

通过上述分析,得出如下结论:

(1)在所有行业门类中,金融业上市公司配置金融资产的数额最高,占所有上市公司金融资产的85%以上,但对应的金融利润占所有上市公司金融利润的约55%,这说明金融业上市公司仍旧是上市公司配置金融资产的主体,但高杠杆的资本结构特征使其金融利润规模与其金融资产规模并不匹配。

(2)在非金融类上市公司中,制造业上市公司配置金融资产规模与金融利润规模均居于首位,这不仅与制造业上市公司样本量较大的现实情况有关,也说明制造业上市公配置金融资产是普遍现象。

(3)在非金融业上市公司中,金融资产配置规模与金融利润规模具有较高程度的一致性,这说明非金融业上市公司配置金融资产具有一定合理性。

表 5-6　各行业门类金融资产收益额的基本统计量

行业门类	均值(万元)	标准差	中值(万元)	1/4 分位数(万元)	3/4 分位数(万元)	最大值(万元)	最小值(万元)	偏度	峰度	样本量	总金额(万元)	总金额占比(%)
A	1363.626	74066572.542	75.787	-4.065	886.053	117935.376	-67768.896	6.444	105.810	758	1033628.443	0.138
M	1581.174	67226282.857	306.750	0	1176.331	68607.326	-21170.932	6.910	59.641	268	423754.663	0.057
O	1582.021	54505000.493	458.931	0	1734.500	22402.711	-8365.655	1.311	10.237	51	80683.087	0.011
I	4124.288	187730746.949	287.743	0	2022.347	296864.046	-125879.945	8.216	93.086	2170	8949704.553	1.198
P	4134.201	68165834.918	2049.818	728.278	4124.265	26093.554	-3239.083	2.359	5.841	19	78549.828	0.011
C	4467.901	553725490.854	173.354	0	1412.381	3301304.796	-199441.399	43.112	2186.376	26094	116585400.159	15.607
N	4723.867	248443813.044	440.389	0.203	2724.762	479967.619	-57154.412	16.272	306.866	440	2078501.459	0.278
H	5104.456	97562681.357	1024.342	96.274	4154.066	51897.390	-1080.167	2.918	9.286	162	826921.843	0.111
S	5207.167	156186222.596	675.479	0	3408.618	140844.596	-47348.729	4.823	30.001	1278	6654759.888	0.891
L	6005.483	171679109.025	533.135	2.352	4253.493	169905.722	-45349.011	5.237	38.221	486	2918664.714	0.391
R	6282.987	203945041.256	1028.591	38.661	6119.113	228243.524	-148117.195	3.743	47.891	441	2770797.189	0.371
F	9345.485	586009208.672	676.721	8.870	3823.365	2200768.700	-20227.645	26.885	908.040	2539	23728185.216	3.176

（续表）

行业门类	均值（万元）	标准差	中值（万元）	1/4分位数（万元）	3/4分位数（万元）	最大值（万元）	最小值（万元）	偏度	峰度	样本量	总金额（万元）	总金额占比（%）
Q	11 061.359	435 984 713.439	1 896.493	0.000	5 971.458	304 066.770	−52 875.642	5.849	38.725	56	619 436.097	0.083
E	13 658.184	578 888 928.739	522.286	0.000	4 979.262	700 968.938	−99 998.800	7.593	69.088	995	13 589 892.649	1.819
D	15 447.129	429 817 962.084	1 059.904	6.520	8 267.302	394 473.988	−32 568.755	4.589	24.960	1551	23 958 497.848	3.207
K	17 358.036	666 203 225.609	958.536	0.347	6 756.250	1 109 980.861	−30 845.967	8.255	92.166	1928	33 466 293.309	4.480
G	18 292.331	747 911 416.270	1 251.190	48.566	9 549.772	1 027 719.619	−885 903.300	4.008	77.815	1325	24 237 338.291	3.245
B	37 039.641	2 209 618 421.697	551.168	0.000	6 182.250	3 056 300.000	−280 714.118	9.634	108.382	847	31 372 575.857	4.200
J	584 663.288	17 986 304 907.119	86 827.439	12 549.051	295 414.457	17 689 900.000	−1 191 800.000	5.575	35.686	712	416 280 260.786	55.727
均值	39 549.612	1 343 367 135.764	5 305.161	709.214	19 629.476	1 652 012.923	−174 202.613	9.144	223.585	2 216.842	37 350 202.415	5.000

（4）建筑业、采掘业的金融资产配置规模均较高，这与此类行业上市公司现金流充沛、行业垄断性强等基本特征有关。

三、本节小结

本节采用描述性统计分析方法、结构百分比分析方法，分析了上市公司金融资产、金融利润在行业门类、制造业大类层面的分布特征，以揭示行业特征对上市公司金融化决策的影响。通过分析得出如下基本结论：

第一，行业竞争强度、盈利前景对该行业上市公司的金融化决策具有重要影响。一方面，在竞争强度大、盈利前景弱的行业环境中，上市公司倾向于加大金融资产配置的力度，表现出很强的脱实向虚倾向。比如，餐饮、批发零售以及酒店住宿等行业是此类行业的典型代表。另一方面，在竞争强度弱、盈利前景好，但存在一定行业管制的行业环境中，上市公司也具有较强的倾向加大金融资产配置，公用事业是此类行业的典型代表。

第二，行业内上市公司自身制造现金流的能力对上市公司的金融化决策也具有重要影响。当上市公司所在行业自身制造现金流的能力很强时，上市公司可能会加大金融资产配置的力度。比如，采掘业、建筑业就是此类行业的典型代表。

第三，整体而言，非金融行业上市公司金融资产配置的规模与其金融利润的规模保持较高程度的一致性，即上市公司配置的金融资产越多，获取的金融利润也越多。

第四，制造业上市公司数量最多，配置金融资产的规模及获取金融利润的规模居于各类非金融类上市公司的首位，这说明制造业上市公司配置金融资产是一种普遍现象。

第五，整体而言，各行业上市公司配置金融资产给公司带来了强于主业的盈利能力，表现为金融利润占比高于金融资产占比。

第二节　中国Ａ股实体企业脱实向虚公司间差异分析

一、公司规模视角分析

首先，在每个 t 年内计算年末、年初总资产的均值及其对数值，用该对数值代表公司规模。其次，在每个 t 年按照公司规模从小到大的顺序把该年度样本观测值等分为 10 组。最后，计算各年度每个规模组的金融资产占比、金融利润占比、金融资产规模、金融利润规模在时间序列上的均值、中值、1/4 分位数及 3/4 分位数,以便于更好地分析和评价公司规模与金融化程度及金融化规模间的关系。

表 5-7 显示了各公司规模组金融化程度指标的基本统计量,图 5-8、图 5-9 和图 5-10 则显示了各公司规模组金融化程度指标年度均值各主要统计量的对比。可以看出,从规模最小的组别到规模最大的组别,各金融化程度指标的基本统计量整体呈上升趋势。在最小规模组,金融资产占比、金融利润占比、金融资产规模、金融利润规模的中值分别为 0.054%、0、21.227 万元和 0 万元,而在最大规模组,金融资产占比、金融利润占比、金融资产规模、金融利润规模的中值分别为 3.779%、5.159%、114 215.929万元和6 828.602万元,并且从最小规模组到最大规模组,各组金融化程度指标的均值、中值、1/4 分位数和 3/4 分位数均基本呈单调递增趋势。这充分说明,随着公司规模的扩大,中国 A 股上市公司的金融化程度及金融化规模均不断扩大。

此外,分析表 5-7 的数据还可以发现,各样本组的均值均大于中值,这说明各金融化程度指标、金融规模指标的均值均呈右偏分布。随着公司规模的扩大,公司金融化程度指标的均值与中值的差距不断缩小,各金融化程度指标的中值与 1/4 分位数、3/4 分位数的距离差也不断缩小。如从最小规模组到最大规模组,金融资产占比的均值减去中值的差额与中值的比值分别为 62.24、5.82、2.99、1.62、1.42、1.24、1.02、1.10、1.17 和 0.85,金融资产占比的中值与 1/4 分位数、3/4 分位数的距离差分别为 2.78%、3.10%、3.29%、2.96%、3.18%、2.96%、2.70%、3.04%、3.17%和 2.72%,这说明金融资产占比的均值呈典型的右偏分布。

综上所述,按照公司规模计算的各金融化程度及金融化规模年度均值基本统计量的分析结果表明:①公司规模越大,金融化程度越高,金融资产配置规模越大,这可能与大规模公司成长性弱、现金流充沛有关。②在各规模样本中,金融化程度及金融化规模指标年度均值均呈右偏分布特征,并且金融资产规模指标的右偏程度更高,这说明高金融化程度的公司数量相对较少。③在大规模样本公司中,各金融化程度指标的右偏度相对较小,这说明大规模公司的金融化程度同质性相对较高,而在小规模样本公司中,公司间的金融化程度右偏度较大,这说明小规模公司金融化程度的同质性相对较低。

表5-7　按公司规模分组计算的金融化程度指标的基本统计量

组别	样本量	均值				中值				1/4分位数				3/4分位数			
		金融资产占比（%）	金融利润占比（%）	金融资产规模（万元）	金融利润规模（万元）	金融资产占比（%）	金融利润占比（%）	金融资产规模（万元）	金融利润规模（万元）	金融资产占比（%）	金融利润占比（%）	金融资产规模（万元）	金融利润规模（万元）	金融资产占比（%）	金融利润占比（%）	金融资产规模（万元）	金融利润规模（万元）
L-1	3776.000	3.415	3.495	1660.612	155.401	0.054	0	21.227	0	0	0	0	0	2.890	2.176	1140.900	76.202
2	3786.000	3.906	3.955	3127.938	262.823	0.573	0.035	399.319	1.781	0	0	0	0	4.251	3.957	3103.360	224.371
3	3786.000	4.416	5.125	5172.076	393.529	1.106	0.256	1029.750	17.912	0	0	0	0	5.500	5.614	5756.672	368.722
4	3788.000	5.304	5.973	8205.136	599.337	2.026	0.799	2966.622	70.672	0.177	0	251.895	0	6.836	7.334	9765.753	613.934
5	3780.000	5.357	7.335	11217.702	978.305	2.212	1.182	4213.570	122.870	0.288	0	500.000	0	7.320	9.383	13208.836	1028.944
6	3791.000	5.897	9.940	17996.401	1506.375	2.635	1.869	6568.953	259.948	0.429	0	1015.300	0	7.803	11.888	19846.121	1573.617
7	3789.000	6.634	10.112	27252.916	2700.310	3.287	2.755	10957.715	515.032	0.715	0	2501.624	0	8.563	13.417	31137.770	2478.263
8	3785.000	6.569	10.920	39476.525	3683.401	3.123	3.107	15730.247	773.837	0.800	0.045	3911.413	8.890	8.489	14.406	45160.134	3721.064
9	3787.000	6.948	11.158	78103.631	7201.035	3.203	2.984	27980.016	1234.878	0.859	0.027	7255.558	9.859	8.684	14.544	84125.624	6557.306
H-10	3776.000	7.010	12.483	532176.500	49558.415	3.779	5.159	114215.929	6828.603	1.291	0.435	26367.876	428.324	8.991	18.250	438505.060	36412.129

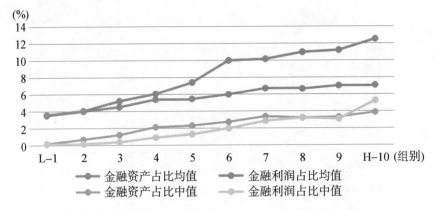

图 5-8　各公司规模组金融资产占比和金融利润占比趋势图

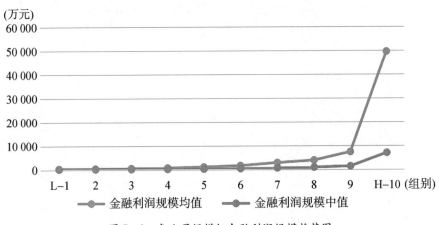

图 5-9　各公司规模组金融利润规模趋势图

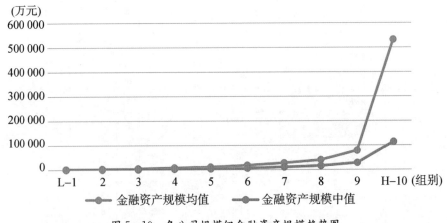

图 5-10　各公司规模组金融资产规模趋势图

二、公司资产负债率视角分析

首先，在每个 t 年内计算年末、年初资产负债率的均值，表示 t 年度公司资产负债率。其次，在每个 t 年按照公司资产负债率从低到高的顺序把该年度样本观测值等分为 10 组。最后，计算各年度每个资产负债率组的金融资产占比、金融利润占比、金融资产规模、金融利润规模在时间序列上的均值、中值、1/4 分位数及 3/4 分位数，以便于更好地分析和评价公司资产负债率与金融化程度及金融化规模间的关系。

表 5-8 显示了各公司资产负债率组金融化指标的基本统计量，图 5-11、图 5-12、图 5-13 则显示了各公司资产负债率组金融化程度指标年度均值各主要统计量的对比。可以看出，从资产负债率最低的组别到资产负债率最高的组别，各金融化程度指标的基本统计量整体呈上升趋势，但这种趋势并不单调。在最低资产负债率组，金融资产占比、金融利润占比、金融资产规模、金融利润规模的中值分别为 2.020%、1.818%、2 710.296 万元和 192.923 万元，在最高资产负债率组，金融资产占比、金融利润占比、金融资产规模、金融利润规模的中值分别为 2.053%、1.325%、1 028.404 万元和 200.503 万元。这充分说明，公司资产负债率对公司金融化程度的影响并不显著，但对公司金融化规模的影响非常显著。从资产负债率最低组到资产负债率最高组，公司金融资产规模的中值呈严格递增趋势，分别为 2 710.296 万元、3 284.682 万元、4 000.000 万元、4 691.034 万元、5 073.770 万元、5 444.706 万元、6 068.858 万元、6 166.641 万元、8 632.652 万元和 10 028.404 万元，这说明高资产负债率的公司配置了更多的金融资产。对于金融利润而言，从资产负债率最低组到资产负债率最高组，金融利润规模的中值分别为 192.923 万元、139.152 万元、181.739 万元、169.956 万元、141.324 万元、143.957 万元、132.873 万元、147.075 万元、168.062 万元、200.503 万元，这说明公司高资产负债率公司尽管整体上配置了更多的金融资产，但不一定会给此类公司带来相应的高金融利润。

此外，分析表 5-8 的数据还可以发现，各样本组的均值均大于中值，这说明各金融化程度指标、金融规模指标的均值均呈右偏分布。随着公司资产负债率的提升，公司金融化程度指标的均值与中值的差距不断缩小，各金融化程度指标的中值与 1/4 分位数、3/4 分位数的距离差也不断缩小。如从最低资产负债率组到最高资产负债率组，金融资产占比的均值减去中值的差额与中值的比值分为 2.23、2.06、1.66、1.46、1.69、1.57、1.36、1.48、1.24 和 1.34。从最低资产负债率组到最高资产负债率组，金融资

表5-8 按资产负债率分组计算的金融化程度指标的基本统计量

组别	样本量	均值				中值				1/4分位数				3/4分位数			
		金融资产占比(%)	金融利润占比(%)	金融资产规模(万元)	金融利润规模(万元)	金融资产占比(%)	金融利润占比(%)	金融资产规模(万元)	金融利润规模(万元)	金融资产占比(%)	金融利润占比(%)	金融资产规模(万元)	金融利润规模(万元)	金融资产占比(%)	金融利润占比(%)	金融资产规模(万元)	金融利润规模(万元)
L-1	3776	6.536	8.169	18876.532	1936.634	2.020	1.818	2710.296	192.923	0.017	0.000	20.000	0	8.526	10.536	12923.121	1165.983
2	3786	5.921	7.652	27303.926	2942.425	1.931	1.384	3284.682	139.152	0.094	0.000	113.681	0	7.674	9.185	15513.613	1227.359
3	3786	5.766	7.223	39579.485	3987.706	2.166	1.476	4000.000	181.739	0.159	0.000	225.334	0	7.505	8.845	17299.134	1266.485
4	3788	5.728	7.415	40114.780	3699.428	2.327	1.332	4691.034	169.956	0.158	0.000	239.399	0	7.854	8.912	20246.524	1346.708
5	3780	5.860	8.020	60628.489	7912.399	2.176	1.169	5073.770	141.324	0.179	0.000	302.778	0	7.790	9.172	23402.798	1610.445
6	3791	5.664	8.088	69450.438	8216.137	2.201	1.151	5444.706	143.957	0.256	0.000	493.722	0	7.202	9.165	23960.927	1629.329
7	3789	5.289	8.334	102783.514	11053.763	2.238	1.054	6068.858	132.873	0.246	0.000	486.525	0	6.942	8.853	26863.736	1624.185
8	3785	4.900	8.322	70404.162	6647.398	1.973	1.031	6166.641	147.075	0.249	0.000	465.603	0	6.266	10.159	29038.686	1930.385
9	3787	4.985	8.347	88021.880	6966.540	2.227	1.294	8632.652	168.062	0.379	0.000	910.816	0	6.526	10.468	40136.739	2229.276
H-10	3776	4.809	8.934	206350.292	13580.894	2.053	1.325	10028.404	200.503	0.345	0.000	928.823	0	6.297	11.465	59693.515	3324.038

占比的中值与 1/4 分位数、3/4 分位数的距离差分别为 4.503％、3.906％、3.332％、3.358％、3.617％、3.056％、2.712％、2.569％、2.451％ 和 2.536％,这说明金融资产占比的均值呈典型的右偏分布,并且高资产负债率公司金融化程度的右偏程度较小。

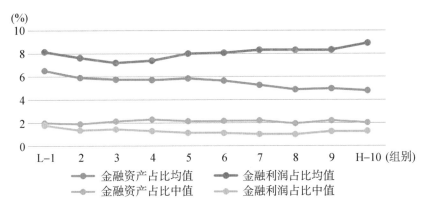

图 5-11　各资产负债率组金融资产占比和金融利润占比趋势图

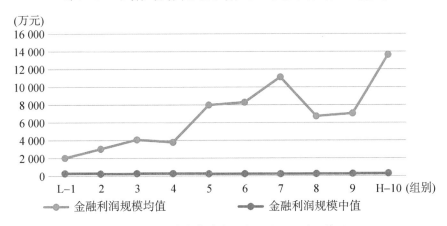

图 5-12　各资产负债率组金融利润规模趋势图

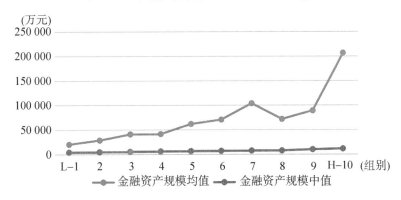

图 5-13　各资产负债率组金融资产规模趋势图

综上所述,按照公司资产负债率计算的各金融化程度及金融化规模年度均值基本统计量的分析结果表明:①公司资产负债率对公司金融化程度的影响整体为正,但这种影响并不单调、明显。②在不同资产负债率水平的公司中,公司金融化程度分布均呈右偏特征,并且这种右偏程度在低资产负债率公司中较高,在高资产负债率公司中相对较低。③公司资产负债率越高,配置金融资产的规模越大,这种较大规模的金融资产配置整体上带来了较大规模的金融利润,但大规模金融资产对应大规模金融利润并非必然。

三、公司盈利能力视角分析

首先,计算各公司 t 会计年度的总资产报酬率。总资产报酬率等于年度净利润加上利息费用再除以期初总资产和期末总资产的平均数,用总资产报酬率作为公司盈利能力的代理变量。其次,在每个 t 年度按照总资产报酬率从小到大的顺序把该年度样本观测值等分为 10 组。最后,计算每个总资产报酬率组的金融资产占比、金融利润占比、金融资产规模、金融利润规模的均值、中值、1/4 分位数及 3/4 分位数,以便于更好地分析和评价公司盈利能力与金融化程度及金融化规模间的关系。

表 5-9 显示了各公司盈利能力组金融化指标的基本统计量,图 5-14、图 5-15、图 5-16 则显示了各公司盈利能力组金融化程度指标主要统计量的趋势图。可以看出,从最低盈利能力组到最高盈利能力组,各金融化程度指标的基本统计量整体呈下降趋势。在最低盈利能力组中,金融资产占比、金融利润占比、金融资产规模、金融利润规模的中值分别为 2.494%、2.476%、6630.458 万元和 55.847 万元,在最高盈利能力组中,金融资产占比、金融利润占比、金融资产规模、金融利润规模的中值分别为 0.715%、0.267%、1000.000 万元和 47.108 万元。从最低盈利能力组到最高盈利能力组,公司金融资产占比的中值分别为 2.494%、2.688%、2.981%、2.901%、2.625%、2.389%、1.933%、1.583%、1.113% 和 0.715%,对应金融资产规模的中值分别为 6630.458 万元、8875.590 万元、9169.935 万元、8442.107 万元、6826.709 万元、6088.518 万元、4652.997 万元、2937.296 万元、1902.261 万元和 1000.000 万元。上述数据充分说明,随着公司盈利能力的增强,公司配置的金融资产规模整体递减,金融化程度逐渐下降。

此外,分析表 5-9 的数据还可以发现,各样本组的均值均大于中值,这说明各金融化程度指标和金融规模指标的均值均呈右偏分布。随着公司盈利能力的增强,公司金融化程度指标的均值与中值的差距不断加大,各金融化程度指标的中值与 1/4 分位数、3/4 分位数的距离差也不断加大。

表5-9　按总资产报酬率分组计算的金融化程度指标的基本统计量

组别	样本量	均值				中值				1/4分位数				3/4分位数			
		金融资产占比（%）	金融利润占比（%）	金融资产规模（万元）	金融利润规模（万元）	金融资产占比（%）	金融利润占比（%）	金融资产规模（万元）	金融利润规模（万元）	金融资产占比（%）	金融利润占比（%）	金融资产规模（万元）	金融利润规模（万元）	金融资产占比（%）	金融利润占比（%）	金融资产规模（万元）	金融利润规模（万元）
L-1	3776	5.546	11.310	62063.992	3187.115	2.494	2.476	6630.458	55.847	0.408	0	864.539	0	7.241	19.840	23961.916	844.448
2	3786	5.854	10.549	86063.947	5617.882	2.688	3.242	8875.590	223.505	0.640	0	1456.701	0	7.641	18.082	34954.915	1683.598
3	3786	6.291	10.187	96554.394	5930.814	2.981	2.904	9169.935	279.477	0.621	0	1411.777	0	8.253	15.288	35443.968	2118.122
4	3788	5.948	9.774	116518.345	9014.919	2.901	2.672	8442.107	306.780	0.562	0	1216.183	0	7.829	13.394	33110.549	2288.781
5	3779	5.873	8.328	89163.267	7454.561	2.625	1.866	6826.709	241.513	0.393	0	784.618	0	7.838	10.735	30500.000	1938.635
6	3793	6.026	8.228	81107.655	9714.672	2.389	1.333	6088.518	219.728	0.283	0	500.000	0	7.781	9.764	28165.674	2042.050
7	3788	5.594	6.947	77559.474	9183.913	1.933	1.110	4652.997	157.751	0.168	0	276.709	0	7.399	7.732	22068.698	1776.426
8	3785	5.034	5.861	44518.822	5882.936	1.583	0.832	2937.296	141.195	0.046	0	54.902	0	6.771	6.087	17710.230	1520.091
9	3787	4.824	4.893	41421.240	5971.939	1.113	0.592	1902.261	112.436	0.000	0	0.000	0	5.558	4.348	13403.323	1249.776
H-10	3776	4.465	4.423	28202.003	4960.400	0.715	0.267	1000.000	47.108	0.003	0	0.000	0	4.693	2.791	9482.357	985.665

如从最低盈利能力组到最高盈利能力组,金融资产占比的均值减去中值的差额与中值的比值分别为 1.22、1.18、1.11、1.05、1.14、1.52、1.89、2.18、3.33、5.24,金融资产占比的中值与 1/4 分位数、3/4 分位数的距离差分别为 2.66%、2.91%、2.91%、2.59%、2.98%、3.29%、3.70%、3.65%、3.33%和3.26%,这说明金融资产占比的均值呈典型的右偏分布,并且高盈利能力公司金融化程度的右偏程度较强。

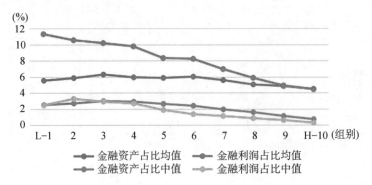

图 5-14　各盈利能力组金融资产占比和金融利润占比趋势图

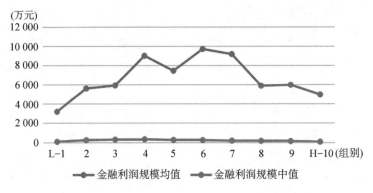

图 5-15　各盈利能力组金融利润规模趋势图

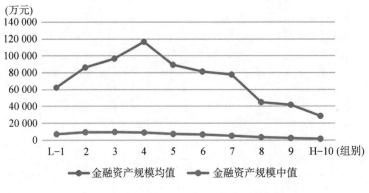

图 5-16　各盈利能力组金融资产规模趋势图

基于以上分析,得出如下基本结论:①公司盈利能力越高,金融化程度可能越低,盈利能力对金融化程度具有显著的负向影响。究其原因,当公司主营活动的盈利能力较强时,金融投资的高收益率对此类公司可能并不具有很强的吸引力,而主营业务盈利能力较低的公司可能转而加大金融投资力度以期获取高额收益来弥补主业盈利不足的缺陷。②在高盈利公司中,金融化程度、金融规模的右偏程度均较大,这说明尽管高盈利公司的金融化程度、金融规模的异质性较高,但高盈利公司整体上金融化程度较低,究其原因可能是只有少数高盈利公司的金融资产规模较大、金融化程度较高。

四、公司成长性视角分析

首先,计算各公司 t 年度的 3 年期营业收入复合增长率,用此指标作为公司成长性的代理变量,数值越大说明公司成长性越强,数值越小说明公司成长性越弱。其次,根据 t 年度的公司 3 年期营业收入复合增长率从小到大的顺序,把该年度样本观测值等分为 10 组。最后,计算每个营业收入复合增长率组的金融资产占比、金融利润占比、金融资产规模、金融利润规模的均值、中值、1/4 分位数及 3/4 分位数,以便于更好地分析和评价公司成长性与公司金融化程度及金融化规模间的关系。

表 5-10 显示了各成长性组金融化指标的基本统计量,图 5-17、图 5-18、图 5-19 则显示了各成长性组金融化程度指标主要统计量的趋势图。可以看出,从最低成长性组到最高成长性组,各金融化程度指标的基本统计量整体呈下降趋势。在最低成长性组中,金融资产占比、金融利润占比、金融资产规模、金融利润规模的中值分别为 3.921%、4.547%、8 031.641 万元和 266.234 万元,在最高成长性组中,金融资产占比、金融利润占比、金融资产规模、金融利润规模的中值分别为 1.682%、0.544%、5 302.623 万元和 89.625 万元。从最低成长性组到最高成长性组,公司金融资产占比的中值分别为 3.921%、2.628%、2.615%、2.200%、1.943%、1.810%、1.815%、1.809%、1.528、1.682%,对应的金融利润占比分别为 4.547%、2.613%、2.143%、1.496%、1.180%、1.196%、1.130%、0.782%、0.551%、0.544%。各组对应的金融资产、金融利润的规模虽然整体呈下降趋势,但这种趋势并不明显。

此外,分析表 5-10 的数据还可以发现,各样本组的均值均大于中值,这说明各金融化程度指标、金融规模指标的均值均呈右偏分布。随着公司成长能力的提升,公司金融化程度指标的均值与中值的差距整体上呈扩大趋势,

表5-10 按3年期营业收入复合增长率分组计算的金融化程度指标的基本统计量

组别	样本量	均值				中值				1/4分位数				3/4分位数			
		金融资产占比（%）	金融利润占比（%）	金融资产规模（万元）	金融利润规模（万元）	金融资产占比（%）	金融利润占比（%）	金融资产规模（万元）	金融利润规模（万元）	金融资产占比（%）	金融利润占比（%）	金融资产规模（万元）	金融利润规模（万元）	金融资产占比（%）	金融利润占比（%）	金融资产规模（万元）	金融利润规模（万元）
L-1	3774	8.519	14.298	92413.079	8692.710	3.921	4.547	8031.641	266.234	0.536	0	830.024	0	12.030	23.806	35192.850	2218.528
2	3790	6.475	9.831	65659.480	6513.952	2.628	2.613	5883.434	229.472	0.348	0	577.452	0	8.688	14.325	26903.824	1649.304
3	3783	6.064	9.243	72660.631	5740.388	2.615	2.143	6327.500	237.530	0.307	0	479.122	0	8.108	12.015	29318.853	1926.125
4	3789	5.675	8.300	81652.702	7103.216	2.200	1.496	5129.026	171.336	0.261	0	413.321	0	7.434	10.354	23137.224	1531.163
5	3779	5.008	7.250	100892.837	9267.758	1.943	1.180	4671.652	160.773	0.174	0	279.654	0	6.555	8.380	21830.045	1495.559
6	3797	4.866	6.674	71737.355	7217.239	1.810	1.196	4163.338	162.444	0.140	0	225.473	0	6.310	7.759	19467.175	1521.805
7	3787	4.747	6.585	69616.116	6983.041	1.815	1.130	4312.705	163.911	0.159	0	267.737	0	5.970	7.421	20610.043	1557.639
8	3782	4.734	5.696	63430.014	5251.391	1.809	0.782	4277.389	124.378	0.136	0	248.614	0	6.047	6.543	21522.094	1370.017
9	3786	4.619	6.089	49088.203	4680.941	1.528	0.551	4047.109	80.684	0.097	0	192.347	0	5.719	5.775	20000.000	1318.792
H-10	3777	4.760	6.551	56247.980	5493.327	1.682	0.544	5302.623	89.625	0.129	0	257.152	0	5.838	6.007	24701.899	1475.846

但这种趋势并不单调,各金融化程度的中值与1/4分位数、3/4分位数的距离差整体上呈缩小趋势。如从最低成长性组到最高成长性组,金融资产占比的均值减去中值的差额与中值的比值分别为1.17、1.46、1.32、1.58、1.57、1.68、1.62、1.62、2.02和1.83,金融资产占比的中值与1/4分位数、3/4分位数的距离差分别4.72%、3.78%、3.19%、3.30%、2.84%、2.83%、2.49%、2.57%、2.76%和2.60%。这说明在各成长水平的公司中,金融化程度、金融化规模指标均呈右偏分布,并且这种偏度在高成长性公司中更强。这意味着,在高成长性公司中,公司间金融化程度的异质性较高,存在部分公司金融化程度较高的现象。

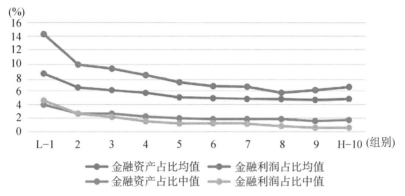

图5-17 按3年期营业收入复合增长率分组计算的金融资产占比和金融利润占比趋势图

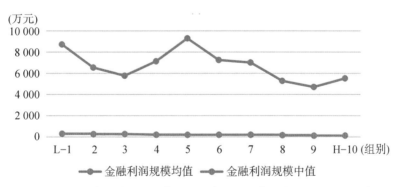

图5-18 按3年期营业收入复合增长率分组计算的金融利润规模趋势图

基于以上分析,得出如下初步结论:①公司成长性越强,金融化程度越低。究其原因,高成长性公司具有较多的成长机会,在主业上配置了更多的资源,而用于金融投资的资源可能相对较少。②从金融资产规模、金融利润规模看,高成长性公司金融资产、金融利润的规模略微下降,但这种趋势并不明显。③在高成长性公司中,金融化程度指标、金融资产及金融利润规模指标的右偏程度较大,这说明在高成长性公司中,少数公司金融化程度极

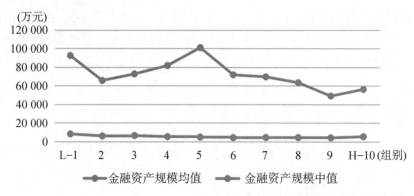

图 5-19　按 3 年期营业收入复合增长率分组计算的金融资产规模趋势图

高、金融资产规模极大的现象较明显。

五、公司盈利质量视角分析

首先,计算各公司 t 年度的净利润现金含量,等于年度现金流量表中经营活动产生的现金净流量除以同年利润表中的营业利润,用该指标衡量公司营业活动产生现金的能力。营业利润产生的现金是公司重要的现金来源,可能会为公司的金融投资活动提供资金支撑。其次,根据 t 年度公司净利润现金含量指标从小到大的顺序,把该年度样本观测值等分为 10 组。最后,计算每个组别的金融资产占比、金融利润占比、金融资产规模、金融利润规模的均值、中值、1/4 分位数及 3/4 分位数,以便于更好地分析和评价公司盈利质量与公司金融化程度及金融化规模间的关系。

表 5-11 显示了各净利润现金含量组金融化指标的基本统计量,图 5-20、图 5-21、图 5-22 则显示了净利润现金含量组金融化程度指标主要统计量的趋势图。可以看出,从最低净利润现金含量组到最高净利润现金含量组,各金融化程度指标的基本统计量整体呈 U 形趋势,即最低、最高净利润现金含量组的金融化程度均较高,而中间水平公司的金融化程度较低。

从最低净利润现金含量组到最高净利润现金含量组,金融资产占比的中值分别为 2.394%、1.591%、1.378%、1.408%、1.613%、1.776%、2.381%、2.921%、3.163%、3.440%,对应金融利润占比的中值分别为 2.587%、0.462%、0.432%、0.589%、0.755%、0.973%、1.353%、2.191%、3.046%、7.809%。从金融资产规模看,随着净利润现金含量的增加,公司金融资产规模、金融利润均整体上呈递增趋势,尤其是最低净利润现金含量资产组合的金融资产和金融利润规模均明显低于最高净利润现金含量资产组合的相应值。

表5-11 按净利润现金含量分组计算的金融化程度指标的基本统计量

组别	样本量	均值				中值				1/4分位数				3/4分位数			
		金融资产占比(%)	金融利润占比(%)	金融资产规模(万元)	金融利润规模(万元)	金融资产占比(%)	金融利润占比(%)	金融资产规模(万元)	金融利润规模(万元)	金融资产占比(%)	金融利润占比(%)	金融资产规模(万元)	金融利润规模(万元)	金融资产占比(%)	金融利润占比(%)	金融资产规模(万元)	金融利润规模(万元)
L-1	3776	5.763	13.047	77846.462	5754.010	2.394	2.587	6257.869	169.282	0.271	0	500.000	0	7.641	19.449	26023.321	1826.282
2	3786	4.742	5.350	54176.048	3443.478	1.591	0.462	3036.564	49.781	0.086	0	117.865	0	5.955	6.334	16530.895	843.301
3	3786	4.520	4.175	65968.856	5168.696	1.378	0.432	2447.941	57.707	0.032	0	47.600	0	5.261	4.950	14141.797	904.908
4	3788	4.509	4.391	41603.468	4311.868	1.408	0.589	2712.365	89.896	0.039	0	50.000	0	5.440	5.128	14710.755	967.857
5	3780	4.892	4.227	39134.121	3701.067	1.613	0.755	3354.702	112.838	0.081	0	115.008	0	6.172	5.258	17366.144	1233.988
6	3791	5.220	4.954	52386.171	4905.535	1.776	0.973	4141.465	176.663	0.088	0	148.821	0	6.700	6.000	21133.726	1468.543
7	3789	5.725	5.972	61705.644	6466.798	2.381	1.353	5829.212	208.311	0.263	0	487.401	0	7.415	8.111	25192.700	1699.433
8	3785	6.278	8.080	112233.162	11478.095	2.921	2.191	7903.920	296.374	0.472	0	1000.000	0	8.414	11.403	35613.845	2532.979
9	3787	6.497	10.304	109144.566	10617.570	3.163	3.046	9193.069	311.500	0.556	0	1329.807	0	8.618	16.401	39466.872	2620.707
H-10	3776	7.317	20.047	109239.964	11101.061	3.440	7.809	11144.030	422.973	0.738	0	1843.071	0	9.954	36.332	43186.575	3147.061

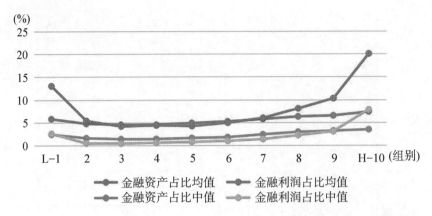

图 5-20　按净利润现金含量分组计算的金融资产占比和金融利润占比趋势图

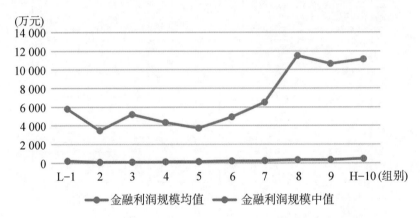

图 5-21　按净利润现金含量分组计算的金融利润规模趋势图

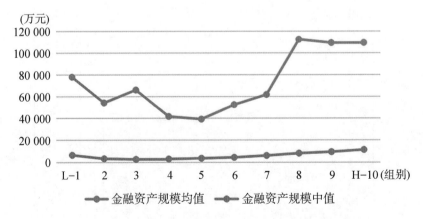

图 5-22　按净利润现金含量分组计算的金融资产规模趋势图

　　此外,分析表 5-11 的数据还可以发现,各样本组的均值均大于中值,这说明各金融化程度指标和金融规模指标的均值均呈右偏分布。随着公司净利润现金含量的增加,公司金融化程度指标的均值与中值的差距整体上呈倒Ｕ形趋势,各金融化程度指标的中值与 1/4 分位数、3/4 分位数的距离差整体上呈倒Ｕ形趋势。

从最低净利润现金含量组到最高净利润现金含量资产组,金融资产占比的均值减去中值的差额与中值的比值分别为 1.41、1.98、2.28、2.20、2.03、1.93、1.40、1.15、1.05、1.13。从最低净利润现金含量组到最高净利润现金含量组,金融资产占比的中值与 1/4 分位数、3/4 分位数的距离差分别为 3.12%、2.8%、2.54%、2.66%、3.02%、3.24%、2.92%、3.04%、2.85%、3.81%,这说明在各净利润现金含量水平的公司中,金融化程度和金融化规模指标均呈右偏分布,并且这种偏度在极高和极低净利润现金含量公司中均较高。

基于上述分析,得出如下结论:①在较高、较低净利润现金含量的公司中,金融化程度均极高。究其原因,在净利润现金含量较高的公司中,经营活动能够为金融投资活动提供充沛的现金流,致使公司的金融化程度高,而低净利润现金流量的公司现金生产能力较弱,有动机通过加大金融投资活动获取更多现金。②在净利润现金含量较高以及较低的公司中,金融资产的规模、金融利润的规模较大。这进一步证实了前述推断。

六、公司特征与脱实向虚程度相关性分析

表 5 - 12 显示了主要公司特征变量及金融化程度、金融化规模变量的基本描述性统计分析结果。可以看出,公司规模(SIZE)、资产负债率(LEV)、3 年期营业收入增长率(RG)、净利润现金含量(CS)、总资产报酬率(ROA)的均值均大于相应的中值,且这些变量的中值与 1/4 分位数的距离均小于 3/4 分位数与中值的距离。这些数据说明在中国Ａ股市场,上市公司的规模、资产负债率、营业收入增长率、净利润现金含量、总资产报酬率等变量指标均呈右偏分布。这意味着,极大规模公司、极高资产负债率公司、高成长性公司、高净利润现金含量公司及高总资产报酬率公司的数量相对较少。

衡量公司金融化程度的指标金融资产占比(Fin1)和金融利润占比(Fin2),以及衡量公司金融化规模的指标金融资产规模(Fa)和金融利润规模(Fp)的均值均大于中值,且这些金融化指标的中值与 1/4 分位数的距离均小于 3/4 分位数与中值的距离,并且这四个指标的风度和偏度均大于零。这说明,在中国Ａ股市场中,上市公司的金融化程度及金融化规模均呈右偏分布,金融化程度较高(高于均值)、金融化规模较大的公司数量均相对较少。

表 5 - 12　主要公司特征变量及金融化程度指标变量的描述性统计量

	均值	中值	1/4 分位数	3/4 分位数	标准差	最小值	最大值	偏度	峰度
SIZE	21.312	21.200	20.421	22.107	1.434	13.529	28.388	0.352	1.453
LEV	0.409	0.390	0.250	0.532	0.571	0.000	74.395	77.477	8 608.870
RG	23.847	16.570	6.730	29.370	66.039	-126.010	4 936.850	37.162	2 178.600
CS	242.180	102.682	32.452	194.954	10 030.440	-1 056 922.340	1 110 444.210	21.535	8 381.390
ROA	8.882	7.253	4.564	11.221	8.249	-155.468	727.529	23.431	1 735.960
Fin1	0.055	0.021	0.002	0.072	0.085	0.000	0.722	2.726	9.420
Fin2	0.081	0.013	0.000	0.097	0.239	-4.669	8.420	5.637	164.661
Fa	723 327 215	51 493 482.880	3 500 000	239 345 843	4 726 622 068	0.000	215 775 711 817	20.550	589.003
Fp	66 939 735.120	1 614 494.240	0.000	15 938 634.410	609 734 454	-2 549 480 262.000	33 013 047 961	33.558	1 469.500

表 5－13 计算了公司特征变量与公司金融化程度（规模）指标间的 Spearman 和 Pearson 相关系数。可以看出，公司规模（SIZE）与 Fin1、Fin2、Fa 及 Fp 的相关系数分别为 0.273、0.248、0.614 和 0.425，且均在 1％的水平上显著。这说明在中国Ａ股市场，大规模公司的金融化程度更高，配置金融资产的规模更大，这与前述描述性统计分析的结果一致。资产负债率（LEV）与 Fin1、Fin2、Fa 及 Fp 的相关系数分别为 0.016、－0.025、0.140 和 0.004，这说明资产负债率与公司金融化规模正相关，与公司金融化程度负相关，这与描述性统计分析结果一致。

公司 3 年期营业收入增长率（RG）与 Fin1、Fin2、Fa 及 Fp 的相关系数分别为－0.100、－0.121、－0.053 和－0.060，这说明公司成长性与公司金融化程度、金融化规模均显著负相关，也就是高成长性公司的金融化程度较低，金融资产配置规模也较小，这与描述性统计分析结果一致。

净利润现金含量（CS）与 Fin1、Fin2、Fa 及 Fp 的相关系数分别为 0.125、0.105、0.154、0.088，这说明净利润现金含量较高的公司金融化程度整体较高，这与描述性统计分析结果一致。

盈利能力（ROA）同 Fin1、Fin2、Fa 及 Fp 的相关系数分别为－0.160、－0.106、－0.203 和 0.008，这说明低盈利能力公司整体上金融化程度更高，并配置了更多的金融资产，这与描述性统计分析结果一致。

Fin1 与 Fin2、Fa、Fp 的相关系数分别为 0.430、0.868、0.409，这说明金融资产占比较高的公司金融利润占比也较高，且金融资产规模和金融利润规模通常也较高，这几个金融化指标间具有较高程度的一致性。

Fin2 与 Fa、Fp 的相关系数分别为 0.437 和 0.918，这说明金融利润占比较高的公司通常具有较大规模的金融资产和金融利润规模，这与前述证据一致。

表 5－13　公司特征变量与金融化程度（规模）指标间的相关系数（右上部分为 Spearman 相关系数，左下部分为 Pearson 相关系数）

变量名称	SIZE	LEV	RG	CS	ROA	Fin1	Fin2	Fa	Fp
SIZE	1.000	0.225	−0.028	0.166	−0.237	0.273	0.248	0.641	0.425
LEV	0.225	1.000	0.058	0.078	−0.149	0.016	−0.025	0.140	0.004
RG	−0.028	0.058	1.000	−0.164	0.290	−0.100	−0.121	−0.053	−0.060
CS	0.166	0.078	−0.164	1.000	−0.195	0.125	0.105	0.154	0.088
ROA	−0.237	−0.149	0.290	−0.195	1.000	−0.160	−0.106	−0.203	0.008
Fin1	0.273	0.016	−0.100	0.125	−0.160	1.000	0.430	0.868	0.409

变量名称	SIZE	LEV	RG	CS	ROA	Fin1	Fin2	Fa	Fp
Fin2	0.248	−0.025	−0.121	0.105	−0.106	0.430	1.000	0.437	0.918
Fa	0.641	0.140	−0.053	0.154	−0.203	0.868	0.437	1.000	0.526
Fp	0.425	0.004	−0.060	0.088	0.008	0.409	0.918	0.526	1.000

概括来讲,相关性分析的结果与描述性统计分析的结果一致,均证明公司规模、净利润现金含量显著正向影响公司的金融化程度,公司盈利能力、成长性显著负向影响公司的金融化程度,资产负债率对公司金融化程度也具有一定程度的负向影响。下面将通过回归分析,在控制其他相关变量的情况下,考察各公司特征变量对公司金融化程度及金融化规模的影响。

表 5-14 显示了各金融化程度指标对公司特征变量的回归结果。可以看出,公司规模变量 SIZE 对被解释变量 Fin1、Fin2、Fa 及 Fp 的回归系数分别为 0.008、0.019、1 207 866 359.138 及 116 657 601.61,且均在 1% 的水平上显著。这说明公司规模对金融化程度指标具有正向影响,公司规模越大,金融化程度越高,金融资产占比越大。解释变量 LEV 对被解释变量 Fin1、Fin2、Fa 及 Fp 的回归系数分别为 −0.001、0.004、53 975 030.627 及 −4 917 296.969,且只有 0.004 在 5% 的水平上显著。这说明公司资产负债率对公司金融化程度的影响并不显著。

表 5-14　金融化程度指标对公司特征变量的回归结果

被解释变量	Fin1	Fin2	Fa	Fp
Intercept	−0.105*** (−15.65)	−0.317*** (−16.76)	−25 268 691 253.711*** (−71.89)	−2 457 973 141.509*** (−52.49)
SIZE	0.008*** (−24.950)	0.019*** (−21.930)	1 207 866 359.138*** (−74.560)	116 657 601.614*** (−54.050)
LEV	−0.001 (−1.510)	0.004** (−2.070)	53 975 030.627 (−1.350)	−4 917 296.969 (−0.92)
RG	−0.000*** (−5.68)	−0.000*** (−3.94)	224 466.111 (−0.650)	11 681.310 (−0.250)
ROA	−0.000*** (−5.39)	−0.001*** (−7.47)	25 084 795.742*** (−8.850)	4 553 374.013*** (−12.060)
CS	0.000 (−0.210)	0.000*** (−4.540)	−25.221 (−0.01)	67.200*** (−0.220)

（续表）

被解释变量	Fin1	Fin2	Fa	Fp
N	37 838.000	37 838.000	37 838.000	37 838.000
F 值	157.560	137.510	112.800	585.870
Adj_R2	0.020	0.018	0.130	0.072

注：＊＊＊、＊＊、＊分别表示在 1％、5％、10％的水平上显著。

解释变量 RG 对被解释变量 Fin1、Fin2、Fa 和 Fp 的回归系数分别为 —0.000、—0.000、224 466.111 及 11 681.310，且前两个回归系数均在 1％ 的水平上显著。这说明公司成长性与公司金融化程度显著负相关，高成长性公司的金融化程度较低，把更多的资源配置于主业的扩张而不是金融资产。

解释变量 ROA 对被解释变量 Fin1、Fin2、Fa 和 Fp 的回归系数分别为 —0.000、—0.001、25 084 795.742 及 4 553 374.013，且均在 1％ 的水平上显著。这说明公司盈利能力与金融化程度呈负相关关系，但与金融资产规模、金融利润规模均呈正相关关系。究其原因，高盈利能力公司可能倾向于把更多的资产配置于主营业务，公司的金融化程度较低。此外，虽然高盈利能力公司金融化程度低，但金融资产规模、金融利润规模均较大，可能的原因是盈利能力较高的公司规模也较大，致使此类公司在金融化程度较低时，金融资产规模指标具有正向影响，也就是公司规模越大，金融化程度越高，金融资产占比越大。

解释变量 CS 对被解释变量 Fin1、Fin2、Fa 和 Fp 的回归系数分别为 0.000、0.000（在 1％ 的水平上显著）、—25.221 和 67.200（在 1％ 的水平上显著）。这说明主营业务产生现金流能力较强的企业，金融化程度更高。

通过上述回归分析可以发现，公司特征对公司金融化程度、金融资产规模及金融利润规模具有不同的影响。整体而言，大规模公司的金融化程度较高，金融资产及金融利润的规模也较大。高杠杆公司可能具有较高的金融化程度，但杠杆率对公司金融资产规模的影响并不明显。成长性对公司金融化程度的影响非常显著，高成长性公司的金融化程度较低。盈利能力对公司金融化程度、金融资产及金融利润规模的影响非常明显，盈利能力强的公司金融化程度较低，金融资产的规模也较大。净利润现金含量对公司金融化程度有影响，净利润现金含量越高，公司金融化程度可能越高。

七、本节小结

本节按照公司规模、公司盈利能力、公司成长性、资产负债率、净利润现金含量等指标进行分组,并计算各组有关公司金融化程度、金融资产规模等指标的基本统计量。分析结果表明:①大规模公司的金融化程度较高,这可能与大规模公司的成长机会相对少、现金流相对充沛有关。②大规模公司中公司间金融化程度的同质性相对较高,而小规模公司中公司间金融化程度的同质性相对较低。③公司资产负债率越高,金融化程度越高,金融资产的规模也越大,但高负债率公司较高的金融化程度及较大规模的金融资产配置并整体上会带来较高的金融利润,这并不是必然的。④盈利能力越强的公司金融化程度越低,金融资产、金融利润占比在盈利能力极强、极弱公司中均较低。说明高盈利公司把相对较少的资源配置在金融资产上,低盈利公司有动机配置更高比例的金融资产,但可能没有足够的富余资源进行金融投资。⑤公司成长性越高,金融资产占比越高,并且高成长性公司中公司间金融化程度、金融资产规模的异质性更强。⑥在净利润现金含量较高、较低的公司中,金融化程度及金融资产、金融利润的规模均较高。

通过公司特征与金融化程度的相关性回归分析发现,公司特征对公司金融化程度、金融资产规模及金融利润规模具有不同的影响。整体而言,大规模公司金融化程度较高,金融资产及金融利润规模也较大。高杠杆公司金融化程度较高,但杠杆率上升对公司金融资产规模的影响不明显。高成长性公司的金融化程度较低。盈利能力对公司金融化程度、金融资产及金融利润规模的影响显著。盈利能力强的公司金融化程度较低,金融资产的规模也较大。净利润现金含量对金融化程度有影响,净利润现金含量越高,公司金融化程度可能越高。

第三节　中国 A 股实体企业脱实向虚区域差异分析

本书按照上市公司披露的总部所在地确定样本公司的归属地,在此基础上计算各地区上市公司的金融化程度。

一、各区域样本量特征分析

在数据处理阶段,合并各上市公司各金融化指标与公司信息指标,并剔除金融化指标缺失的样本观测值,剔除公司总部所在省份缺失或不明确的样本,共得到 37 155 个样本观测值,部分省份样本观测值数量如图 5 - 23 所示。

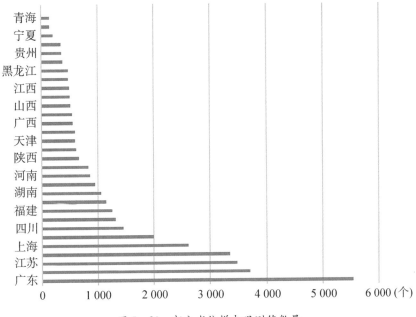

图 5 - 23　部分省份样本观测值数量

从表 5 - 15 可以看出,广东、浙江、江苏、北京、上海的样本观测值数量位居前 5 位,占整体样本量的比例分别为 14.9%、10.0%、9.3%、9.0%和 7.0%,这与这 5 个地区经济实体强劲、上市公司数量较多的现实情况有关。境外、青海、西藏、宁夏、内蒙古这 5 个地区的样本量最少,分别为 3、151、153、211、348,占比分别为 0、0.4%、0.4%、0.6%、0.9%。此外,河南在所有省份中排名第 13 位,样本观测值数量为 860 个,占整体样本的 2.3%,这与河南省 GDP 常年排全国前 5、人口排全国第 1 的地位并不相符。

注册地在境外的样本量最少,为 3 个,不具有代表性。因此,后文分析部分剔除了境外公司样本。

从图 5 - 24 可以看出,上市公司样本量较多的地区包括广东、浙江、江苏、北京、上海以及山东,这 6 个省份样本量占比超过了 50%,这与北上广及苏浙地区经济发达的现实背景相符。

对样本量区域分布特征的分析结果表明,中国 A 股上市公司中,总部位于北上广及苏浙经济发达地区的样本量占据绝大多数,西藏、青海、新疆、宁夏、内蒙古等西部地区的上市公司数量相对较少。河南、河北等部分中部地区省份尽管人口数量众多,但上市公司数量偏少。

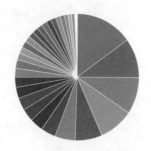

■ 广东	■ 浙江	■ 江苏	■ 北京	■ 上海	■ 山东	■ 四川	■ 湖北
■ 福建	■ 安徽	■ 湖南	■ 辽宁	■ 河南	■ 新疆	■ 陕西	■ 河北
■ 天津	■ 云南	■ 广西	■ 吉林	■ 山西	■ 重庆	■ 江西	■ 甘肃
■ 黑龙江	■ 海南	■ 贵州	■ 内蒙古	■ 宁夏	■ 西藏	■ 青海	■ 境外

图 5-24　各省份样本量分布

表 5-15　各省份样本观测值数量分布情况

省份	排序	样本观测数	样本观测量占比(%)	省份	排序	样本观测数	样本观测量占比(%)
广东	1	5 543	14.9	天津	17	596	1.6
浙江	2	3 707	10.0	云南	18	595	1.6
江苏	3	3 473	9.3	广西	19	556	1.5
北京	4	3 345	9.0	吉林	20	540	1.5
上海	5	2 616	7.0	山西	21	509	1.4
山东	6	1 993	5.4	重庆	22	507	1.4
四川	7	1 455	3.9	江西	23	489	1.3
湖北	8	1 313	3.5	甘肃	24	475	1.3
福建	9	1 254	3.4	黑龙江	25	469	1.3
安徽	10	1 153	3.1	海南	26	379	1.0
湖南	11	1 067	2.9	贵州	27	352	0.9
辽宁	12	947	2.5	内蒙古	28	348	0.9
河南	13	860	2.3	宁夏	29	211	0.6
新疆	14	825	2.2	西藏	30	153	0.4
陕西	15	658	1.8	青海	31	151	0.4
河北	16	613	1.7	境外	32	3	0.0
观测值总数量							37 155

二、区域间实体企业脱实向虚程度及规模差异分析

对各省份样本量进行排序,计算各省份上市公司的金融化程度,结果如表5－16所示。

表5－16　按照均值排序确定的各省份上市公司金融资产占比的基本统计量

省份	均值(%)	标准差	中值(%)	1/4分位数(%)	3/4分位数(%)	最小值(%)	最大值(%)	偏度	峰度	样本量
黑龙江	3.095	0.056	0.527	0.020	3.591	0	37.327	2.883	9.847	469
山西	3.351	0.060	1.290	0.079	3.507	0	49.719	3.885	19.905	509
安徽	3.541	0.062	0.970	0.045	3.688	0	52.038	3.034	11.684	1153
江西	3.630	0.054	1.321	0.078	5.136	0	27.774	2.275	5.563	489
山东	4.034	0.069	1.026	0.000	5.097	0	52.301	2.890	10.220	1993
河南	4.160	0.076	0.983	0.036	5.538	0	65.398	3.576	16.852	860
甘肃	4.540	0.069	1.797	0.000	6.623	0	51.123	2.519	8.106	475
青海	4.776	0.067	1.171	0.186	7.056	0	34.239	1.746	2.792	151
陕西	5.004	0.082	1.855	0.185	5.768	0	69.016	3.107	12.846	658
河北	5.035	0.086	1.964	0.041	5.899	0	57.543	3.128	11.578	613
湖南	5.105	0.078	2.069	0.103	6.592	0	52.594	2.630	8.294	1067
宁夏	5.231	0.069	1.746	0.031	7.711	0	28.745	1.555	1.590	211
江苏	5.299	0.090	1.228	0.000	6.339	0	65.222	2.713	8.709	3473
湖北	5.334	0.092	1.793	0.092	6.213	0	64.657	3.175	11.623	1313
辽宁	5.391	0.098	1.535	0.024	6.195	0	66.218	3.155	11.768	947
浙江	5.464	0.084	1.901	0.157	7.249	0	63.596	2.640	8.691	3707
广东	5.469	0.093	1.539	0.000	6.801	0	66.537	2.881	9.908	5543
广西	5.739	0.096	1.329	0.232	7.050	0	64.257	2.870	10.145	556
吉林	5.783	0.101	1.839	0.152	7.091	0	72.019	3.459	15.095	540
新疆	5.830	0.082	2.813	0.345	7.462	0	63.751	2.404	7.398	825
云南	5.981	0.101	2.056	0.272	6.803	0	58.839	2.857	8.821	595
重庆	6.004	0.083	2.485	0.305	8.449	0	51.658	2.214	5.997	507
福建	6.173	0.085	3.056	0.307	8.630	0	65.863	2.536	8.640	1254
西藏	6.338	0.076	4.300	0.935	8.591	0	39.816	2.160	5.656	153

省份	均值（%）	标准差	中值（%）	1/4分位数（%）	3/4分位数（%）	最小值（%）	最大值（%）	偏度	峰度	样本量
贵州	6.477	0.102	1.875	0.214	7.979	0	49.866	2.180	4.450	352
四川	6.560	0.098	2.175	0.317	8.974	0	59.796	2.325	5.998	1 455
北京	6.595	0.096	2.845	0.291	9.099	0	72.173	2.643	9.000	3 345
内蒙古	7.016	0.116	2.012	0.173	7.079	0	62.468	2.440	6.232	348
天津	7.992	0.090	4.620	0.831	12.556	0	49.561	1.584	2.756	596
海南	9.015	0.117	3.512	0.434	15.704	0	52.854	1.443	1.280	379
上海	9.596	0.129	3.858	0.338	14.216	0	68.158	1.838	3.249	2 616
均值	5.668	0.083	2.231	0.426	7.401	0.232	54.477	2.496	8.272	1 161
最小值	3.095	0.004	0.527	0.000	3.507	0	8.144	−0.861	0.000	3
最大值	9.596	0.056	3.858	7.423	15.704	7.423	72.173	2.883	9.847	5 543

按照金融资产占比衡量金融化程度，上海、海南、天津、北京等东部省份和内蒙古、四川、贵州、西藏等西部省份排名比较靠前，而河南、湖南、湖北等中部省份以及黑龙江等东北部省份则排名靠后。但从区域内部来看，排名比较分散，表明区域内各省份间金融化程度不均衡。金融资产占比均值最低的5个省份是黑龙江、山西、安徽、江西和山东，金融资产占比的中值分别为0.527%、1.290%、0.970%、1.321%和1.026%，中值与1/4分位数、3/4分位数的距离差分别为2.557%、1.006%、1.793%、2.572%和3.045%。金融资产占比均值最高的5个省份金融资产占比的中值分别为3.858%、3.512%、4.620%、2.012%和2.845%。

（一）各省份上市公司脱实向虚程度：按照金融资产占比衡量

从图5-25可以看出，各省份上市公司金融资产占比的中值、1/4分位数及3/4分位数整体上随着金融化程度均值的增加而增大，其中金融资产占比均值较高的上海、海南、天津三地，金融资产占比的中值、1/4分位数和3/4分位数均显著增加。相反，金融资产占比均值较低的地区，包括黑龙江、山西、安徽等地，金融资产占比的中值、1/4分位数和3/4分位数均较低。

综合上述分析可以发现，按照金融资产占比衡量的金融化程度，上海、海南、天津、北京等省份上市公司的金融化程度最高，而黑龙江、山西、安徽等省份上市公司的金融化程度相对较低。

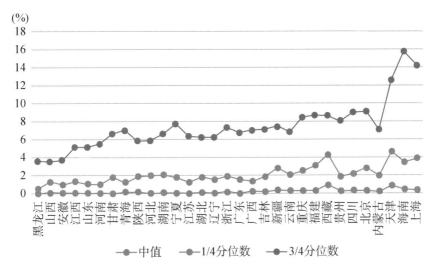

图5-25 各省份上市公司金融资产占比趋势图

(二) 各省份上市公司脱实向虚程度:按金融利润占比衡量

按照金融利润占比衡量金融化程度,各个地区省份排名比较分散,但总体上呈现东部地区领先,西部地区表现优秀,中部地区依旧落后。而东北部三个省份的水平不均衡。

从表5-17中可以看出,按照金融利润占比衡量的金融化程度较高的省份包括海南、上海、吉林、重庆、天津等地,对应的金融利润占比均值分别为31.156%、28.234%、26.862%、24.245%和23.914%。按照金融利润占比衡量的金融化程度最低的5个省份分别为西藏、安徽、江西、黑龙江和河南,对应的金融利润占比均值分别为5.098%、7.390%、7.821%、8.938%和9.580%。

表5-17 按照均值排序确定的各省份上市公司金融利润占比的基本统计量

省份	均值(%)	标准差	中值(%)	1/4分位数(%)	3/4分位数(%)	最小值(%)	最大值(%)	偏度	峰度	样本量
西藏	5.098	40.681	1.311	0	10.430	−318.024	261.584	−1.895	36.033	155
安徽	7.390	35.994	0.413	0	5.455	−201.839	467.715	6.155	68.973	1 154
江西	7.821	27.358	0.440	0	4.963	−144.211	289.433	4.162	33.235	488
黑龙江	8.938	42.484	0.026	0	3.305	−474 773	494.793	7.908	74.815	470
河南	9.580	50.234	0.350	0	6.082	−448.235	587.689	5.026	65.251	863
山东	9.613	42.971	0.233	0	5.015	−226.610	790.851	7.929	99.896	2 004

（续表）

省份	均值（%）	标准差	中值（%）	1/4分位数（%）	3/4分位数（%）	最小值（%）	最大值（%）	偏度	峰度	样本量
贵州	12.145	45.026	0.619	0	8.028	−88.747	396.213	5.486	36.127	352
辽宁	12.209	46.172	0.289	0	8.453	−313.777	614.776	5.385	54.844	952
浙江	12.720	50.615	1.166	0	10.017	−187.572	1 591.323	13.325	320.676	3 723
陕西	14.501	69.787	0.710	0	10.600	−136.961	1 323.580	11.827	197.012	662
甘肃	14.613	58.209	0.259	0	7.533	−159.370	697.423	6.318	54.879	475
北京	15.230	55.448	1.443	0	10.167	−293.282	733.962	6.363	56.844	3 362
江苏	15.451	55.024	0.896	0	10.179	−265.817	851.387	6.369	61.599	3 483
广东	15.905	64.631	0.619	0	9.784	−255.257	1 558.185	10.673	180.427	5 566
内蒙古	16.050	66.786	0.368	−0.028	6.020	−179.819	590.306	5.638	38.806	351
山西	16.530	91.251	0.089	0	4.734	−201.209	1 244.968	9.790	113.405	519
宁夏	17.182	72.053	0.751	0	9.845	−76.309	607.304	5.479	34.776	212
湖北	17.583	63.014	0.700	0	9.626	−220.664	1 034.521	7.057	78.160	1 323
青海	18.207	79.964	0.219	−0.443	10.768	−110.065	762.572	6.361	52.165	154
河北	18.757	81.77	0.415	0	8.912	−451.212	780.990	5.547	43.043	616
四川	18.772	74.029	1.578	0	13.010	−232.768	1 552.350	9.386	147.591	1 470
湖南	18.885	73.213	0.570	0	9.413	−227.669	905.730	6.281	54.094	1 073
福建	18.919	63.057	1.701	0	13.016	−190.800	768.344	6.168	52.976	1 256
广西	20.105	79.419	0.649	0	10.973	−393.748	788.561	4.787	37.609	561
云南	22.412	61.063	1.76	0	13.846	−95.345	541.257	3.938	19.943	604
新疆	22.689	80.136	0.932	0	13.867	−217.527	1 155.838	6.730	68.485	826
天津	23.914	79.827	3.418	0	22.744	−222.536	1 024.578	6.747	63.967	600
重庆	24.245	83.163	1.65	0	15.431	−159.429	783.695	5.632	38.040	511
吉林	26.862	82.288	1.121	0	17.493	−237.989	622.572	3.736	17.904	552
上海	28.234	64.863	4.931	0	31.486	−234.626	618.863	3.830	20.969	2 645
海南	31.156	84.263	2.654	0	35.516	−184.266	676.822	3.902	20.644	386
均值	16.830	63.380	1.041	−0.015	11.507	−217.757	810.264	6.324	72.361	1 205
最小值	5.098	27.358	0.026	−0.443	3.305	−451.212	261.584	−1.895	17.904	154

图 5-26 显示了各省份上市公司金融利润占比的中值、1/4 分位数和

3/4 分位数的趋势图。可以看出,在金融利润占比均值确定的金融化程度较高的省份中,天津、上海、海南、吉林等省份上市公司金融利润占比的 1/4 分位数、中值、3/4 分位数均较高,显著高于其他各省份。这再次证明上海、海南、天津、吉林等省份上市公司的金融化程度较高。相反,江西、安徽、黑龙江等省份上市公司金融利润占比的中值、1/4 分位数及 3/4 分位数均较低,这与均值的相对水平基本一致,说明这些省份上市公司的金融化程度较低。

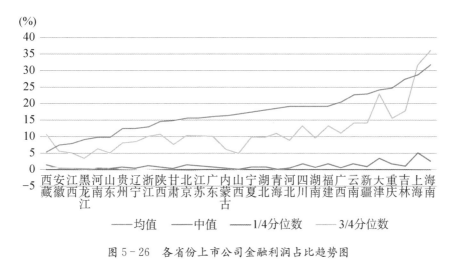

图 5-26　各省份上市公司金融利润占比趋势图

(三) 各省份上市公司金融化规模: 按金融资产规模衡量

从金融资产规模来看,东部地区省份占据领先地位,西部地区的重庆、四川和新疆等地也表现出色,而黑龙江则排名最末。

表 5-18、图 5-27、图 5-28 显示了各省份上市公司金融资产规模的基本情况。可以看出,黑龙江、宁夏、甘肃、陕西、西藏等省份上市公司的金融资产规模较小,投入的资金量较少,平均金额分别为 0.821 亿元、0.838 亿元、1.595 亿元、2.397 亿元、2.406 亿元。北京、上海、福建、广东、重庆等省份上市公司的金融资产规模较大,分别为 538.858 亿元、75.379 亿元、65.871 亿元、52.505 亿元、24.947 亿元。从各省份上市公司配置金融资产总金额占比(等于各省份上市公司样本期间内配置金融资产的总金额除以样本期间内所有上市公司配置金融资产的总金额)来看,各省份上市公司间的差异较大。总部在北京、上海、广东和福建的上市公司配置金融资产总额占比分别为 69.368%、7.589%、11.200% 和 3.179%。这说明,单纯从金融资产配置数额来看,各省份上市公司配置金融资产的绝对水平存在巨大差异,北上广等少数地区的上市公司配置了绝大多数的金融资产,而东北、西部、中部地区的上市公司配置金融资产的数额相对较少。

表 5-18 按照均值排序确定的各省份上市公司金融资产规模的基本统计量

省份	均值(百万元)	标准差	中值(百万元)	1/4分位数(百万元)	3/4分位数(百万元)	最小值(百万元)	最大值(百万元)	偏度	峰度	样本量	总金额(百万元)	占比(%)
黑龙江	82.132	203.603	15.519	0.151	66.129	0	2085.092	5.340	36.880	469.000	38520.118	0.015
宁夏	83.808	115.995	52.171	0.820	98.659	0	593.958	2.239	5.453	211.000	17683.552	0.007
甘肃	159.469	506.168	33.721	0.000	115.439	0	4810.367	6.657	49.429	475.000	75747.882	0.029
陕西	239.698	994.466	27.215	1.890	123.595	0	14061.600	9.280	106.447	658.000	157721.142	0.061
西藏	240.616	679.528	60.197	8.149	172.270	0	5960.271	6.110	42.636	153.000	36814.279	0.014
河南	252.374	896.984	33.700	0.396	185.261	0	16875.070	11.239	172.880	860.000	217041.48	0.084
海南	273.998	538.339	52.800	4.133	254.431	0	4202.377	3.313	13.715	379.000	103845.271	0.040
江西	307.797	1239.134	23.761	0.466	144.473	0	15628.850	8.477	85.829	489.000	150512.6	0.058
安徽	308.016	1232.435	18.885	0.500	123.738	0	23110.720	10.643	151.407	1153.000	355143.008	0.137
广西	311.290	958.085	26.145	2.533	163.476	0	9409.940	5.527	36.029	556.000	173077.229	0.067
青海	336.447	1062.131	27.871	2.570	109.200	0	6008.450	4.227	17.857	151.000	50803.48	0.020
吉林	395.157	1349.299	32.098	1.640	246.919	0	16328.190	7.510	69.102	540.000	213384.854	0.082
山西	445.829	2008.566	20.340	2.477	168.035	0	28461.640	10.018	116.363	509.000	226926.823	0.087
河北	455.318	1208.711	41.343	1.000	232.117	0	10118.556	4.099	18.906	613.000	279110.013	0.107
云南	546.223	2480.409	44.457	3.602	176.276	0	26118.300	7.600	61.630	595.000	325002.892	0.125
内蒙古	565.303	1618.486	55.464	4.955	367.329	0	18954.811	6.101	52.947	348.000	196725.444	0.076
湖南	581.878	4360.654	30.779	0.876	115.456	0	75179.015	12.295	169.800	1067.000	620863.612	0.239

（续表）

省份	均值（百万元）	标准差	中值（百万元）	1/4分位数（百万元）	3/4分位数（百万元）	最小值（百万元）	最大值（百万元）	偏度	峰度	样本量	总金额（百万元）	占比（%）
山东	607.839	4393.235	21.000	0.000	134.076	0	117910.560	16.678	362.011	1993.000	1211422.953	0.466
辽宁	623.988	2599.805	27.696	0.500	140.961	0	25205.338	6.702	49.056	947.000	590916.214	0.227
湖北	645.087	5465.824	35.480	0.600	159.642	0	132722.957	17.214	344.753	1313.000	846999.513	0.326
四川	806.581	6521.974	30.159	2.614	152.395	0	161139.492	17.551	364.780	1455.000	1173575.249	0.452
天津	1081.124	4098.726	98.376	9.865	383.747	0	36272.469	5.969	38.192	596.000	644349.746	0.248
新疆	1274.844	9347.215	71.959	3.929	236.468	0	122070.095	10.158	108.216	825.000	1051746.612	0.405
浙江	1585.351	17473.423	29.880	1.775	157.302	0	426154.190	17.723	347.769	3707	5876896.079	2.262
江苏	1651.585	18441.114	21.523	0.000	165.203	0	564346.743	21.932	555.366	3473	5735955.378	2.207
贵州	2424.523	14895.614	45.455	1.343	265.285	0	153744.582	8.697	80.091	352	853431.923	0.328
重庆	2494.688	15382.208	64.112	5.000	278.334	0	238744.035	10.712	137.957	507	1264806.948	0.487
广东	5250.467	65538.980	25.320	0.000	187.767	0	2293477	20.703	525.399	5543	29103340.02	11.200
福建	6587.132	74488.698	56.361	2.963	222.485	0	1505066	15.185	252.510	1254	8260263.324	3.179
上海	7537.948	59241.554	63.729	3.250	386.581	0	1273106	12.787	195.457	2616	19719272.02	7.589
北京	53885.843	373152.690	82.881	3.007	592.381	0	5512016	9.559	102.331	3345	180248144.3	69.368
均值	3113.026	21679.681	291.248	194.423	464.026	192.204	401512.691	9.712	145.975	1161	8120086.481	3.125
最小值	82.132	115.995	15.519	0.000	66.129	0	593.958	−1.459	0.000	3	17683.552	0.007
最大值	53885.843	373152.690	8049.532	6150.538	8523.388	6150.538	5512016	21.932	555.366	5543	180248144.3	0.694

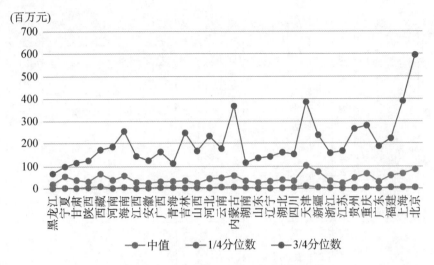

图5-27 各省份上市公司金融资产规模趋势图

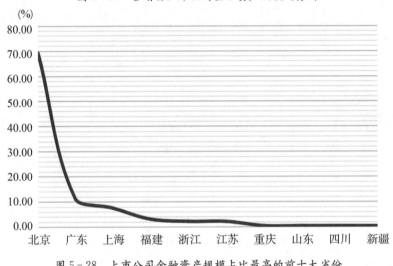

图5-28 上市公司金融资产规模占比最高的前十大省份

通过对各省份上市公司金融资产规模的分析可以发现,北上广等地的上市公司配置金融资产的规模远大于西部、东部、中部地区上市公司配置金融资产的规模。此外,处于中西部地区的重庆,其上市公司配置金融资产的规模也较大。北上广等地的上市公司除了配置金融资产的水平较高以外,配置金融资产的总量也占据了所有上市公司配置金融资产的总量的绝大多数,其中北京地区上市公司配置金融资产的总量占据了所有上市公司配置金融资产总量的近七成。这说明,从金融资产规模来看,各省份上市公司间存在很大差距。

(四)各省份上市公司金融化规模:按金融利润规模衡量

表5-19显示了各省份上市公司金融利润的规模。按照均值来看,宁

夏、黑龙江、青海、甘肃、江西五省份上市公司金融利润的平均值较低,分别为 0.051 亿元、0.780 亿元、1.330 亿元、1.493 亿元和 1.573 亿元。上市公司金融利润最高的 5 个省份为北京、上海、广东、天津、福建,数额分别为4.752 亿元、4.248 亿元、2.666 亿元、1.371 亿元和 0.920 亿元。

图 5-29 显示了部分省份上市公司金融利润的 1/4 分位数、中值、3/4 分位数的趋势图。可以看出,北京、广东等省份上市公司金融利润的 1/4 分位数、中值、3/4 分位数均较高,说明这些省份上市公司获取了较高水平的金融利润。

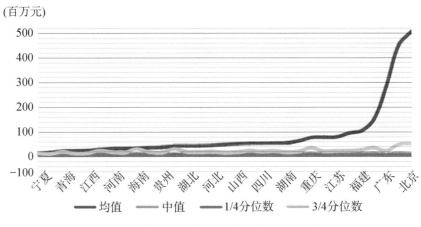

图 5-29　各省份上市公司金融利润规模趋势图

如图 5-30 所示,从各省份上市公司金融利润规模占比(各省份上市公司金融利润金额除以样本所有上市公司金融利润总额)来看,北京、上海、广东的上市公司金融利润金额占比较高,分别为 29.244％、20.446％和

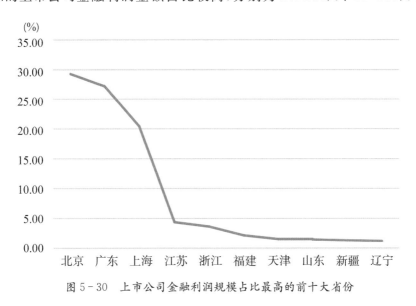

图 5-30　上市公司金融利润规模占比最高的前十大省份

表 5 - 19 按照均值排序确定的各省份上市公司金融利润规模的基本统计量

省份	均值(百万元)	标准差	中值(百万元)	1/4分位数(百万元)	3/4分位数(百万元)	最小值(百万元)	最大值(百万元)	偏度	峰度	样本量	总金额(百万元)	占比(%)
宁夏	5.140	26.701	0.681		5.881	−109.795	208.196	2.868	23.121	211	1084.525	0.020
黑龙江	7.798	43.414	0.030	0	3.725	−178.145	688.221	10.368	147.278	469	3657.061	0.067
青海	13.297	134.927	0.294	−0.069	11.439	−904.900	719.503	−0.098	23.386	151	2007.807	0.037
甘肃	14.929	110.299	0.059	0	4.855	−406.100	1846.188	12.330	186.146	475	7091.488	0.130
江西	15.727	136.552	0.291	−0.002	5.950	−1067.938	1532.376	3.404	59.643	489	7690.615	0.141
西藏	18.829	56.802	1.000		15.370	−37.081	341.949	4.266	19.531	153	2880.761	0.053
河南	22.834	100.946	0.558	0	10.334	−253.563	1767.964	9.773	132.532	860	19637.515	0.361
安徽	23.635	100.424	0.396	0	7.820	−178.267	1575.845	8.265	90.605	1153	27250.795	0.501
海南	24.180	85.794	1.901	0	21.616	−528.756	696.764	3.343	26.950	379	9164.305	0.169
广西	26.586	123.692	0.799	0	10.019	−677.689	1445.828	6.114	58.247	556	14781.865	0.272
贵州	27.685	151.709	0.538	0	7.395	−319.152	1602.678	8.037	75.309	352	9745.269	0.179
内蒙古	33.461	191.232	0.285	−0.019	21.943	−2320.923	1392.188	−3.081	77.438	348	11644.462	0.214
湖北	33.711	165.765	0.632	0	9.693	−145.027	3282.210	10.534	150.934	1313	44262.577	0.814
陕西	33.867	158.855	0.697	0	8.829	−182.366	2205.480	8.072	80.351	658	22284.474	0.410
河北	35.673	137.061	0.482	0	10.795	−373.899	1714.711	6.325	55.177	613	21867.357	0.402
山东	38.600	239.843	0.178	0	7.261	−473.487	5556.256	12.089	199.977	1993	76929.552	1.415
山西	41.240	179.356	0.166	0	8.987	−133.344	2251.742	7.666	72.303	509	20991.32	0.386

（续表）

省份	均值（百万元）	标准差	中值（百万元）	1/4分位数（百万元）	3/4分位数（百万元）	最小值（百万元）	最大值（百万元）	偏度	峰度	样本量	总金额（百万元）	占比（%）
云南	42.507	188.875	1.563	0	14.283	−779.233	1 823.305	6.257	48.594	595	25 291.74	0.465
四川	42.731	210.003	1.041	0	11.252	−562.704	2 431.030	8.062	74.080	1 455	62 173.321	1.144
吉林	43.673	195.178	0.309	0	13.464	−1 621.945	2 246.375	4.710	60.869	540	23 583.48	0.434
湖南	45.134	390.300	0.536	0	8.267	−289.052	10 884.267	21.428	565.747	1 067	48 158.176	0.886
浙江	52.831	395.532	1.268	0	11.761	−2 443.457	11 335.480	16.503	358.728	3 707	195 846.367	3.603
重庆	65.967	313.199	2.689	0	25.016	−713.211	3 882.872	8.715	92.802	507	33 445.199	0.615
辽宁	67.113	321.993	0.302	0	12.164	−476.191	3 637.774	6.985	55.216	947	63 556.397	1.169
江苏	67.940	621.708	0.946	0	13.463	−477.845	22 007.687	22.618	632.642	3 473	235 955.542	4.341
新疆	83.213	512.596	1.115	0	13.918	−374.853	7 619.383	9.778	110.859	825	68 650.468	1.263
福建	92.022	1 163.146	2.362	0	17.491	−1 120	29 401	22.618	539.178	1 254	115 395.522	2.123
天津	137.095	760.307	4.008	0	24.562	−2 549.480	10 277.196	9.153	106.242	596	81 708.41	1.503
广东	266.605	3 882.146	0.461	0	13.548	−1 128.024	137 969	26.436	783.515	5 543	1 477 788.876	27.189
上海	424.805	3 264.250	4.509	0	38.076	−2 116.039	68 563	13.062	198.665	2 616	1 111 288.859	20.446
北京	475.196	2 940.294	2.693	0	40.634	−11 918	50 443	10.431	132.845	3 345	1 589 530.254	29.244
均值	81.456	561.775	2.655	−7.688	45.977	−1 097.075	12 262.216	9.325	163.716	1 161	169 881.001	0.031
最小值	5.140	26.701	0.030	−245.938	3.725	−11 918	208.196	−3.081	0.000	3	847.682	0.000
最大值	475.196	3 882.146	52.173	0	1 041.448	−37.081	137 969.000	26.436	783.515	5 543	1 589 530.254	0.292

27.189%，三省份占比之和为76.879%，这也意味着除了北上广三地上市公司外其他省份上市公司的金融利润金额占比不到25%。

通过分析各省份上市公司金融利润水平，可以发现：①在中国A股市场，上市公司的金融利润数额存在巨大差异。②北京、上海、广东三省市上市公司的金融利润水平较高，且金融利润总额占比达75%，超过了其他省份上市公司金融利润占比之和。这说明，北京、上海、广东等地上市公司存在较高程度的金融化现象。

三、区域间实体企业脱实向虚程度及规模差异成因分析

东部地区省份四个指标的总体排名较靠前。原因在于，第一，东部地区位于黄河、长江的下游地带，地势平坦，土壤肥沃，水路便利，农业发达，为工业以及第三产业的发展提供了原材料。同时又濒临渤海、黄海、东海，对外贸易发达，对外开放度高，便于引进外资和先进的技术及管理经验。而西南、西北等西部内陆地区，自然条件相对恶劣，不利于农业的专业化生产，濒临国家大多为经济不发达国家，沿边贸易落后。以上自然条件的差异造就了各地区不同的产业结构，而不同的产业结构又影响了各地区的经济结构。经济结构的差异导致了各地区经济发展水平的差异，并最终导致了地区金融发展的差异。第二，东部地区经济实力雄厚，金融环境优越，金融市场发展比较成熟。根据持有金融资产的蓄水池理论，企业为防止现金流冲击带来的资金流短缺而选择持有流动性较强的金融资产。在金融体系比较完善的东部地区，企业更善于利用金融资产来规避不确定风险。而在金融市场还不成熟的其他地区，企业受到这种冲击比较小，所以通过配置金融资产来缓冲风险的欲望和能力有限。此外，北京、上海、天津、重庆四地上市公司的金融化程度及规模均较高。这可能是因为此四地为直辖市，上市公司更容易获取金融资源或融资更加便利。

在前两个相对数指标上，西部各个省份排名相较于中部地区靠前，主要是因为国家"西部大开发"政策效果比较明显，西部地区资产规模总量也较小。在后两个绝对数指标上，西部地区省份就没有前两个指标排名靠前，这是因为西部地区的金融发展基础较薄弱，金融化规模较小。值得注意的是重庆作为西部地区省份，四个指标的排名都比较靠前。这主要是由于重庆作为直辖市，是中国重要的离岸金融中心和国际金融结算中心，金融业占GDP比重达到6.1%，居全国城市金融业占GDP比重的第四位。金融体系比较完善，覆盖广泛，金融市场规模也逐步扩大，形成了一定的产业集聚效应。

中部地区各省份四个指标的总体排名均比较靠后,原因有二。第一,虽然有"中部崛起"政策支持,但中部地区以农业为主,乡村人口比较多,导致第一产业发达,农业占 GDP 比重远高于全国平均水平,第三产业却依旧低于全国平均水平。第二,中部地区金融生态环境欠佳,金融体制不健全。值得关注的是河南省四个指标排名均靠后,这与河南省 GDP 总量常年排名全国前五的经济发展水平不符,表明河南的金融发展水平与其经济发展水平增长并不协调。

在四个指标中,东北三省份的排名并不靠前,尤其是黑龙江省大多排名末位。原因在于这些省份是中国老工业基地,企业多为国有企业。体制和管理方式等多方面的问题,以及银行不良贷款问题,严重阻碍了东北地区金融发展的速度,使金融不能更好地为其他产业发展服务。吉林省金融化程度及规模在东北三省中排名靠前,这是因为吉林省着力深化金融供给侧结构性改革,改善金融供给,提升了金融活力。吉林进行金融改革创新的步伐不断加快,"一主多辅"金融集聚格局加速形成。同时吉林省也抓紧进行农村金融综合改革,不断完善资本市场体系。这些措施都有助于吉林省总体金融业的发展。

文化、观念等因素对上市公司金融化决策也可能产生重要影响。东北地区、西部地区及部分中部地区省市的上市公司金融化程度明显较低,这可能与这些地区处于大陆内部,文化相对比较保守,追求高风险高收益的观念不够强有关。相反,沿海地区处于改革开放的前沿,思想观念比较开放,且接近深圳、上海两个证券交易所,这些地区的上市公司配置金融资产的意愿可能更高。

第四节　本章小结

本章从行业、公司公司特征和区域三个层面,分析了中国 A 股上市公司实体企业金融化的横截面特征。在识别横截面差异的基础上,结合行业、区域和公司特征差异,试图找出影响实体企业金融化的潜在因素,以便于深度把握中国 A 股上市实体企业金融化的深层原因。通过分析得出如下基本结论。

第一,行业竞争强度、盈利前景对该行业上市公司的金融化决策具有重要影响。主营业务利润或规模受限的行业,如行业竞争强度大、盈利前景差或行业竞争强度弱、盈利前景好,但存在一定行业管制的行业,公司配置金融资产的意愿更强,此时企业金融化更多出自逐利动机。各行业上市公司配置金融资产给公司带来了高于主业的盈利能力。非金融类行业中配置金融资产的规模及获取金融利润的规模最大的是制造业。

第二,公司特征对公司金融化程度、金融资产规模及金融利润规模具有不同的影响。公司规模越大,资产负债率越高,金融化水平越高。在利润净含量较高、较低的公司中,金融化程度及金融资产、金融利润的规模均较高。

第三,按区域来说,金融化程度从高到低依次为东部地区、中西部地区、西部地区。

第六章　中国 A 股实体企业脱实向虚资本市场效应实证检验

第一节　样本说明和变量选取

一、样本说明

根据样本可获得性原则,本书以 1999—2019 年中国 A 股上市公司为初始样本,并剔除了以下样本:①按照中国证监会《上市公司行业分类指引》(2012 年修订)确定的 J 门类(金融业)和 K 门类(房地产业);②样本观测值缺失的样本;③对部分变量进行 1% 和 99% 的缩尾处理。

二、变量说明

(一) 实体企业脱实向虚程度及规模的衡量

本书研究的变量包括实体企业金融化指标相关的变量、金融化程度变量及金融化规模变量。金融化程度变量包括两个:金融资产占比(金融资产与总资产的比值),用公司年初和年末金融资产均值分别除以年初和年末总资产均值表示;金融利润占比,用年度内公司金融利润总额除以利润总额表示。其中,金融资产为合并资产负债表中可交易金融资产、可出售金融资产、持有至到期投资、投资性房地产及长期股权投资五项之和。金融利润为合并利润表中投资净收益、公允价值变动净收益两项之和。

(二) 股票资本市场表现的衡量指标

有关股票资本市场表现或者股票市场效应的研究重点在于关注股票的收益率、股票的流动性、股票收益率的波动性、股票收益率的偏度等信息。鉴于此,本书的研究重点是中国 A 股实体企业脱实向虚程度对公司股票收益率、股票流动性、股票收益波动率、股票收益率偏度的影响。

1. 股票的年度毛收益率

股票年度毛收益率等于个股在特定年度内的实际市场收益率。

股票的异常收益率。本书用 Fama-French(1993)三因子模型调整后的年度收益率衡量个股年度内的异常收益率。

2. 股票流动性

流动性在金融市场中扮演着重要角色,在流动性充沛的市场中,能够通过买卖证券优化资源配置效率。股票流动性是衡量股票市场成熟度的重要标志。

股票流动性包括即时性、宽度、深度以及弹性等多个维度。部分研究从某个特定维度衡量股票流动性,但多数研究采用多维度指标。Amihud(2002)用非流动性衡量指标来衡量股票的流动性。该指标考虑了流动性的宽度和深度两个维度,能够更准确地衡量股票的流动性。Amihud 流动性比率的构建方法如下:

$$\text{Illiq}_{iy} = \frac{1}{D_{iy}} \sum_{d=1}^{D_{iyd}} \frac{\mid R_{iyd} \mid}{\text{VOLD}_{iyd}} \tag{6-1}$$

其中,Illiq_{iy} 表示股票 i 在 y 年度的非流动性;D_{iy} 表示股票 i 在 y 年度的有效交易日数;$\mid R_{iyd} \mid$ 和 VOLD_{iyd} 分别表示股票 i 在 y 年度第 d 个交易日收益率的绝对值和交易额。式(6-1)的含义是,在特定期间内,个股日收益率的绝对值与同日该股票交易金额比率的平均值。本书用特定会计年度内个股日交易数据计算该股票在该年度的流动性。

3. 股票收益率分布的偏度

股票收益率的偏度是指股票实际收益率分布相对于正态收益率分布的左偏或右偏程度。现有研究采用多种方法衡量股票收益率的偏度,包括传统的收益率三阶矩衡量、分位数计算方法以及基于日内高频数据计算股票收益率的偏度。传统三阶矩衡量股票收益率分布偏度的方法容易受极端值的影响。高频数据更能够衡量短期内股票的流动性状况,但不符合本书研究考察长期内股票收益率分布状况变化的目的。

鉴于以上原因,本书基于年度内个股日交易数据,采用分位数方法衡量股票的流动性。衡量方法如下所示:

$$RA_{\theta} = \frac{(q_{\theta}r_{t,n} - q_{0.5}r_{t,n}) - (q_{0.5}r_{t,n} - q_{1-\theta}r_{t,n})}{q_{\theta}r_{t,n} - q_{1-\theta}r_{t,n}} \tag{6-2}$$

其中,$r_{t,n}$ 表示 t 年度个股的日收益率;$q_{\theta}r_{t,n}$ 表示 t 年度个股的日收益

率的 θ 分位数；$q_{0.5}r_{t,n}$ 表示 t 年度个股日收益率的 1/2 分位数；$q_{1-\theta}r_{t,n}$ 表示 t 年度个股日收益率的 $1-\theta$ 分位数。$\theta=0.75$，即四分位数。分位数度量方法克服了传统度量方法中极端值的影响，并且计算结果的连续性较好，出现跳跃的可能性小，可降低异常值对测量结果的影响。分位数度量法得到的偏度绝对值不大于 1，在偏度等于 0 时，收益率分布为对称分布。通常界定 θ 的取值在 0.5～1 之间，而不是固定的 0.75，且 θ 取值决定了偏度的度量。

4. 股票收益率的特质性波动率

特质性波动率衡量的是不能由系统性因素解释的公司股票收益的波动率。本书用 Fama‐French 三因子模型以 t 月超额收益率残差的标准差衡量 t 月 i 股票的特质性波动率。

用 $\mathrm{IVOL}_{i,t}$ 表示 t 月 i 股票的特质性波动率，等于根据 t 月 i 股票日交易数据所估计模型(6‐2)残差的标准差，计算方法如式(6‐3)所示：

$$\mathrm{IVOL}_{i,t} = \mathrm{std}(\varepsilon_{i,d}) \tag{6‐3}$$

用于估计 t 月 i 股票日收益率残差的模型如式(6‐4)所示：

$$R_{i,d} - r_{f,d} = \alpha_i + \beta_i \mathrm{MKT}_d + s_i \mathrm{SMB}_d + h_i \mathrm{HML}_d + \varepsilon_{i,d} \tag{6‐4}$$

其中，$R_{i,d}$ 表示特定月份第 d 个交易日 i 股票的毛收益率；$r_{f,d}$ 表示特定月份第 d 个交易日市场无风险收益率；$R_{i,d}-r_{f,d}$ 表示特定月份第 d 个交易日 i 股票的超额收益率；MKT_d 表示市场溢酬因子，等于综合 A 股市场日收益率与同日无风险收益率之差；SMB_d 表示市值因子，等于小公司投资组合的日收益率与大公司投资组合的日收益率之差；MHM_d 表示账面市值比因子，等于高账面市值比公司的投资组合日收益率与低账面市值比公司的投资组合日收益率之差额；β_i、s_i、h_i 分别表示 i 股票的市场风险系数、规模风险系数和市账比风险系数；$\varepsilon_{i,d}$ 表示残差项。

控制变量包括股价(Price)，用年度内各月末股票收盘价的均值表示；股票交易量，等于年度内个股股票交易额度，用 VOL 表示；股票的市场价值，等于年度内各月末股票流通股市值的平均值，用 MV 表示；总资产报酬率，等于 t 年度单个公司的总资产报酬率，用 ROA 表示；换手率，等于年度内个股流通股的换手率，用 TURN 表示(见表 6‐1)。

此外，鉴于金融资产规模(Fa)、金融利润规模(Fp)、交易额度(VOL)以及流通股市值(MV)的数量级较大，数据过度分散，本书在回归分析中对这些变量均进行对数化处理，分别记为 LFa、LFp、LVOL 和 LMV。

表 6-1　变量定义及说明

变量名称	定　义	说　明
AMH	非流动性指标,等于年度内日收益率绝对值与同日交易额之商的均值	该指标值越大,说明单位交易额对股价的冲击越大,股票流动性越弱
IVOL	特质性波动率,等于年度内根据资本资产定价模型计算的各交易日个股超额收益率的标准差	该指标值越大,说明个股日收益率波动不能由市场波动解释的部分越大
SKEW	个股年度内日收益率偏度,等于年度内个股日收益率的 3/4 分位数、1/4 分位数与中值的距离之差再除以 3/4 分位数与 1/4 分位数的距离	该指标为正值表明收益率呈右偏分布,否则呈左偏分布,为 0 则呈对称分布
YR	个股年度收益率	来源于 RESSET 金融数据库
Fin1	金融化程度的衡量指标,等于公司合并报表中年初、年末金融资产(包括持有至到期投资、可供出售金融资产、交易性金融资产、投资性房地产、长期股权投资)与总资产之比的均值	Fin1 越大,表明公司把越多财务资源配置于金融资产,金融化程度越高
Fin2	金融化程度的衡量指标,等于公司合并利润表中年度金融利润(包括投资净收益、公允价值变动损益)与同期净利润之比	Fin2 越大,表示公司金融化程度越高
Fa	金融化规模衡量指标,表示公司金融资产总规模,等于合并资产负债表中"交易性交易金融资产""持有至到期投资""可供出售金融资产""投资性房地产""长期股权投资"5 项金融资产之和	该指标体现了公司在金融资产上配置的财务资源的整体规模,指标值越大说明公司金融化规模越大
Fp	金融化规模衡量指标,表示公司金融利润的总规模,等于公司合并利润表中"投资净收益""公允价值变动"两个项目之和	该指标越大,说明公司获取的金融利润越多,金融化规模越大
LFa	金融资产的自然对数	指标值越大,说明金融资产规模越大
LFp	金融利润的自然对数	指标值越大,说明金融利润规模越大
P	股票价格,等于年度内各月末个股股票收盘价的均值	股票价格在一定程度上体现了交易该股票的摩擦程度,股价越小摩擦越大

变量 名称	定　义	说　明
VOL	股票年度交易金额,等于年度内流通股股票的交易金额	该指标值越大,说明股票的流动性越强,套利交易成本越高,定价越有效率
LVOL	股票年度交易金额的对数,等于年度内流通股股票交易金额的自然对数	该指标值越大,说明股票流动性越强,定价越有效率
MV	股票的市场价值,等于年度内各月末流通股市值均值	股票市值越高,说明公司规模越大,规模是重要的资产定价因子
SIZE	股票市值的对数,等于年度内各月末流通股市值均值的自然对数	公司规模越大,资产定价效率越高
ROE	公司盈利能力,用净资产报酬率表示,等于年度净利润除以年初、年末净资产均值	股票盈利能力对市场定价、波动率均具有重要影响
TURN	流通股股票换手率,等于年度内股票交易数量除以年度内流通股总股数	换手率越高,说明投资于该股票的短期投资者越多,价值投资者越少,股票的市场定价效率越低

第二节　描述性统计分析

一、主要变量的描述性统计量

表6-2显示了主要变量的描述性统计量。由此可以看出,市场表现指标非流动性、股价特质性波动率、年度股票日收益率偏度、股票年度收益率的偏度分别为4.518、0.550、0.059、2.379,且中值与3/4分位数的距离均大于中值与1/4分位数的距离,说明这四个变量均呈右偏分布特征,其中非流动性指标及股票年度收益率指标的偏度最大。

在解释变量中,金融资产占比、金融资产规模、金融利润规模的偏度均为正值,而金融利润占比的偏度为负值。这意味着在中国Ａ股市场中,部分公司金融资产配置水平非常高、金融资产投入规模非常大,但也有部分公司可能遭受了大幅度的金融投入损失。

表 6-2　主要变量的描述性统计量

变量	均值	标准差	中位数	1/4 分位数	3/4 分位数	最小值	最大值	偏度	峰度
AMH	16.028	0.297	5.435	2.553	14.004	0.154	455.229	4.518	30.243
IVOL	2.216	0.007	2.151	1.741	2.628	0.480	5.214	0.550	0.278
SKEW	−3.500	0.096	−3.537	−10.227	2.976	−35.616	37.426	0.059	−0.195
YR	17.374	0.680	−0.600	−25.530	38.600	−85.040	685.970	2.379	9.477
Fin1	6.976	0.106	3.135	0.645	8.813	0.000	330.091	4.141	49.107
Fin2	10.828	13.740	2.678	0.000	15.963	−174 263.000	16 906.614	−100.841	11 587.280
Fa	63 372 138 900	3 113 430 476	8 414 679 538	1 443 247 964	31 670 132 800	0	12 842 074 602 700	18.628	537.306
Fp	6 973 086 970	557 073 781	398 541 867	0	2 631 525 428	−885 903 300 000	3 301 304 796 100	34.687	1 673.610

二、主要变量的相关性分析

表6-3显示了主要变量的Pearson相关系数。由此可以看出,非流动性指标与金融资产占比、金融利润占比、金融资产规模及金融利润规模的相关系数均为负值,这说明公司金融化程度及金融化规模与非流动性指标负相关,公司金融化选择在一定程度上会提升公司股票流动性。特质性波动率与公司金融资产占比、金融资产规模、金融利润规模显著负相关,与金融利润占比正相关,这说明公司在金融资产上配置更多的资源或获取更高比例的金融利润有助于降低股票流动性,但过度依赖金融利润可能会增大股价特质性波动率。

股票年度内日收益率偏度与金融资产占比、金融资产规模、金融利润规模正相关,与金融利润占比负相关,这说明公司配置金融资产对股价收益率偏度产生正向影响,但过度依赖金融利润则对股价收益率偏度产生负向影响。

股票年度收益率与金融资产占比、金融利润占比和金融利润规模均正相关,与金融资产规模负相关,说明公司金融化政策整体上会提高股票年度收益率。

通过描述性统计分析,基本掌握了本书采用的关键变量的分布特征,通过相关性分析掌握了公司金融化指标与关键市场绩效指标间的相关关系。下面先分析各解释变量的时间序列特征,以便为后续的研究提供一定的指导,然后通过资产组合分析、回归分析,获取公司金融化政策选择如何影响股票市场表现指标的证据。

三、各被解释变量的时间序列分析

（一）非流动性指标的时间序列分析

表6-4显示了非流动指标AMH在各年度的基本统计量。整体而言,中国Ａ股上市公司非流动性指标呈下降趋势。在2005年前,中国Ａ股市场的整体流动性水平居高不下,且波动幅度较大。但在2005年后Ａ股市场的整体流动性水平虽有波动,但整体水平显著增强并在最近几年趋于稳定。究其原因,在2005年前上市公司股票区分为流通股和非流通股,股权分置状况的存在难以有效保护外部中小投资者的利益,造成市场投机风气盛行,短期炒作性交易泛滥,这严重影响了股票市场长期资金供给的流动性。因此,在2005年前,Ａ股市场的股票流动性整体较低。但2005年完成股权分置改革后,股票同股同权,即使是限制性流动股票在限售期结束后也可以到股票市场流通交易。投资者保护力度大大增强,投资者购买股票的热情和积极性得以激发,长期资金不断入市,股票整体流动性不断增强。

表 6-3　主要变量的 Pearson 相关系数

NAME	AMH	IVOL	SKEW	YR	Fin1	Fin2	Fa	Fp	LFa	LFp	P	VOL	LVOL	MV	SIZE	ROE	TURN
AMH	1.000	-0.143	0.050	-0.160	-0.023	-0.105	-0.345	-0.329	-0.374	-0.374	-0.323	-0.940	-0.940	-0.815	-0.815	-0.123	0.041
IVOL		1.000	-0.087	0.350	-0.045	0.005	-0.132	-0.053	-0.124	-0.089	0.238	0.375	0.375	-0.019	-0.019	-0.109	0.535
SKEW			1	0.093	0.012	-0.014	0.019	0.001	0.001	0.003	0.056	-0.085	-0.085	0.049	0.049	0.143	-0.112
YR				1.000	0.007	0.036	-0.003	0.058	-0.003	0.013	0.112	0.227	0.227	0.044	0.044	0.084	0.375
Fin1					1.000	0.394	0.823	0.386	0.758	0.442	-0.139	0.015	0.015	0.052	0.052	-0.031	-0.104
Fin2						1.000	0.377	0.745	0.358	0.650	-0.047	0.102	0.102	0.105	0.105	0.004	-0.049
Fa							1.000	0.529	1.000	0.678	-0.156	0.296	0.296	0.439	0.439	0.024	-0.246
Fp								1.000	0.536	1.000	0.000	0.293	0.293	0.373	0.373	0.123	-0.154
LFa									1.000	0.688	-0.120	0.324	0.324	0.460	0.460	0.040	-0.233
LFp										1.000	-0.085	0.330	0.330	0.461	0.461	0.081	-0.195
P											1.000	0.339	0.339	0.337	0.337	0.383	0.130
VOL												1.000	1.000	0.753	0.753	0.092	0.149
LVOL													1.000	0.753	0.753	0.092	0.149
MV														1.000	1.000	0.269	-0.236
SIZE															1.000	0.269	-0.236
ROE																1.000	-0.037
TURN																	1.000

表 6 - 4　各年度 AMH 的描述性统计量

年度	观测值	均值	标准差	1/4 分位数	中值	3/4 分位数	最小值	最大值	偏度	峰度
1993	11	70.401	0.613	20.069	46.172	106.827	12.780	202.932	1.214	0.798
1994	51	155.209	0.801	82.575	146.966	209.482	18.492	335.114	0.261	−0.834
1995	106	173.476	0.902	104.865	159.572	247.199	14.085	389.651	0.516	−0.621
1996	115	123.452	0.963	54.722	94.862	178.276	4.548	455.229	1.320	1.556
1997	248	47.493	0.301	25.228	40.560	65.947	3.304	140.744	0.891	0.250
1998	421	38.152	0.188	23.742	35.194	50.598	7.385	108.648	0.671	0.277
1999	543	45.191	0.213	28.466	43.749	58.999	6.100	120.758	0.567	−0.029
2000	609	15.777	0.071	10.619	14.638	19.574	2.302	44.694	0.899	1.030
2001	96	28.025	0.120	20.361	27.761	35.796	3.512	57.504	0.247	−0.283
2002	705	46.440	0.227	29.146	44.060	62.653	4.265	116.395	0.333	−0.480
2003	782	52.001	0.330	25.991	45.424	71.735	3.722	161.502	0.827	0.279
2004	834	59.490	0.442	25.308	49.562	82.459	2.879	226.317	1.102	0.930
2005	856	72.779	0.547	30.039	60.441	100.130	3.018	301.352	1.163	1.299
2006	788	20.166	0.147	9.489	16.498	27.549	0.920	87.668	1.334	2.154
2007	952	6.755	0.049	3.087	5.363	9.168	0.424	29.003	1.268	1.783
2008	999	23.274	0.181	9.258	17.897	33.364	0.579	85.678	1.080	0.631
2009	1070	4.894	0.031	2.374	4.292	6.799	0.231	17.157	0.847	0.413
2010	1109	3.933	0.024	1.961	3.596	5.403	0.295	12.770	0.792	0.364
2011	1357	7.198	0.048	3.359	6.192	10.334	0.357	21.850	0.751	−0.179
2012	1583	10.841	0.074	5.097	9.059	15.239	0.460	35.708	0.875	0.133
2013	1648	6.395	0.041	3.161	5.621	8.858	0.391	19.923	0.824	0.185
2014	1512	3.843	0.023	1.962	3.465	5.328	0.321	11.012	0.659	−0.199
2015	1430	2.823	0.020	1.344	2.438	3.880	0.159	12.427	1.200	1.900
2016	1863	2.053	0.011	1.220	1.908	2.750	0.224	5.608	0.543	−0.341
2017	1965	2.692	0.017	1.369	2.359	3.670	0.154	9.013	0.909	0.534
2018	2437	6.108	0.043	2.833	5.140	8.753	0.214	20.639	0.860	0.198
2019	2684	4.243	0.029	1.934	3.651	5.921	0.160	16.808	0.905	0.420

从偏度来看,整个样本期间内,AMH 各年的偏度均大于 0,且 AMH 的偏度系数呈周期性变化,每个周期内偏度系数呈倒 U 形。整体而言,小周

期可以分为如下几个:1993—1996 年、1997—2007 年、2008—2015 年,在每个周期内 AMH 的偏度呈先下降、后平稳、最后上升的变化趋势,小周期的周期长度越来越长,且各周期内 AMH 的偏度系数变化越来越小。此外,本书还绘制了在样本期间内非流动性指标年度中值的变化趋势图(见图 6 - 1)。

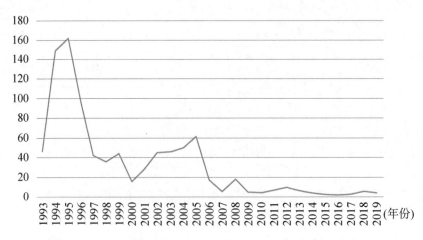

图 6 - 1　样本期间内非流动性指标 AMH 年度中值的变动趋势图

由图 6 - 2 看出,AMH 值虽呈整体下降趋势,但也具有一定的周期特征。整体而言,可以初步划分为如下几个周期:1995—2003 年、2004—2007

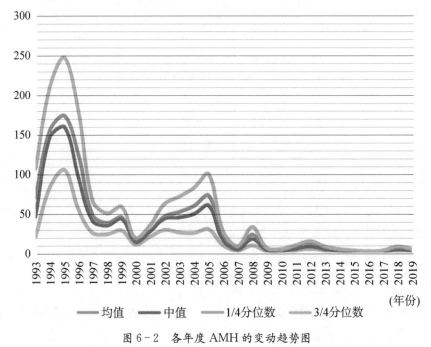

图 6 - 2　各年度 AMH 的变动趋势图

年、2007—2011 年、2011—2017 年,在每个周期内 AMH 呈 U 形变化趋势,即 AMH 值先下降,再趋于平稳,最后再上升,且周期长度越来越短。这说明样本期间内,中国 A 股上市公司的流动性整体呈增强趋势,但周期性波动较频繁,波动周期越来越短。

通过对样本期间内中国 A 股上市公司股票非流动性指标的分析,可以得出如下基本结论:①整体而言,中国 A 股市场股票流动性呈增强趋势,这在 2005 年股权分置改革后更显著,并且股票流动性在近年趋于稳定。②中国 A 股市场中,股票的流动性虽整体呈增强趋势,但呈现出 U 形周期性波动的特征,在每个周期内股票流动性先增强后减弱。③上市公司股票流动性呈右偏分布,即流动性较弱的股票数量相对较多。④中国 A 股市场股票流动性右偏分布的偏度特征呈周期性变化趋势,在每个周期内非流动性指标的偏度变化呈 U 形状态,且周期长度越来越短,周期内偏度值的变化幅度越来越小。

（二）股票特质性波动率的时间序列分析

表 6-5 显示了中国 A 股市场股票特质性波动率各年度的基本统计量。整体而言,样本期间内,中国 A 股市场股票的特质性波动率水平比较稳定但略有上升。从短期看,个股年度内日收益率特质性波动率的中值高点出现在 1997 年、2007 年和 2015 年,相应的数值分别为 2.391、3.017 和 3.245,短期低点出现在 2002 年、2012 年和 2017 年,对应的中值分别为 1.299、1.845 和 1.874,可以看出短期高点及短期低点的数值均呈严格递增趋势,且各短周期内特质性波动率的 1/4 分位数、中值及 3/4 分位数的重心均有所递增。这充分表明中国 A 股市场个股特质性波动率整体呈上升趋势。

表 6-5　各年度 IVOL 的描述性统计量

年度	观测值	均值	标准差	1/4 分位数	中值	3/4 分位数	最小值	最大值	偏度
1993	11	1.763	0.003	1.636	1.821	1.953	1.062	2.103	−1.512
1994	51	1.986	0.003	1.790	2.037	2.228	1.169	2.688	−0.417
1995	106	1.576	0.004	1.346	1.480	1.711	1.000	3.122	1.523
1996	115	2.300	0.004	1.991	2.244	2.552	1.655	3.181	0.574
1997	248	2.404	0.004	2.154	2.391	2.617	1.590	3.444	0.246
1998	421	2.135	0.004	1.818	2.094	2.394	1.336	3.419	0.523
1999	543	2.173	0.004	1.885	2.101	2.402	1.436	3.560	0.698

（续表）

年度	观测值	均值	标准差	1/4 分位数	中值	3/4 分位数	最小值	最大值	偏度
2000	609	2.266	0.004	2.002	2.217	2.511	1.392	3.604	0.540
2001	96	1.476	0.004	1.180	1.414	1.661	0.858	2.647	0.811
2002	705	1.333	0.003	1.084	1.299	1.516	0.696	2.786	0.769
2003	782	1.512	0.004	1.250	1.465	1.732	0.480	2.781	0.744
2004	834	1.815	0.004	1.511	1.755	2.060	0.969	3.483	0.794
2005	856	2.071	0.005	1.746	2.032	2.385	1.036	3.439	0.294
2006	788	2.405	0.005	2.067	2.374	2.709	1.344	3.918	0.385
2007	952	3.078	0.005	2.750	3.017	3.396	1.976	4.493	0.353
2008	999	2.830	0.005	2.458	2.766	3.191	1.612	4.621	0.452
2009	1 070	2.514	0.004	2.234	2.517	2.798	1.307	3.740	0.014
2010	1 109	2.291	0.004	1.979	2.297	2.609	1.031	3.564	−0.044
2011	1 357	1.941	0.004	1.637	1.910	2.197	0.805	3.368	0.412
2012	1 583	1.884	0.005	1.536	1.845	2.196	0.719	3.499	0.339
2013	1 648	2.232	0.005	1.856	2.198	2.590	0.984	4.104	0.359
2014	1 512	2.204	0.005	1.839	2.161	2.507	1.130	3.849	0.484
2015	1 430	3.291	0.006	2.827	3.245	3.727	1.871	5.214	0.255
2016	1 863	2.111	0.006	1.693	2.050	2.483	0.839	4.120	0.549
2017	1 965	1.929	0.006	1.526	1.874	2.283	0.767	3.788	0.497
2018	2 437	2.211	0.006	1.762	2.160	2.591	0.911	4.361	0.502
2019	2 684	2.181	0.006	1.725	2.116	2.603	0.761	4.195	0.404

样本期间内，股票特质性波动率的变化具有周期性特征（见图 6-3），在每个周期内特质性波动率呈 U 形变化特征。据此整个样本期间可以划分为如下周期：1995—2005 年、2006—2014 年及 2015 年以后。在 2006—2014 年的周期内，2006 年 IVOL 的 1/4 分位数、中位数、3/4 位数的数值分别为 2.067、2.374 和 2.709；最小值出现在 2011 年，该年度 IVOL 的 1/4 分位数、中值、3/4 分位数分别为 1.637、1.910 和 2.197；2011 年之后 IVOL 逐步上升，至 2015 年升至最大，此时 IVOL 的 1/4 分位数、中值、3/4 分位数分别为 2.827、3.245 和 3.727。此外，特质性波动率水平最高的年份为 2007 年，该年度 IVOL 的 1/4 分位数、中值、均值分别为 2.750、3.017 和

3.396,这可能与 2007 年中国 A 股市场快速上涨的实际情况有关。在股票市场快速上涨的年份,股票的特质性波动率增大,一定程度上反映了股票市场投资者非理性程度较高的现实。特质性波动率水平最低的年份为 2002 年,该年度 IVOL 的 1/4 分位数、中值、3/4 分位数分别为 1.084、1.299 和 1.516,这可能与 A 股市场在 2002 年比较低迷有关。

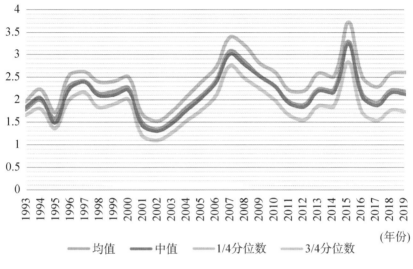

图 6-3　各年度 IVOL 的变动趋势图

此外,在样本期间内,特质性波动率的偏度基本为正值,只有 1993 年、1994 年和 2010 年特质性波动率的偏度为负值。在特质性波动率的偏度为正值的年份,其绝对值大部分小于 0.5。这说明在中国 A 股市场,特质性波动率整体上呈微弱的右偏分布。

基于以上分析,可以得出如下基本结论:在中国 A 股市场,上市公司股票特质性波动率的整体水平较为稳定,但波动率变化具有明显的周期性特征。每个周期内特质性波动率先稳步下降,然后有较短的稳定期,随后稳步上升。本书把特质性波动率的一个周期分为三个阶段,包括相对稳定期、上升期和下降期。在中国 A 股市场中,上市公司股票特质性波动率的分布呈略微的右偏特征。

(三) 股票年度内日收益率偏度的时间序列分析

表 6-6 显示了各年度 SKEW 的描述性统计量,图 6-4 显示了 1993—2019 年间股票年度内日收益率偏度的基本统计量。从表 6-6 可以看出,1993—2005 年,股票年度内日收益率的偏度整体水平较高且有下降趋势,并呈周期性的倒 V 形变化特征,每个周期大概 4 年。1993—2006 年,股票

年度内日收益率偏度的阶段性高点出现在 1998 年、2003 年和 2006 年,相应的中值分别为 5.710、0.488 和 1.563;股票年度内日收益率偏度的阶段性低点出现在 1995 年、2001 年和 2005 年,相应的中值分别为 −4.573、−2.684 和 −2.625。从图 6 - 4 可以看出,1995—2005 年,个股年度内日收益率偏度的中值、1/4 分位数及 3/4 分位数的阶段性高点、低点数值及短期内的重心均呈下降趋势,且数值由正值逐渐变化为负值,这充分说明在此期间中国 A 股市场股票年度内日收益率由起初的右偏分布转化为左偏分布,且偏度逐渐下降。

表 6 - 6 各年度 SKEW 的描述性统计量

年度	观测值	均值	标准差	1/4 分位数	中值	3/4 分位数	最小值	最大值	偏度	峰度
1993	11	−3.049	0.080	−8.278	−1.143	2.586	−21.190	5.571	−1.355	1.563
1994	51	−5.273	0.085	−10.420	−8.000	1.596	−20.446	14.414	0.290	−0.651
1995	106	−4.095	0.100	−11.458	−4.573	2.804	−35.398	18.598	−0.011	0.069
1996	115	−1.279	0.082	−6.667	−1.737	3.926	−18.000	25.217	0.227	−0.013
1997	248	3.658	0.081	−1.600	3.324	9.411	−19.333	27.757	−0.074	−0.048
1998	421	5.993	0.090	−0.328	5.710	12.206	−16.608	32.353	0.232	−0.226
1999	543	3.268	0.088	−2.614	3.448	9.346	−16.854	29.764	0.139	−0.196
2000	609	−0.274	0.093	−6.742	−0.191	5.932	−23.762	24.627	0.065	−0.267
2001	96	−1.926	0.097	−8.602	−2.684	5.513	−22.761	27.273	0.396	0.064
2002	705	−1.028	0.091	−6.870	−0.709	5.556	−24.224	21.951	−0.089	−0.333
2003	782	0.734	0.093	−6.061	0.488	7.510	−24.551	26.557	0.027	−0.430
2004	834	−2.536	0.096	−8.903	−2.355	4.643	−27.759	21.633	−0.060	−0.466
2005	856	−2.747	0.104	−10.030	−2.625	4.026	−28.509	25.526	0.071	−0.396
2006	788	1.684	0.096	−5.039	1.563	8.088	−23.404	37.426	0.139	0.133
2007	952	−10.168	0.090	−16.446	−10.378	−4.635	−35.616	14.644	0.148	−0.159
2008	999	−7.892	0.085	−14.085	−8.249	−1.626	−30.539	15.625	0.043	−0.357
2009	1070	−5.002	0.087	−11.236	−4.873	0.717	−26.948	17.572	0.012	−0.335
2010	1109	−8.230	0.090	−14.894	−8.215	−1.718	−30.496	13.978	0.048	−0.543
2011	1357	−5.369	0.088	−11.538	−5.442	0.943	−27.439	18.502	0.038	−0.349
2012	1583	−4.407	0.089	−10.624	−4.641	1.651	−28.462	20.307	0.062	−0.247
2013	1648	−5.898	0.094	−12.500	−5.500	0.637	−30.149	18.222	−0.038	−0.424

（续表）

年度	观测值	均值	标准差	1/4分位数	中值	3/4分位数	最小值	最大值	偏度	峰度
2014	1 512	−2.505	0.092	−9.057	−2.909	3.831	−27.434	24.686	0.089	−0.234
2015	1 430	−3.052	0.088	−9.247	−2.750	3.122	−27.233	20.032	−0.054	−0.317
2016	1 863	−3.440	0.087	−9.449	−3.302	2.454	−26.496	19.008	−0.045	−0.331
2017	1 965	−5.196	0.093	−11.565	−5.091	1.198	−32.203	20.000	−0.038	−0.168
2018	2 437	−2.429	0.090	−8.883	−2.496	3.825	−27.632	23.077	0.089	−0.284
2019	2 684	−2.856	0.095	−9.434	−2.927	3.472	−28.717	23.563	0.090	−0.148

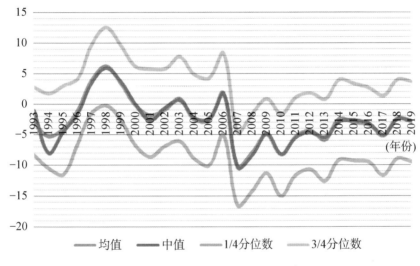

图 6-4 各年度 SKEW 的变动趋势图

从图 6-4 可以看出，2006—2018 年，中国 A 股市场个股年度内日收益率偏度的 1/4 分位数、中值及 3/4 分位数整体上呈逐渐增大的趋势。这说明 2005 年后，个股年度内日收益率存在个别极端的高年度收益率，并且这些极端高年度收益率远远高于其他股票的年度收益率。此外，在 2006 年后尽管个股年度内日收益率偏度为负值，但整体呈上升趋势。在此期间内，个股年度内日收益率偏度的中值阶段性高点出现在 2009 年、2012 年、2015 年和 2018 年，对应的数值分别为 −4.873、−4.641、−2.750 和 −2.496；个股年度内日收益率偏度的中值阶段性低点出现在 2007 年、2010 年、2013 年和 2017 年，对应的数值分别为 −10.378、−8.215、−5.500 和 −5.091，且在各阶段性区间内，偏度的重心不断上升。这些数据充分说明，2006—2019 年，中国 A 股市场个股年度收益率整体呈左偏分布，但左偏的偏度在不断缩小,即极端高年度收益率股票数量相对越来越少。

从图 6-4 可以看出,1995—2005 年,股票年度收益率偏度整体水平较高。此外,1993—2005 年的年度收益率偏度各统计指标呈周期性的倒 V 形变化特征,每个周期大概 4 年。2005 年以后,个股年度收益率的偏度水平整体下降且各年度的收益率偏度的 1/4 分位数、中值基本为负值,3/4 分位数基本为正值,但偏度的各统计量指标仍呈周期性的倒 V 形变化特征,每个小周期的长度大约为 4 年。

上述数据表明,在中国 A 股市场,股权分置改革前市场收益率的右偏特征明显,而在股权分置改革后,股票收益率分布左偏特征明显。股票年度内日收益率整体上呈左偏分布特征,并且偏度水平呈倒 V 形的周期性变化特征。这说明个股年度内日收益率的均值小于中值,多数公司的年度内日收益率高于平均水平。

(四) 个股年度收益率的时间序列分析

表 6-7 显示了个股年度收益率描述性统计量的时间序列趋势。整体而言,中国 A 股市场中,个股年度收益率在时间序列上并不具有明显的上升或下降趋势,但具有明显的周期性特征,大致周期包括 1995—1998 年、1999—2002 年、2003—2008 年、2008—2011 年和 2012—2018 年。在每个周期内,收益率整体上呈倒 V 形走势,即先较为缓慢上涨,然后快速下降,通常是上升通道较为缓慢、涉及时间较长,而下降通道较快、涉及时间较短,即在每个周期内呈缓涨急跌的特征。例如,在 2013—2018 年这个周期内,2013—2015 年间的股票收益率均大于零且涨幅不断扩大,但在 2016—2018 年间,各年股票收益率的 1/4 分位数、中值、均值均为负值且跌幅不断扩大。

从偏度来看,样本期间内,个股年度收益率的偏度整体上有略微增大的趋势,并在短期内具有周期性变化的特征(见图 6-6)。在每个周期内偏度呈倒 V 形变化特征,大概的变化周期包括:1994—2001 年、2001—2004 年、2004—2011 年及 2012—2018 年。在每个周期内,个股年度收益率的偏度基本呈先缓慢增大、后快速下降的趋势。整体对比发现,自 2001 年以来,各周期内偏度的最大值在不断提升,最小值也呈增大趋势,每个周期内偏度的重心上移。这充分说明,近年来,中国 A 股市场中,个股年度收益率的偏度不断增大。从具体数值来看,2001 年、2004 年、2011 年和 2018 年度的收益率偏度均为阶段性低点,分别为 0.293、0.696、0.898 和 1.020;2002 年、2006 年、2010 年、2016 及 2019 年度的收益率偏度为阶段性高点,分别为 1.235、1.727、1.562、1.768 和 1.827。从图 6-6 可以看出,阶段性偏度低点及高点整体呈上升趋势,这意味着中国 A 股市场中收益率偏度越来高,年度收益率相对较高的股票数量越来越少。

表6-7　各年度 YR 的描述性统计量

年度	观测值	均值(%)	标准差	1/4分位数(%)	中值(%)	3/4分位数(%)	最小值(%)	最大值(%)	偏度	峰度
1993	11	11.480	0.414	−19.830	−8.650	47.210	−27.400	82.860	0.990	−0.583
1994	51	−23.028	0.263	−44.960	−25.900	−0.500	−62.610	37.390	0.542	−0.819
1995	106	−8.916	0.255	−26.360	−16.215	0.330	−43.830	90.160	1.744	3.562
1996	115	84.926	0.855	22.850	61.740	128.980	−24.660	467.800	1.596	3.601
1997	248	32.896	0.491	−1.870	21.485	55.630	−42.710	237.080	1.176	1.441
1998	421	9.375	0.367	−15.890	3.950	23.970	−49.030	223.080	1.944	6.663
1999	543	20.881	0.367	−4.690	13.380	37.840	−40.260	220.870	1.702	4.436
2000	609	65.146	0.426	39.440	57.860	81.700	−18.560	293.500	1.619	4.826
2001	96	−20.851	0.164	−32.450	−21.365	−13.365	−67.520	30.510	0.293	0.680
2002	705	−20.474	0.150	−29.980	−23.340	−13.430	−52.390	52.030	1.235	2.588
2003	782	−11.552	0.258	−29.240	−16.680	0.750	−67.120	89.770	1.200	1.790
2004	834	−14.296	0.230	−27.940	−17.350	−1.970	−73.200	71.390	0.696	1.046
2005	856	−17.245	0.228	−32.055	−21.345	−6.645	−62.750	72.650	1.103	1.811
2006	788	58.617	0.685	11.385	37.200	81.220	−45.330	392.960	1.727	3.520
2007	952	187.954	1.128	108.655	163.940	237.470	11.730	685.970	1.410	2.457
2008	999	−58.213	0.156	−68.430	−61.030	−51.160	−85.040	26.760	1.461	3.583
2009	1070	140.364	0.734	89.390	129.310	173.590	11.360	458.790	1.125	1.744
2010	1109	17.500	0.406	−10.540	9.000	34.690	−43.210	215.260	1.562	3.611
2011	1357	−32.467	0.165	−44.440	−34.830	−23.170	−63.620	43.130	0.898	1.099
2012	1583	−0.894	0.245	−17.250	−4.670	10.170	−46.790	116.310	1.246	2.462
2013	1648	28.388	0.451	−2.205	18.595	50.245	−49.440	257.050	1.327	2.633
2014	1512	39.704	0.379	14.915	33.680	58.490	−32.520	211.190	1.229	2.566
2015	1430	68.923	0.603	26.530	59.395	99.310	−27.170	356.390	1.279	2.478
2016	1863	−10.953	0.245	−27.120	−15.020	−0.330	−55.010	159.980	1.768	6.301
2017	1965	−14.382	0.302	−34.300	−20.770	−2.550	−60.780	130.030	1.525	3.017
2018	2437	−30.529	0.185	−42.620	−33.240	−21.810	−74.400	51.150	1.020	1.841
2019	2684	27.207	0.400	2.020	16.895	43.215	−51.960	270.440	1.827	4.947

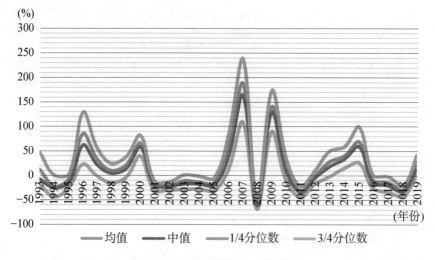

图 6-5　各年度 YR 的变动趋势图

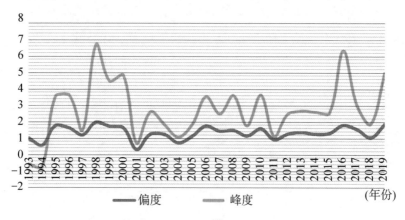

图 6-6　各年度 YR 分布的偏度及峰度变化趋势

（五）本节小结

本节分析了中国 A 股上市公司股票的非流动性、特质性波动率、年度日收益率及年度收益率偏度等关键市场表现指标的 1/4 分位数、中值、3/4 分位数的时间序列特征。通过分析发现，在中国 A 股市场中，股票的非流动性呈整体下降趋势，尤其是 2005 年股权分置改革以后，股票的非流动性大大减弱，流动性大大增强。在整个样本期间内，个股年度内日收益率的特质性波动率整体缓慢上升，但上升幅度较小。

在整个样本期间内，中国 A 股上市公司股票的年度收益率分布特征在股权分置改革前后存在显著差异。股权分置改革前，股票年度收益率偏度的均值、中值及上下分位数均由起初的正值逐步下降为负值。这意味着股权分置改革前，部分公司存在上市股票年度收益率极端高的现象，但这种现象在逐步扭转。股权分置改革后,股票年度收益率呈典型的左偏分布特征,并且偏度系数不断增大,这说明股权分置改革后,股票年收益率分布的左偏分布特征更加明显,极低的个股年度收益率出现的概率更高。

整体而言,中国股票市场中,股票年度收益率并不具有整体的上升或下降趋势,波动较为明显。此外,年度收益率的变化具有周期性特征,在每个周期内具有缓涨急跌的特征。

此外,本节分析还发现,股票收益率、股票流动性、股价的特质性波动率以及股票年度内日收益率的偏度系数除了具有特定的整体变化趋势外,还具有短期内的周期性变化特征。

第三节　构造资产组合分析

一、各金融化指标资产组合的非流动性指标分析

(一) 根据 Fin1 构建资产组合的 AMH 指标的基本统计量

鉴于前文分析,针对股权分置改革前中国 A 股市场股票流动性显著较弱的事实,以及 2008 年金融危机和新会计准则实施等特殊制度背景的变迁,为更清楚地反映近年来中国 A 股市场股票流动性与上市公司金融化的关系,本书把整个样本期间分为 1993—2008 年和 2009—2019 年两个子样本期间。

为初步考察上市公司金融化程度与股票非流动性之间的关系,本书先将每个子样本期间内每年度均按照 Fin1 构建 5 分位数资产组合,再计算两个样本期间内各 Fin1 的 5 分位数资产组合的 AMH 的基本统计量。

对比两个子样本期间各资产组合的 AMH 的统计量,可以发现在 2009—2019 年,各资产组合的 AMH 的基本统计量均显著小于 1993—2008 年相应资产组合的各 AMH 的基本统计量。

表 6-8 列示了在两个样本期间内各个 Fin1 的 5 分位数资产组合的 AMH 的基本统计量及极端组间统计量差异的 t 值。可以看出,1993—2008 年,随着 Fin1 的增大,组合的 AMH 统计量虽有波动,但整体变化趋势并不明显。如在 Fin1 最小、最大资产组合中,AMH 的中值分别为 29.306% 和 26.972%,二者的差额仅为 −2.333%,AMH 的 3/4 分位数分别为 57.044% 和 54.772%,两个差额均在 5% 的水平上显著。除此以外,其他各统计量差额极小且并不显著。以上变化规律在图 6-7 中呈现得更加明晰。

表 6-8　两个子样本期间按照 Fin1 从小到大构建年度资产组合的 AMH 统计量

资产组合	样本量	均值(%)	中值(%)	1/4分位数(%)	3/4分位数(%)	偏度
L_1	1 234	41.457	29.306	13.489	57.044	2.262
2	1 228	40.888	26.764	12.116	54.111	2.798
3	1 239	40.313	28.466	12.302	54.705	2.834
4	1 234	43.801	29.288	13.186	58.856	2.676
H_5	1 230	41.060	26.972	12.190	54.772	2.842
Difference(H_5 - L_1)		-0.397	-2.333**	-1.300	-2.271**	0.580
L_1	4 116	6.203	4.784	2.743	8.074	1.790
2	4 126	4.875	3.578	1.895	6.431	2.048
3	4 122	4.562	3.328	1.779	5.977	2.301
4	4 126	4.499	3.272	1.724	5.932	2.078
H_5	4 119	4.598	3.400	1.737	6.158	2.008
Difference(H_5 - L_1)		-1.606***	-1.384***	-1.006***	-1.916***	0.218

注：表中上半部分为 1993—2008 年样本，下半部分为 2009—2019 年样本；＊＊＊、＊＊、＊分别表示在 1%、5%、10% 的水平上显著。

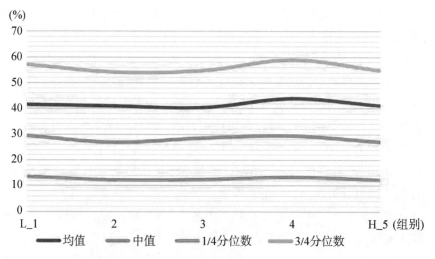

图 6-7　1993—2008 年各 Fin1 的 5 分位数资产组合的 AMH 统计量变动趋势图

2009—2019 年，随着 Fin1 的增大，组合的 AMH 整体呈下降趋势，表现为各资产组合的 AMH 的基本统计量整体不断缩小。如从 Fin1 最小的第 1 组，到最大的第 5 组，对应 AMH 的中值（均值）分别为 4.784%（6.203%）、

3.578%（4.875%）、3.328%（4.562%）、3.272%（4.499%）和3.400%（4.598%），对应的1/4（3/4）分位数分别为2.743%（8.074%）、1.895%（6.431%）、1.779%（5.977%）、1.724%（5.932%）和1.737%（6.158%）。极端组间的均值、中值、1/4分位数和3/4分位数的差异分别为−1.606%、−1.384%、−1.006%和−1.916%，且均在1%的水平上显著。上述变化规律在图6-8中呈现得更加明晰。

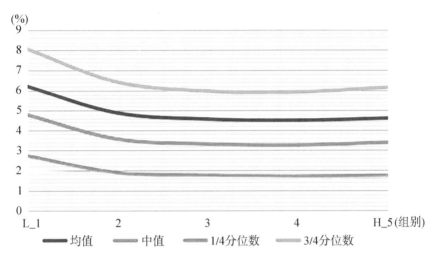

图6-8　2009—2019年各Fin1的5分位数资产组合的AMH统计量变动趋势图

从偏度来看，在两个子样本期间内，各资产组合的偏度随金融资产占比变化而变化的趋势并不明显。

综合以上分析可以看出，金融资产占比所体现的金融化程度整体上使股票的流动性增强了，表现为AMH各统计量随着金融资产占比的增加而下降，并且这种影响在2009—2019子样本期间更加显著。

（二）根据Fin2构建资产组合的AMH指标的基本统计量

为初步考察上市公司金融化程度与股票非流动性之间的关系，本书先在每个子样本期间内每年度均按照Fin2构建5分位数资产组合，再计算两个样本期间内各Fin2的5分位数资产组合的AMH的基本统计量。

对比两个子样本期间各资产组合的AMH的统计量，可以发现在2009—2019年，各资产组合的AMH的基本统计量均显著小于1993—2008年相应资产组合的各AMH的基本统计量。这同按照Fin1构建资产组合得到的结果类似。

表6-9列示了在两个样本期间内各个Fin2的5分位数资产组合的AMH的基本统计量及极端组间统计量差异的 t 值。

表6-9 两个子样本期间按照 Fin2 从小到大构建年度资产组合的 AMH 统计量

资产组合	样本量	均值(%)	中值(%)	1/4 分位数(%)	3/4 分位数(%)	偏度
L_1	1 513	44.660	31.628	14.957	59.999	2.585
2	1 758	40.346	27.996	12.636	54.383	2.512
3	1 600	38.836	25.174	11.090	51.218	3.023
4	1 625	40.657	28.138	12.255	54.521	2.734
H_5	1 620	43.297	28.547	12.031	59.400	2.687
Difference(H_5 - L_1)		-1.362	-3.080	-2.927**	-0.598	0.102
L_1	3 463	5.058	3.914	2.179	6.690	1.784
2	3 999	5.788	4.294	2.264	7.626	1.919
3	3 732	4.579	3.319	1.749	6.011	2.153
4	3 735	4.609	3.349	1.753	6.060	2.151
H_5	3 729	4.649	3.461	1.836	6.135	2.033
Difference(H_5 - L_1)		-0.408***	-0.453***	-0.343***	-0.555**	0.249**

注：表中上半部分为 1993—2008 年样本，下半部分为 2009—2019 年样本；＊＊＊、＊＊、＊分别表示在 1%、5%、10% 的水平上显著。

可以看出在 1993—2008 年，随着 Fin2 的增大，组合的 AMH 统计量虽有波动，但整体变化趋势并不明显。如在 Fin2 最小、最大资产组合中，AMH 的中值为 31.628% 和 28.547%，二者的差额仅为 -3.080；AMH 的 1/4 分位数分别为 14.957% 和 12.031%，二者的差额仅为 -2.926%；AMH 的 3/4 分位数分别为 59.999% 和 59.400%，二者的差额仅为 -0.599%，仅有 1/4 分位数的差额在 5% 的水平上显著。除此以外，其他各统计量差额极小且并不显著。以上变化规律在图 6-9 中呈现得更加明晰。

2009—2019 年，随着 Fin2 的增大，组合的 AMH 整体呈下降趋势，表现为各资产组合的 AMH 的基本统计量随 Fin2 的增大而整体不断缩小。如从 Fin2 最小的第 1 组到最大的第 5 组，对应 AMH 的中值（均值）分别为 3.914%（5.058%）、4.294%（5.788%）、3.319%（4.579%）、3.349%（4.609%）和 3.461%（4.649%），对应的 1/4(3/4) 分位数分别为 2.179%（6.690%）、2.264%（7.626%）、1.749%（6.011%）、1.753%（6.060%）和 1.836%（6.135%）。极端组间的均值、中值、1/4 分位数和 3/4 分位数的差异分别为 -0.408%、-0.453%、-0.343% 和 -0.555%，且前 3 个差异均在 1% 的水平上显著，最后一个差异在 5% 的水平上显著。上述变化规律在

图 6 - 10 中呈现得更加明晰。

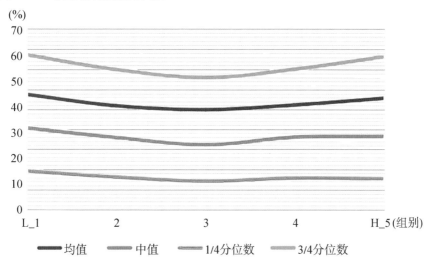

图 6 - 9　1993—2008 年各 Fin2 的 5 分位数资产组合的 AMH 统计量变动趋势图

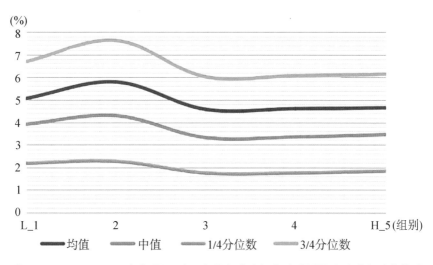

图 6 - 10　2009—2019 年各 Fin2 的 5 分位数资产组合的 AMH 统计量变动趋势图

　　从偏度来看,在第一个子样本期间内,各金融化程度资产组合间 AMH 分布的偏度并不存在显著差异。但在第 2 个子样本期间,各金融化程度资产组合间 AMH 分布的偏差较为显著,整体呈递增趋势,极端组间差异为 0.249,并在 5% 的水平上显著。这说明,随着金融利润占比的增大,公司非流动性更趋右偏分布。

　　综上所述,在两个子样本期间内,根据金融利润占比构建资产组合,并计算各资产组合的非流动性指标,分析结果表明: 在股权分置改革及新会计准则实施前的样本期间内,股票市场的整体流动性较低,上市公司金融利润占比对股票市场流动性的趋势性影响并不明显。在股权分置改革以后及实施新会计准则的样本期间内,中国 A 股市场的股票流动性显著增强,并且上市公司的金融利润占比对股票市场流动性产生了较为显著的正向影响,表现为随着金融资产占比的增加,资产组合的非流动性指标 AMH 随之降低、股票流动性随之增强。此外,在股权分置改革后及实施新会计准则的样本期间内,随着上市公司金融利润占比的增加,高金融资产占比组合内部公司间非流动性指标的右偏程度加大。

(三) 根据 Fa 构建资产组合的 AMH 指标的基本统计量

为初步考察上市公司金融化程度与股票非流动性之间的关系,本书先在每个子样本期间内每年度均按照 Fa 构建 5 分位数资产组合,再计算两个样本期间内各 Fa 的 5 分位数资产组合的 AMH 的基本统计量。

对比两个子样本期间各资产组合的 AMH 的统计量,可以发现在2009—2019 年,各资产组合的 AMH 的基本统计量均显著小于 1993—2008年相应资产组合的各 AMH 的基本统计量。

表 6-10 列示了在两个样本期间内各 Fa 的 5 分位数资产组合的 AMH的基本统计量及极端组间统计量差异的 t 值。

表 6-10 两个子样本期间按照 Fa 从小到大构建年度资产组合的 AMH 统计量

资产组合	样本量	均值(%)	中值(%)	1/4 分位数(%)	3/4 分位数(%)	偏度
L_1	1 623	47.703	34.791	16.227	63.931	2.202
2	1 619	46.201	32.900	14.837	61.087	2.550
3	1 629	42.974	31.154	13.666	58.664	2.491
4	1 625	40.970	27.270	12.897	53.649	3.247
H_5	1 620	29.649	17.945	7.257	38.306	3.339
Difference(H_5-L_1)		-18.054***	-16.846***	-8.969***	-25.625***	1.136***
L_1	3 727	6.580	5.192	3.139	8.501	1.774
2	3 735	5.764	4.432	2.581	7.534	1.964
3	3 732	5.012	3.745	2.195	6.545	2.024
4	3 735	4.266	3.108	1.718	5.597	2.175
H_5	3 729	3.114	1.989	1.017	3.944	2.618
Difference(H_5-L_1)		-3.466***	-3.203***	-2.121***	-4.556***	0.844***

注:表中上半部分为 1993—2008 年样本,下半部分为 2009—2019 年样本;***、**、*分别表示在 1%、5%、10%的水平上显著。

可以看出在1993—2008年,随着Fa的增大,组合的AMH统计量呈现出较为明显的递减趋势,说明金融资产规模越大的公司,其股票流动性越强。如在Fa最小、最大资产组合中,AMH的中值分别为34.791％和17.945％,二者的差额为－16.846％,且在1％的水平上显著;AMH的均值分别为47.703％和29.649％,二者的差额为－18.054％,且在1％的水平上显著;AMH的1/4分位数和3/4分位数的差额分别为－8.969％和－25.625％,且均在1％的水平上显著。此外,从表6-10中还可以发现,随着金融资产规模的增大,资产组合的AMH各统计量严格递减,并且金融资产规模越大,AMH递减幅度越大。如从最小规模金融资产组到最大规模金融资产组,AMH的均值(中值)分别为47.703％(34.791％)、46.201％(32.900％)、42.974％(31.154％)、40.970％(27.270％)和29.649％(17.945％)。在1993—2008年间,各资产组合的非流动性指标随金融资产规模增大而变小的趋势在图6-11中展示得非常明显。

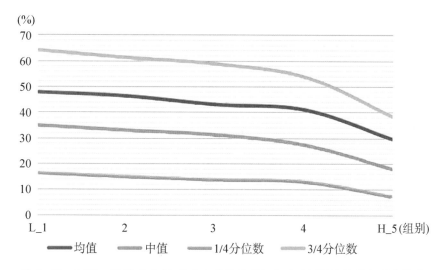

图6-11　1993—2008年各Fa的5分位数资产组合的AMH统计量变动趋势图

2009—2019年,随着Fa的增大,组合的AMH统计量呈现出严格递减趋势,并且公司金融资产规模越大,股票流动性递增的速度越快。如从金融资产规模最小组到金融资产规模最大组,AMH的均值(中值)分别为6.580％(5.192％)、5.764％(4.432％)、5.012％(3.745％)、4.266％(3.108％)和3.114％(1.989％),极端组间均值(中值)的差额为－3.466％(－3.203％),且均在1％的水平上显著;AMH的1/4分位数(3/4分位数)分别为3.139％(8.501％)、2.581％(7.534％)、2.195％(6.545％)、1.718％(5.597％)和1.017％(3.94％),极端组间1/4分位数(3/4分位数)

的差额为−2.121%(−4.556%),且均在1%的水平上显著。上述数据说明股票流动性随金融资产规模增加而严格递增,这在图6-12中展示得更清晰。

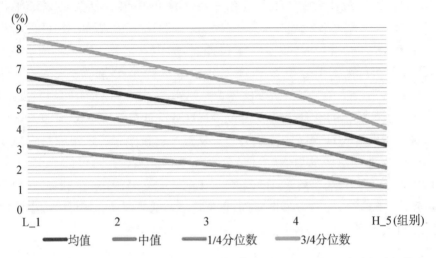

图6-12 2009—2019年间各Fa的5分位数资产组合的AMH统计量变动趋势图

从偏度来看,两个样本期间内,各资产组合的AMH偏度均为正值,说明在中国A股市场中,股票的流动存在极端流动性枯竭的公司。

对比图6-11和图6-12,可以看出,在2009—2019年,随着金融资产规模的增大,各资产组合的AMH基本统计量呈现出更大幅度的递减趋势,而在1993—2008年,随着金融资产规模的增大,各资产组合的AMH基本统计量也呈严格递减趋势,但递减趋势相对较为平缓。

概括来讲,在股权分置改革后及新会计准则实施后,随着公司金融资产规模的增大,公司股票的流动性均趋于增强,但是在股权分置改革后股票流动性随金融资产规模增大而增强的趋势更加明显。

(四) 根据Fp构建资产组合的AMH指标的基本统计量

为初步考察上市公司金融化程度与股票非流动性之间的关系,本书先在每个子样本期间内每年度均按照Fp构建5分位数资产组合,再计算两个样本期间内各Fp的5分位数资产组合的AMH基本统计量。

对比两个子样本期间各资产组合的AMH统计量,可以发现在2009—2019年,各资产组合的AMH基本统计量均显著小于1993—2008年相应资产组合中各AMH的基本统计量。

表6-11列示了在两个样本期间内各Fp的5分位数资产组合的AMH基本统计量及极端组间统计量差异的t值。可以看出1993—2008年,在按照金融利润规模构建的5个资产组合中,除了最小金融利润规模组,其他资

产组合的 AMH 统计量随着金融利润规模的增大而严格递减。如从第 2 组合到最大金融利润规模组合，AMH 的均值（中值）分别为 47.820%（35.427%）、46.718%（32.669%）、40.762%（28.145%）和 32.868%（19.249%），AMH 的 1/4 分位数（3/4 分位数）分别为 16.689%（62.420%）、15.208%（60.669%）、12.577%（54.243%）和 7.790%（44.312%），对应的极端组间的均值、中值、1/4 分位数和 3/4 分位数的差额分别为 −6.536%、−7.818%、−4.547% 和 −9.966%，且均在 1% 的水平上显著。可以认为，随着金融利润规模的扩大，股票流动性逐渐增强。

表 6‑11 两个子样本期间按照 Fp 从小到大构建年度资产组合的 AMH 统计量

资产组合	样本量	均值(%)	中值(%)	1/4 分位数(%)	3/4 分位数(%)	偏度
L_1	1 634	39.404	27.067	12.337	54.278	2.616
2	1 585	47.820	35.427	16.689	62.420	2.506
3	1 652	46.718	32.669	15.208	60.669	2.736
4	1 625	40.762	28.145	12.577	54.243	2.994
H_5	1 620	32.868	19.249	7.790	44.312	2.571
Difference(H_5−L_1)		−6.536***	−7.818***	−4.547***	−9.966***	−0.046***
L_1	3 343	4.906	3.756	2.144	6.519	1.825
2	4 119	6.564	5.207	3.022	8.634	1.762
3	3 732	5.426	4.024	2.364	6.968	2.013
4	3 735	4.431	3.223	1.762	5.863	2.212
H_5	3 729	3.235	2.189	1.084	4.126	2.587
Difference(H_5−L_1)		−1.670***	−1.567***	−1.060***	−2.392***	0.762***

注：表中上半部分为 1993—2008 年样本，下半部分为 2009—2019 年样本；***、**、* 分别表示在 1%、5%、10% 的水平上显著。

2009—2019 年，在按照金融利润规模构建的 5 个资产组合中，除了最小金融利润规模组合，其他资产组合的 AMH 统计量随着金融利润规模的增大而严格递减。从第 2 组合到最大金融利润组合，AMH 的均值（中值）分别为 6.564%（5.207%）、5.426%（4.024%）、4.431%（3.223%）和 3.235%（2.189%），AMH 的 1/4 分位数（3/4 分位数）分别为 3.022%（8.634%）、2.364%（6.968%）、1.762%（5.863%）和 1.084%（4.126%），极端组间的均值、中值、1/4 分位数和 3/4 分位数的差额分别为 −1.670%、−1.567%、−1.060% 和 −2.392%，且均在 1% 的水平上显著。

此外,对比图 6-13 和图 6-14 可以看出,股票流动性随着金融利润规模增大而增强的整体趋势在 2009—2019 年比 1993—2008 年更加明显。

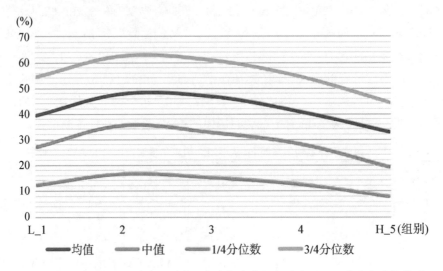

图 6-13 1993—2008 年各 Fp 的 5 分位数资产组合的 AMH 统计量变动趋势图

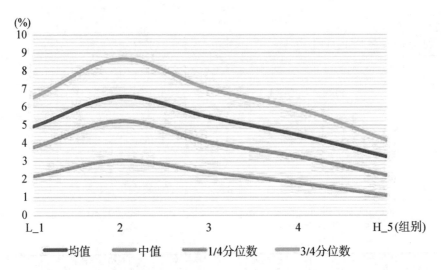

图 6-14 2009—2019 年各 Fp 的 5 分位数资产组合的 AMH 统计量变动趋势图

整体而言,公司股票流动性随着公司金融利润规模的扩大而增强,这在股权分置改革完成后及新会计准则实施后表现得更加明显。

在前文对中国 A 股市场中非流动性指标 AMH 的变化趋势分析的基础上,本部分基于股票流动性在股权分置改革、金融危机、新会计准则实施等重大事件后发生巨大变化的情况下,把整个样本期间分为 1993—2008 年以及 2009—2019 年两个子样本。然后分别根据公司金融资产占比、金融利润占比、金融资产规模、金融利润规模把各年度样本等分为 5 组,并分别计算两个子样本期间内各个 5 分位数资产组合的股票非流动性指标及其变动趋势。通过研究发现,在 1993—2008 年,根据金融资产占比及金融利润占比构建的 5 分位数资产组合中,股票流动性随两个金融程度指标的增加略呈现增加趋势,但该趋势并不是非常明显,但在 2009—2019 年,各资产组合的股票流动性随两个金融程度指标的增加而呈现严格递增趋势。根据金融资产规模、金融利润规模构建的 5 分位数资产组合中,股票流动性随着金融资产和金融利润规模的增大而明显加强,并且这种变动趋势在 2009—2019 年更加明显。

整体而言,基于对金融资产占比、金融利润占比以及金融资产规模、金融利润规模构建资产组合中股票流动性变化趋势的分析,可以发现股票流动性整体上随着公司金融化程度的增强以及金融资产和金融利润规模的扩大而增强,并且这种影响在股权分置改革完成后及新会计准则实施后更加明显。这种分析为本书后续回归分析中的模型设计提供了一定的依据。

二、各金融化指标资产组合的特质性波动率分析

根据前文对股票特质性波动率时间序列特征的分析,本书发现在中国 A 股市场中,股价的特质性波动率具有明显的周期性特征,特定时期内股价的特质性波动率持续加大,而在另外一些时期内股价的特质性波动率则不断降低。此外,股价特质性波动率的高低一定程度上反映了投资者的风险态度变化,在股价特质性波动率较高的时期,投资者的风险规避程度可能较低,甚至无视系统性风险而买卖特定股票,而在股价特质性波动率较高的时期,投资者可能更加注重风险规避而遵循市场走势进行股票交易。鉴于此,本部分根据股价特质性波动率年度中位数的大小,把样本等分为股价特质性波动率较高的样本期间和股价特质性波动率较低的样本期间。股价特质性波动率较低的样本期间包括 1993 年、1994 年、1995 年、1998 年、2001 年、2002 年、2003 年、2004 年、2005 年、2011 年、2012 年、2016 年和 2017 年,其余的年份归类为股价特质性波动率偏高的年份。这样整个研究样本期间被区分为高股价特质性波动率样本期间和低股价特质性波动率样本期间,两个样本期间分别涵盖 13 和 14 个会计年度。

在区分高、低特质性波动率样本期间的基础上,分别在每个会计年度按照金融利润占比、金融资产占比、金融利润规模和金融资产规模从小到大的顺序构建 5 等分位数资产组合。构建完各年度的资产组合后,分别计算两个子样本中各资产组合的股价特质性波动率的基本统计量,并分析基本统计量在组间的差异。

(一) 根据 Fin1 构建资产组合的 IVOL 组间差异分析

表 6-12 显示了高、低特质性波动率子样本期间,按照金融资产占比 Fin1 构建 5 分位数资产组合的股价特质性波动率的基本描述性统计量。上半部分展示了低特质性波动率子样本期间各资产组合的 IVOL 基本统计量,下半部分则显示了高特质性波动率子样本期间各资产组合的 IVOL 基本统计量。

可以看出,在股价低特质性波动率期间,随着 Fin1 的增大,IVOL 的均值、中值、1/4 分位数、3/4 分位数及最大和最小值均在整体上呈现出变小的趋势。如最低 Fin1 资产组合的 IVOL 的均值、中值、1/4 分位数及 3/4 分位数分别为 1.952、1.909、1.548 和 2.284,第三 Fin1 资产组合的 IVOL 的以上统计量分别为 1.880、1.819、1.509 和 2.189,而最高 Fin1 资产组合的 IVOL 的以上统计量分别为 1.855、1.812、1.465 和 2.205。此外,最高、最低 Fin1 资产组合的 IVOL 的均值、中值、1/4 分位数、3/4 分位数的差额分别为 -0.097、-0.097、-0.083 和 -0.078,并分别在 1%、5%、1% 和 1% 的水平上显著。以上数据表明,在股价特质性波动率较低期间,中国 A 股上市公司配置金融资产占比越高,股价的特质性波动率越低。

从表 6-12 的下半部分可以看出,最低 Fin1 资产组合的 IVOL 的均值、中值、1/4 分位数和 3/4 分位数分别为 2.483、2.412、2.017 和 2.881,最高 Fin1 资产组合的 IVOL 的均值、中值、1/4 分位数和 3/4 分位数分别为 2.433、2.388、1.970 和 2.834,Fin1 值适中的第三个资产组合的 IVOL 的均值、中值、1/4 分位数和 3/4 分位数分别为 2.411、2.340、1.947 和 2.828。此外,最高、最低 Fin1 资产组合的 IVOL 的均值、中值、1/4 分位数及 3/4 分位数的差额分别为 -0.050(在 5% 的水平上显著)、-0.024、-0.047(在 5% 的水平上显著)和 -0.047(在 5% 的水平上显著)。上述数据初步表明,在股价特质性波动率较高的样本期间,公司金融资产的占比对股价特质性波动率的负向影响较弱,或者说公司股价特质性波动率随公司金融资产占比的增加而下降的趋势不太明显。

对比图 6-15 和图 6-16 可以看出,在图 6-15 中,除了 3/4 分位数以外,各金融资产占比资产组合的均值、中值、1/4 分位数基本随着各资产组合金融资产占比的增加而明显下降。在图 6-16 中,随着金融资产占比的增加,均值、中值、1/4 分位数和 3/4 分位数呈先下降后上升的趋势,而严格递减趋势并不太明显。

表6-12　在高、低特质性波动率样本期间按 Fin1 构建 5 分位数资产组合的 IVOL 的描述性统计量

资产组合	样本量	均值	中值	1/4分位数	3/4分位数	最小值	最大值	偏度	峰度
L_1	2 128	1.952	1.909	1.548	2.284	0.690	4.114	0.523	0.214
2	2 121	1.897	1.851	1.530	2.210	0.711	4.028	0.586	0.420
3	2 131	1.880	1.819	1.509	2.189	0.480	4.12	0.614	0.478
4	2 127	1.859	1.810	1.465	2.184	0.741	4.114	0.553	0.144
H_5	2 123	1.855	1.812	1.465	2.205	0.602	3.952	0.435	−0.024
Diff(H_5 − L_1)		−0.097***	−0.097**	−0.083***	−0.078***	−0.088***		−0.162***	−0.238***
L_1	3 222	2.483	2.412	2.017	2.881	0.884	5.214	0.525	0.214
2	3 233	2.417	2.366	1.962	2.813	0.770	4.952	0.441	0.230
3	3 230	2.411	2.340	1.947	2.823	0.825	4.971	0.492	0.129
4	3 233	2.416	2.353	1.950	2.819	0.761	5.14	0.473	0.183
H_5	3 226.000	2.433	2.388	1.970	2.834	0.781	5.065	0.476	0.376
Diff(H_5 − L_1)		−0.050**	−0.024	−0.047**	−0.047**	−0.103***		−0.149***	0.163***

注：***、**、* 分别表示在 1%、5%、10%的水平上显著。

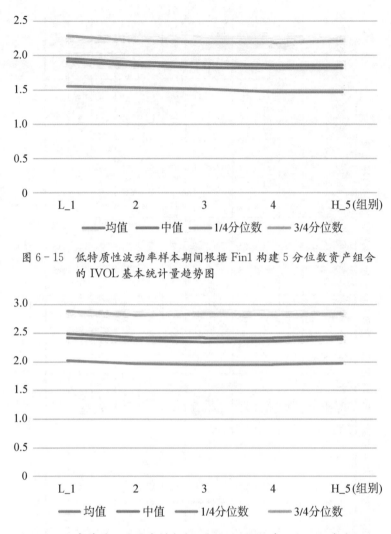

图 6-15 低特质性波动率样本期间根据 Fin1 构建 5 分位数资产组合的 IVOL 基本统计量趋势图

图 6-16 高特质性波动率样本期间根据 Fin1 构建 5 分位数资产组合的 IVOL 基本统计量趋势图

通过分析可以初步得出如下结论：在中国 A 股市场中，当股价的整体特质性波动率较高时，公司配置金融资产对股价的特质性波动率的负向影响并不太明显；当股价的特质性波动率较低时，公司金融资产占比会对股价的特质性波动率产生较为明显的负向影响。

（二）根据 Fin2 构建资产组合的 IVOL 组间差异分析

表 6-13 显示了高、低特质性波动率子样本期间，按照金融利润占比 Fin2 构建 5 分位数资产组合的股价特质性波动率的基本描述性统计量。上半部分展示了低特质性波动率子样本期间各资产组合的 IVOL 基本统计量，下半部分则展示了高特质性波动率子样本期间各资产组合的 IVOL 基本统计量。

表 6 - 13 在高、低特质性波动率样本本期间按 Fin2 构建 5 分位数资产组合的 IVOL 的描述性统计量

资产组合	样本量	均值	中值	1/4 分位数	3/4 分位数	最小值	最大值	偏度	峰度
L_1	2 044	1.922	1.871	1.549	2.246	0.711	3.80	0.530	0.228
2	2 233	1.939	1.901	1.552	2.267	0.690	4.12	0.494	0.140
3	2 103	1.858	1.802	1.475	2.167	0.696	4.114	0.780	0.949
4	2 127	1.834	1.784	1.446	2.158	0.480	3.791	0.498	0.045
H_5	2 123	1.888	1.848	1.497	2.220	0.719	3.952	0.424	-0.066
Diff(H_5 - L_1)		-0.034**	-0.023*	-0.052**	-0.026*	0.007	0.152		-0.294***
L_1	2 932	2.478	2.421	2.015	2.880	0.894	4.996	0.481	0.213
2	3 524	2.454	2.386	1.982	2.853	0.770	5.214	0.540	0.347
3	3 229	2.393	2.326	1.950	2.783	0.844	4.772	0.510	0.273
4	3 233	2.382	2.331	1.904	2.798	0.761	4.824	0.410	0.029
H_5	3 226	2.456	2.410	1.990	2.851	0.810	5.065	0.461	0.281
Diff(H_5 - L_1)		-0.022*	-0.010	-0.025**	-0.029*	-0.085**	0.068*		0.067**

注: ***、**、* 分别表示在 1%、5%、10% 的水平上显著。

可以看出,在股价低特质性波动率期间,随着 Fin2 的增大,IVOL 的均值、中值、1/4 分位数、3/4 分位数及最大和最小值在整体上呈现出变小的趋势。如最低 Fin2 资产组合的 IVOL 的均值、中值、1/4 分位数及 3/4 分位数分别为 1.922、1871、1.549 和 2.246,第三 Fin2 资产组合的 IVOL 的均值、中值、1/4 分位数及 3/4 分位数分别为 1.858、1.802、1.475 和 2.167,最高 Fin2 资产组合的 IVOL 的均值、中值、1/4 分位数及 3/4 分位数分别为 1.888、1.848、1.497 和 2.220。此外,最高、最低 Fin2 资产组合的 IVOL 的均值、中值、1/4 分位数和 3/4 分位数的差额分别为 −0.034、−0.023、−0.052 和 −0.026,并具有不同的显著性水平。

在股价高特质性波动率期间,随着 Fin2 的增大,IVOL 的均值、中值、1/4 分位数、3/4 分位数及最大和最小值均在整体上呈现出变小的趋势,但此种趋势并不明显。如最低 Fin2 资产组合的 IVOL 的均值、中值、1/4 分位数及 3/4 分位数分别为 2.478、2.421、2.015 和 2.880,第三 Fin2 资产组合的 IVOL 的均值、中值、1/4 分位数及 3/4 分位数分别为 2.393、2.326、1.950、2.783,最高 Fin2 资产组合的 IVOL 的均值、中值、1/4 分位数及 3/4 分位数分别为 2.456、2.410、1.990 和 2.851。此外,最高、最低 Fin2 资产组合的 IVOL 的均值、中值、1/4 分位数和 3/4 分位数的差额分别为 −0.022、−0.010、−0.025 和 −0.029,并具有不同的显著性水平。

对比图 6-17 和图 6-18 可以看出,在图 6-17 中,股价特征性波动率的 3/4 分位数受金融利润占比的影响并不明显,均值、中值、1/4 分位数随金融利润占比的增加而整体呈现略微下降趋势。其中 1/4 分位数下降的趋

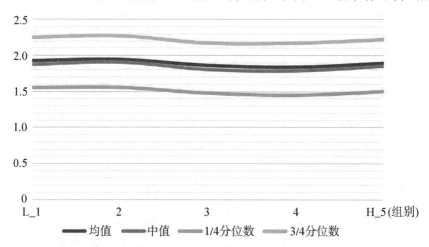

图 6-17　低特质性波动率样本期间根据 Fin2 构建 5 分位数资产组合的 IVOL 基本统计量趋势图

势最为明显。在图 6-18 中,随着金融利润占比的增加,均值、中值、1/4 分位数和 3/4 分位数呈先下降后上升的趋势,而严格递减趋势并不太明显。

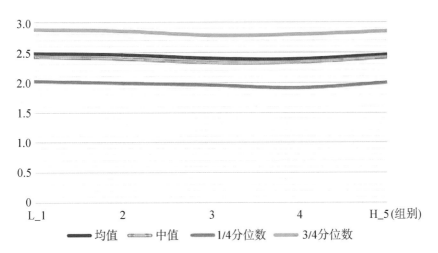

图 6-18　高特质性波动率样本期间根据 Fin2 构建 5 分位数资产组合的 IVOL
　　　　 基本统计量趋势图

通过分析可以初步得出如下结论:在中国 A 股市场中,当股价的整体特质性波动率较高时,公司金融利润占比对股价的特质性波动率的负向影响并不太明显;当股价的特质性波动率较低时,公司金融利润占比会对股价的特质性波动率产生较为明显的负向影响。

(三) 根据 Fa 构建资产组合的 IVOL 组间差异分析

表 6-14 显示了股价特质性波动率较低、较高期间,根据公司金融资产规模 Fa 构建资产组合,各资产组合的股价特质性波动率的基本统计量。上半部分为股价特质性波动率较低的样本期间各资产组合的 IVOL 基本统计量,下半部分为股价特质性波动率较高的样本期间各资产组合的 IVOL 基本统计量。

可以看出,在股价特质性波动率较低的样本期间,随着 Fa 的增大,各资产组合的 IVOL 呈严格递减趋势。最小 Fa 资产组合的 IVOL 的均值、中值、1/4 分位数、3/4 分位数、最小值及最大值分别为 1.994、1.955、1.580、2.336、0.690 和 4.114,第三 Fa 资产组合的 IVOL 的均值、中值、1/4 分位数、3/4 分位数、最小值及最大值分别为 1.914、1.864、1.537、2.226、0.480 和 3.980,最大 Fa 资产组合的 IVOL 均值、中值、1/4 分位数、3/4 分位数、最小值及最大值分别为 1.727、1.678、1.358、2.036、0.602 和 3.952。此外,最大、最小 Fa 资产组合的 IVOL 的均值、中值、1/4 分位数、

表 6-14 在高、低特质性波动率样本期间按 Fa 构建 5 分位数资产组合的 IVOL 的描述性统计量

资产组合	样本量	均值	中值	1/4 分位数	3/4 分位数	最小值	最大值	偏度	峰度
L_1	2 128	1.994	1.955	1.580	2.336	0.690	4.114	0.475	0.143
2	2 121	1.956	1.903	1.589	2.278	0.767	4.120	0.531	0.401
3	2 131	1.914	1.864	1.537	2.226	0.480	3.980	0.531	0.166
4	2 127	1.851	1.790	1.476	2.179	0.731	3.979	0.593	0.211
H_5	2 123	1.727	1.678	1.358	2.036	0.602	3.952	0.589	0.384
Diff(H_5 - L_1)		-0.267***	-0.277	-0.222	-0.301	-0.088	-0.162		
L_1	3 222	2.521	2.454	2.052	2.920	0.884	5.214	0.498	0.161
2	3 233	2.503	2.430	2.053	2.896	0.911	5.140	0.545	0.257
3	3 230	2.470	2.406	2.005	2.867	0.770	4.824	0.501	0.150
4	3 233	2.418	2.364	1.959	2.813	0.810	5.134	0.495	0.333
H_5	3 226	2.248	2.196	1.782	2.642	0.761	4.822	0.522	0.374
Diff(H_5 - L_1)		-0.272	-0.258	-0.270	-0.278	-0.124	-0.392		

注: ***、**、*分别表示在 1%、5%、10%的水平上显著。

3/4 分位数的差额分别为 -0.267、-0.277、-0.222 和 -0.301。从单一统计量看,均值、中值、1/4 分位数、3/4 分位数随着 Fa 的扩大呈现出严格递减的变化趋势。上述数据表明,在股价特质性波动率较低的样本期间,公司金融资产规模与股价特质性波动率之间存在较高程度的负相关性,也就是说公司金融资产规模越大,公司股价的特质性波动率可能越低。

表 6-14 的下半部分显示了股价特质性波动率较高的样本期间,按照公司金融资产规模分组,各资产组合的股价特质性波动率的基本统计量。可以看出。随着 Fa 的增加,IVOL 的均值、中值、1/4 分位数、3/4 分位数呈递减趋势。最小 Fa 资产组合的 IVOL 的均值、中值、1/4 分位数、3/4 分位数分别为 2.521、2.454、2.052 和 2.920,第三 Fa 资产组合的 IVOL 的均值、中值、1/4 分位数、3/4 分位数分别为 2.470、2.406、2.005 和 2.867,最大 Fa 资产组合的 IVOL 的均值、中值、1/4 分位数、3/4 分位数分别为 2.248、2.196、1.782 和 2.642。此外,最大、最小 Fa 资产组合的 IVOL 的均值、中值、1/4 分位数和 3/4 分位数的差额分别为 -0.272、-0.258、-0.270,-0.278。上述证据表明,在股价特质性波动率较高的样本期间,公司金融资产规模与股价特质性波动率存在显著负相关关系。

对比分析图 6-19 和图 6-20 可以看出,在低特质性波动率、高特质性波动率样本期间,资产组合的股价特质性波动率的均值、中值、1/4 分位数、3/4 分位数随着公司金融资产规模的扩大而单调递减,并且这种单调递减的趋势在公司金融资产规模较大时尤其明显。

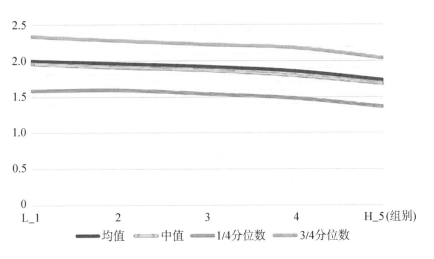

图 6-19　低特质性波动率样本期间根据 Fa 构建 5 分位数资产组合的 IVOL
　　　　　基本统计量趋势图

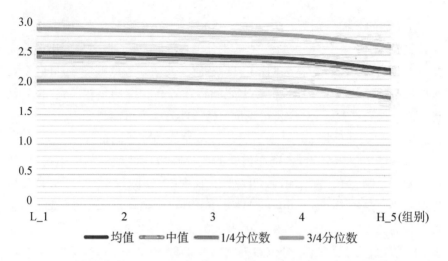

图 6-20　高特质性波动率样本期间根据 Fa 构建 5 分位数资产组合的 IVOL 基本统计量趋势图

概括来讲,公司金融资产规模与股价特质性波动率存在显著的负相关关系,并且这种负相关关系在公司金融资产规模较高时更加明显。

(四) 根据 Fp 构建资产组合的 IVOL 组间差异分析

表 6-15 显示了在股价特质性波动率较低、较高期间,根据公司金融利润规模 Fp 构建各资产组合的股价特质性波动率的基本统计量。上半部分为股价特质性波动率较低的样本期间各资产组合的 IVOL 基本统计量,下半部分为股价特质性波动率较高的样本期间各资产组合 IVOL 的基本统计量。

可以看出,在股价特质性波动率较低的样本期间,随着 Fp 的增大,各资产组合的 IVOL 呈递减趋势。最小 Fp 资产组合的 IVOL 的均值、中值、1/4 分位数、3/4 分位数、最小值及最大值分别为 1.959、1.902、1.580、2.281、0.711 和 3.800,第三 Fp 资产组合的 IVOL 的均值、中值、1/4 分位数、3/4 分位数、最小值及最大值分别为 1.897、1.850、1.520、2.225、0.480 和 3.980,最大 Fp 资产组合的 IVOL 均值、中值、1/4 分位数、3/4 分位数、最小值及最大值分别为 1.763、1.722、1.402、2.075、0.602 和 3.678。此外,最大、最小 Fp 资产组合的 IVOL 的均值、中值、1/4 分位数、3/4 分位数的差额分别为-0.196、-0.180、-0.178、-0.206。从单一统计量看,均值、中值、1/4 分位数、3/4 分位数及最小值均随着 Fp 的扩大呈现出递减的变化趋势。上述数据表明,在股价特质性波动率较低的样本期间,公司金融利润规模与股价的特质性波动率之间存在较高程度的负相关性,也就是说公司金融利润规模越大,公司股价的特质性波动率可能越低。

表 6－15　在高、低特质性波动率样本期间按 Fp 构建 5 分位数资产组合的 IVOL 的描述性统计量

资产组合	样本量	均值	中值	1/4 分位数	3/4 分位数	最小值	最大值	偏度	峰度
L_1	2 033	1.959**	1.902	1.580	2.281	0.711	3.800	0.551	0.203
2	2 193	1.977*	1.934	1.569	2.312	0.690	4.120	0.553	0.344
3	2 154	1.897**	1.850	1.520	2.225	0.480	3.980	0.494	0.176
4	2 127	1.846**	1.796	1.462	2.168	0.696	3.979	0.550	0.238
H_5	2 123	1.763***	1.722	1.402	2.075	0.602	3.678	0.532	0.131
Diff(H_5－L_1)		−0.196***	−0.180	−0.178	−0.206	−0.109	−0.122		−0.071
L_1	2 944	2.527**	2.472	2.040	2.954	0.894	4.987	0.440	0.006
2	3 511	2.488**	2.417	2.035	2.880	0.911	5.214	0.576	0.363
3	3 230	2.460***	2.406	2.003	2.844	0.770	5.065	0.485	0.233
4	3 233	2.397***	2.339	1.947	2.794	0.810	4.888	0.477	0.160
H_5	3 226	2.291**	2.248	1.830	2.693	0.761	4.952	0.495	0.420
Diff(H_5－L_1)		−0.236***	−0.224	−0.210	−0.261	−0.134	−0.035		0.414

表 6-15 的下半部分显示了股价特质性波动率较高的样本期间,按照公司金融利润规模分组,各资产组合的股价特质性波动率的基本统计量。可以看出,随着 Fp 的增加,IVOL 的均值、中值、1/4 分位数、3/4 分位数呈递减趋势。最小 Fp 资产组合的 IVOL 的均值、中值、1/4 分位数、3/4 分位数分别为 2.527、2.472、2.040、2.954,第三 Fp 资产组合的 IVOL 的均值、中值、1/4 分位数、3/4 分位数分别为 2.460、2.406、2.003、2.844,最大 Fp 资产组合中的 IVOL 的均值、中值、1/4 分位数、3/4 分位数分别为 2.291、2.248、1.830、2.693。此外,最大、最小 Fp 资产组合的 IVOL 的均值、中值、1/4 分位数和 3/4 分位数的差额分别为 -0.236、-0.224、-0.210 和 -0.261。上述数据表明,在股价特质性波动率较高的样本期间,公司金融利润规模与股价特质性波动率存在显著的负相关关系。

对比分析图 6-21 和图 6-22 可以看出,在股价特质性波动率较高及较低样本期间,资产组合的股价特质性波动率的均值、中值、1/4 分位数和 3/4 分位数均随着公司金融利润规模的增大而递减,这说明公司股价特质性波动率与公司金融利润规模负相关,也就是公司金融利润规模越大,股价特质性波动率可能越低。

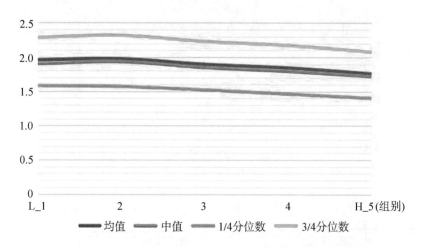

图 6-21　低特质性波动率样本期间根据 Fp 构建 5 分位数资产组合的 IVOL 基本统计量趋势图

以上分析结果表明,公司金融化政策的激进度与公司股价特质性波动率间存在明显的负相关关系,并且这种负相关关系与金融化指标的选择及样本期间的选择有关。在股价特质性波动率较低的样本期间,金融资产占比、金融利润占比、金融资产规模、金融利润规模与公司股价特质性波动率间存在较为显著的负相关关系。在股价特质性波动率较高的样本期间,只

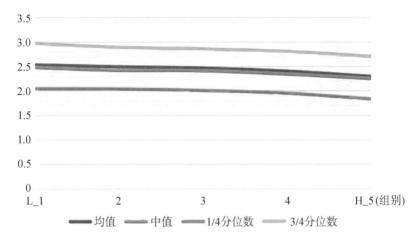

图 6-22　高特质性波动率样本期间根据 Fp 构建 5 分位数资产组合的
　　　　　IVOL 基本统计量趋势图

有个别金融化指标与股价特质性波动率间均存在较为显著的负相关关系。

三、各金融化指标资产组合的股票收益率分布偏度分析

(一) 基于金融资产占比构建资产组合的股票收益率分布偏度的基本统计量分析

表 6-16 中的 Panel A 显示了在股权分置改革前股票收益率偏度较高的样本期间,基于金融资产占比构建的各资产组合的股票收益率分布偏度的基本统计量。整体来看,各资产组合的股票收益率分布偏度的基本统计量随金融资产占比的增加呈先升后降的倒 U 形变化规律。从金融资产占比最低组到最高组,股票收益率分布偏度的均值依次为-1.678、-1.545、-0.448、-0.127、-0.513、-0.452、-0.788、-1.411、-0.561 和-1.503;3/4 分位数依次为 4.959、5.042、6.569、6.232、6.173、6.033、5.882、5.319、5.455 和 4.218,中值、1/4 分位数也呈现出类似的变化规律。

表 6-16 中的 Panel B 显示了在股权分置改革后股票收益率偏度较低的样本期间,基于金融资产占比构建的各资产组合的股票收益率分布偏度的基本统计量。整体来看,各资产组合的股票收益率分布偏度的基本统计量随金融资产占比的增加呈先升后降的倒 U 形变化规律。从金融资产占比最低组到最高组,股票收益率分布偏度的中值依次为-5.199、-4.688、-4.682、-4.685、-4.830、-5.069、-5.213、-4.762、-5.727 和-5.682,均值依次为-5.254、-4.556、-4.625、-4.670、-4.851、-4.907、-5.193、-4.824、-5.423 和-5.467。此外,1/4 分位数和 3/4 分位数也呈现出类似的变化规律。

表6-16 基于金融资产占比构建资产组合的公司股票收益率的基本统计量

Panel A 在偏度较高的样本期间基于金融资产占比构建资产组合的股票收益率分布偏度的基本统计量

资产组合	样本量	均值	中值	1/4分位数	3/4分位数	最小值	最大值	偏度	峰度
L_1	970	−1.678	−1.936	−8.458	4.959	−26.724	27.757	0.143	−0.222
2	1 000	−1.545	−1.839	−8.076	5.042	−27.759	25.526	0.038	−0.246
3	989	−0.448	−0.422	−7.692	6.569	−27.397	29.764	−0.004	−0.299
4	988	−0.127	−0.499	−6.497	6.232	−28.44	32.601	0.055	−0.149
5	987	−0.513	−0.226	−7.276	6.173	−27.632	30.739	0.048	−0.254
6	992	−0.452	0.000	−7.254	6.033	−25.779	26.055	−0.098	−0.388
7	989	−0.788	−0.912	−7.521	5.882	−28.509	27.016	0.020	−0.357
8	988	−1.411	−1.259	−8.509	5.319	−27.490	24.104	0.024	−0.36
9	990	−0.561	−0.149	−6.865	5.455	−27.451	37.426	0.064	0.343
H_10	982	−1.503	−1.685	−8.058	4.218	−27.127	32.353	0.228	0.072
Diff(H_10−L_1)		0.175	0.251	0.400	−0.740	−0.403	4.596	0.085	0.293

Panel B　在偏度较低的样本期间基于金融资产占比构建资产组合的股票收益率分布偏度的基本统计量

资产组合	样本量	均值	中值	1/4分位数	3/4分位数	最小值	最大值	偏度	峰度
L_1	2 077	−5.254	−5.199	−11.811	1.176	−31.422	20.147	−0.002	−0.375
2	1 303	−4.556	−4.688	−11.252	2.326	−32.295	23.333	−0.040	−0.276
3	1 498	−4.625	−4.682	−10.974	1.862	−30.992	22.675	−0.023	−0.248
4	1 690	−4.670	−4.685	−10.701	1.395	−29.688	22.018	−0.006	−0.215
5	1 689	−4.851	−4.830	−11.204	1.567	−29.180	23.134	0.041	−0.257
6	1 693	−4.907	−5.069	−11.029	1.135	−35.398	23.232	0.032	−0.146
7	1 692	−5.193	−5.213	−12.123	1.417	−30.149	24.686	0.124	−0.288
8	1 691	−4.824	−4.762	−11.644	1.626	−32.417	22.236	0.051	−0.281
9	1 691	−5.423	−5.727	−12.141	1.130	−35.616	24.508	0.083	−0.258
H_10	1 686	−5.467	−5.682	−11.892	0.775	−31.707	24.279	0.118	−0.064
Diff(H_10 − L_1)		−0.213	−0.483	−0.081	−0.401	−0.285	4.132	0.120	0.311

图 6-23、图 6-24 分别呈现了在股权分置改革前股价收益率分布偏度较高的时期，及股权分置改革后股价收益率分布偏度较低的时期，各金融资产占比组合的股票收益率分布偏度的变化趋势图。可以看出，在两个子样本期间，随着金融资产占比的增加，资产组合的股票收益率偏度的基本统计量呈倒 U 形变化规律。

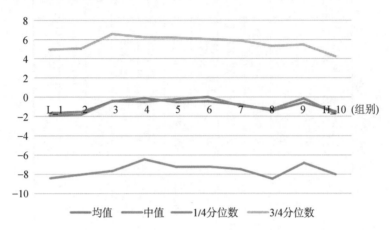

图 6-23　高偏度样本期间各金融资产占比资产组合的股票收益率偏度的基本统计量

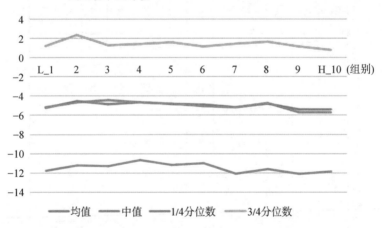

图 6-24　低偏度样本期间各金融资产占比资产组合的股票收益率偏度的基本统计量

上述分析初步表明，公司股票收益率分布偏度与金融资产占比呈倒 U 形关系，即随着金融资产占比的增加，股票收益率分布偏度可能先增大后变小。

（二）基于金融利润占比构建资产组合的股票收益率分布偏度的基本统计量分析

表 6-17 中的 Panel A 显示了在股权分置改革前股票收益率偏度较高

的样本期间,基于金融利润占比构建的各资产组合的股票收益率分布偏度的基本统计量。整体来看,各资产组合的股票收益率分布偏度的基本统计量随金融利润占比的增加呈先升后降的倒 U 形变化规律。从金融利润占比最低组到最高组,股票收益率分布偏度的均值依次为−2.015、−1.040、−0.181、−0.471、−0.299、−0.327、−1.037、−0.810,−0.936 和−1.956,3/4 分位数依次为 4.847、5.518、6.742、5.964、6.667、6.500、4.938、5.689、5.026 和 4.418,中值、1/4 分位数也呈现类似的变化规律。

表 6−17 中的 Panel B 显示了在股权分置改革后股票收益率偏度较低的样本期间,基于金融利润占比构建的各资产组合的股票收益率分布偏度的基本统计量。整体来看,各资产组合的股票收益率分布偏度的基本统计量随着金融利润占比的增加呈先升后降的倒 U 形变化规律。从金融利润占比最低组到最高组,股票收益率分布偏度的中值依次为 − 6.186、−4.348、− 5.193、− 4.509、− 4.159、− 4.294、− 4.300、− 5.263、−5.484和−6.273,均值依次为−5.881、− 4.236、− 5.233、− 4.563、−4.191、−4.174、−4.477、−5.339、−5.643 和−6.145。此外,1/4 分位数和 3/4 分位数也呈现出类似的变化规律。

图 6−25 和图 6−26 分别呈现了在股权分置改革前股票收益率分布偏度较高的时期,及股权分置改革后股票收益率分布偏度较低的时期,各金融利润占比组合的股票收益率分布偏度的变化趋势。可以看出,在两个子样本期间,随着金融利润占比的增加,资产组合的股票收益率偏度的基本统计量呈倒 U 形变化规律。

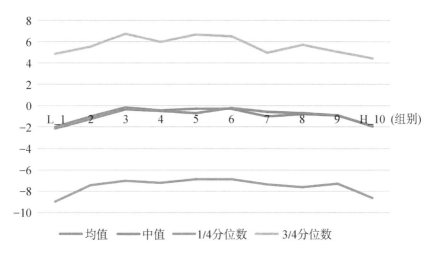

图 6−25　高偏度样本期间各金融利润占比资产组合的股票收益率偏度的基本统计量

表 6-17 基于金融利润占比构建资产组合的公司股票收益率的基本统计量

Panel A 在偏度较高的样本期间基于金融利润占比构建资产组合的股票收益率分布偏度的基本统计量

资产组合	样本量	均值	中值	1/4 分位数	3/4 分位数	最小值	最大值	偏度	峰度
L_1	980	−2.015	−2.147	−9.014	4.847	−27.490	37.426	0.148	0.049
2	938	−1.040	−1.270	−7.477	5.518	−28.509	24.458	0.002	−0.296
3	1041	−0.181	−0.361	−7.067	6.742	−27.759	28.107	0.026	−0.187
4	1016	−0.471	−0.510	−7.256	5.964	−28.440	32.601	0.085	−0.103
5	959	−0.299	−0.719	−6.920	6.667	−26.316	28.435	0.046	−0.402
6	992	−0.327	−0.227	−6.919	6.500	−27.174	29.084	−0.010	−0.244
7	989	−1.037	−0.602	−7.407	4.938	−27.127	29.764	−0.028	−0.087
8	988	−0.810	−0.714	−7.660	5.689	−26.753	31.081	0.058	−0.267
9	990	−0.936	−0.928	−7.336	5.026	−26.590	32.353	0.139	−0.114
H_10	982	−1.956	−1.948	−8.672	4.418	−26.744	24.402	0.062	−0.358
Diff(H_10 − L_1)		0.059	0.199	0.342	−0.429	0.746	−13.024	−0.086	−0.407

Panel B　在偏度较低的样本期间基于金融利润占比构建资产组合的股票收益率分布偏度的基本统计量

资产组合	样本量	均值	中值	1/4分位数	3/4分位数	最小值	最大值	偏度	峰度
L_1	1685	−5.881	−6.186	−12.335	0.714	−29.697	24.686	0.061	−0.298
2	1373	−4.236	−4.348	−10.778	2.183	−32.203	23.563	0.063	−0.239
3	2307	−5.233	−5.193	−11.864	1.351	−31.422	24.279	−0.043	−0.368
4	1393	−4.563	−4.509	−10.968	1.932	−32.295	23.333	−0.030	−0.153
5	1688	−4.191	−4.159	−10.393	1.838	−35.398	22.817	−0.015	−0.102
6	1693	−4.174	−4.294	−10.394	1.947	−35.616	23.188	0.015	−0.119
7	1692	−4.477	−4.300	−11.272	1.919	−34.206	22.689	0.040	−0.296
8	1691	−5.339	−5.263	−11.864	0.850	−30.496	21.888	0.058	−0.237
9	1691	−5.643	−5.484	−12.177	0.565	−30.539	22.785	0.069	−0.255
H_10	1686	−6.145	−6.273	−12.546	0.000	−31.707	24.508	0.182	−0.172
Diff(H_10−L_1)		−0.264	−0.087	−0.211	−0.714	−2.010	−0.178	0.122	0.126

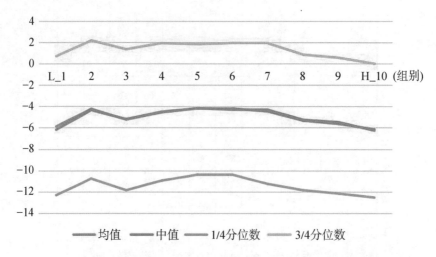

图 6-26　低偏度样本期间各金融利润占比资产组合的股票收益率偏度的基本
统计量

上述分析初步表明，公司股票收益率分布偏度与金融利润占比呈倒 U 形
关系，即随着金融利润占比的增加，股票收益率分布偏度可能先增大后变小。

**（三）基于金融资产规模构建资产组合的股票收益率分布偏度的基本
统计量分析**

表 6-18 中的 Panel A 显示了在股权分置改革前股票收益率偏度较高
的样本期间，基于金融资产规模构建的各资产组合的股票收益率分布偏度
的基本统计量。整体来看，各资产组合的股票收益率分布偏度的基本统计
量随金融资产规模的增加呈整体增大趋势。从金融资产规模最小组到最大
组，股票收益率分布偏度的均值依次为 -1.979、-1.295、-1.232、
-0.921、-0.653、-0.438、-1.338、-0.609、-0.601 和 0.042，$3/4$ 分
位数依次为 4.685、5.607、5.376、5.468、6.250、6.071、5.298、5.669、
6.000 和 6.143，中值、$1/4$ 分位数也呈现出类似的变化规律。

表 6-18 中的 Panel B 显示了在股权分置改革后股票收益率偏度较低
的样本期间，基于金融资产规模构建的各资产组合的股票收益率分布偏度
的基本统计量。整体来看，各资产组合的股票收益率分布偏度的基本统计
量随金融资产规模的增加呈整体增大趋势。从金融资产规模最小组到最大
组，股票收益率分布偏度的中值依次为 -5.357、-4.945、-5.116、
-5.331、-4.878、-4.918、-5.398、-5.435、-4.688 和 -4.183，$1/4$
分位数依次为 -11.989、-11.565、-11.111、-11.698、-11.245、
-11.696、-11.450、-12.088、-11.584 和 -10.573。此外，均值、$3/4$
分位数也呈现出类似的变化规律。

表6-18　基于金融资产规模构建资产组合的公司股票收益率的基本统计量

在偏度较高的样本期间基于金融资产规模构建资产组合的股票收益率分布偏度的基本统计量

Panel A

资产组合	样本量	均值	中值	1/4分位数	3/4分位数	最小值	最大值	偏度	峰度
L_1	972	−1.979	−2.222	−8.784	4.685	−27.273	32.601	0.142	−0.201
2	998	−1.295	−1.695	−8.083	5.6C7	−27.059	27.757	0.086	−0.292
3	988	−1.232	−1.801	−7.984	5.376	−27.759	29.764	0.131	−0.179
4	989	−0.921	−0.645	−7.850	5.468	−24.847	26.626	−0.002	−0.264
5	987	−0.653	−0.321	−7.527	6.250	−28.440	29.289	−0.068	−0.246
6	992	−0.438	0.000	−7.100	6.071	−27.586	30.739	−0.100	−0.250
7	989	−1.338	−1.062	−8.333	5.298	−26.590	34.917	0.096	−0.272
8	988	−0.609	−1.000	−6.838	5.663	−28.509	37.426	0.134	0.066
9	990	−0.601	−0.385	−7.483	6.000	−27.632	29.084	0.029	−0.204
H_10	982	0.042	0.000	−6.593	6.143	−27.127	32.353	0.112	−0.024
Diff(H_10−L_1)		2.021	2.222	2.190	1.458	0.146	−0.248	−0.030	0.177

Panel B 在偏度较低的样本期间基于金融资产规模构建资产组合的股票收益率分布偏度的基本统计量

资产组合	样本量	均值	中值	1/4 分位数	3/4 分位数	最小值	最大值	偏度	峰度
L_1	2 077	−5.365	−5.357	−11.989	1.064	−31.422	20.147	0.008	−0.384
2	1 303	−5.039	−4.945	−11.565	1.754	−32.295	23.333	−0.006	−0.268
3	1 687	−5.096	−5.116	−11.111	1.017	−34.206	23.563	−0.089	−0.096
4	1 690	−5.191	−5.331	−11.698	0.781	−35.398	22.018	0.107	−0.192
5	1 689	−4.888	−4.878	−11.245	1.515	−30.055	21.455	0.008	−0.388
6	1 693	−5.040	−4.918	−11.696	1.275	−29.201	24.686	0.086	−0.176
7	1 692	−5.214	−5.398	−11.450	1.255	−31.210	19.808	0.033	−0.302
8	1 691	−5.329	−5.435	−12.088	1.235	−32.417	23.188	0.110	−0.231
9	1 691	−4.839	−4.688	−11.584	1.498	−35.616	24.508	0.064	−0.190
H_10	1 686	−4.102	−4.183	−10.573	2.456	−31.707	24.164	0.013	−0.205
Diff(H_10 − L_1)		1.263	1.174	1.417	1.392	−0.285	4.017	0.004	0.179

　　图6－27和图6－28分别呈现了在股权分置改革前股票收益率分布偏度较高的时期,及股权分置改革后股票收益率分布偏度较低的时期,各金融资产规模组合的股票收益率分布偏度的变化趋势。可以看出,在两个子样本期间,随着金融资产规模的扩大,资产组合的股票收益率偏度的基本统计量呈较为明显的递增趋势。

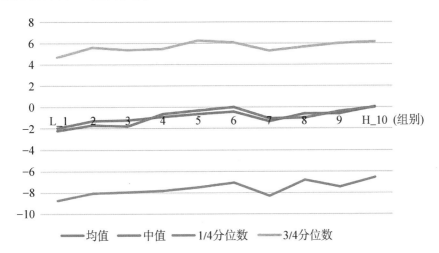

图6－27　高偏度样本期间各金融资产规模组合的股票收益率偏度的基本统
　　　　　计量

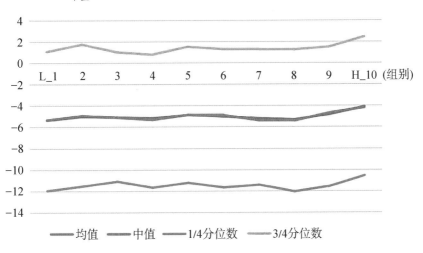

图6－28　低偏度样本期间各金融资产规模组合的股票收益率偏度的基本统
　　　　　计量

　　上述分析初步表明,公司股票收益率分布偏度与金融资产规模呈正相关关系,即随着金融资产规模的增加,股票收益率分布偏度可能随之增大。

（四）基于金融利润规模构建资产组合的股票收益率分布偏度的基本统计量分析

表 6-19 中的 Panel A 显示了在股权分置改革前股票收益率偏度较高的样本期间，基于金融利润规模构建的各资产组合的股票收益率分布偏度的基本统计量。整体来看，各资产组合的股票收益率分布偏度的基本统计量随着金融利润规模扩大呈整体增大趋势。从金融利润规模最小组到最大组，股票收益率分布偏度的均值依次为 -0.914、-1.312、-1.322、-0.910、-0.969、-1.279、-0.702、-0.754、-0.702 和 -0.145，3/4 分位数依次为 5.317、5.556、5.497、6.077、5.556、5.517、6.343、5.946、5.495 和 5.882，中值、1/4 分位数也呈现出类似的变化规律。

表 6-19 中的 Panel B 显示了在股权分置改革后股票收益率偏度较低的样本期间，基于金融利润规模构建的各资产组合的股票收益率分布偏度的基本统计量。整体来看，各资产组合的股票收益率分布偏度的基本统计量随着金融利润规模扩大呈整体增大趋势。从金融利润规模最小组到最大组，股票收益率分布偏度的中值依次为 -4.790、-6.082、-4.923、-5.568、-5.376、-5.128、-4.294、-4.839、-5.340 和 -4.460，1/4 分位数依次为 -11.111、-12.183、-11.486、-11.667、-11.739、-11.524、-10.985、-11.644、-11.894 和 -10.976。此外，均值、3/4 分位数也呈现出类似的变化规律。

图 6-29 和图 6-30 分别呈现了在股权分置改革前股票收益率分布偏度较高的时期，及股权分置改革后股票收益率分布偏度较低的时期，

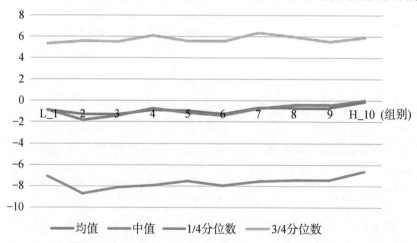

图 6-29　高偏度样本期间各金融利润规模组合的股票收益率偏度的基本统计量

表6-19　基于金融利润规模构建资产组合的公司股票收益率的基本统计量

Panel A　在偏度较高的样本期间基于金融规模构建规模利润组合的股票组合的基本统计量

资产组合	样本量	均值	中值	1/4分位数	3/4分位数	最小值	最大值	偏度	峰度
L_1	980	-0.914	-0.895	-7.117	5.317	-27.632	37.426	0.046	0.100
2	985	-1.312	-1.852	-8.750	5.556	-28.509	34.917	0.099	-0.285
3	994	-1.322	-1.446	-8.161	5.497	-27.586	28.049	0.047	-0.206
4	965	-0.910	-0.752	-7.969	6.077	-27.490	32.601	0.032	-0.212
5	1019	-0.969	-1.158	-7.565	5.556	-28.440	29.289	0.114	-0.115
6	983	-1.279	-1.418	-7.992	5.517	-27.759	28.107	0.002	-0.278
7	989	-0.702	-0.763	-7.595	6.343	-27.127	30.739	0.038	-0.202
8	988	-0.754	-0.436	-7.485	5.946	-26.744	31.081	0.058	-0.227
9	990	-0.702	-0.479	-7.480	5.405	-24.834	26.557	0.048	-0.283
H_10	982	-0.145	0.000	-6.667	5.882	-27.174	32.353	0.063	-0.225
Diff(H_10-L_1)		0.769	0.895	0.451	0.565	0.458	-5.073	0.017	-0.325

Panel B 在偏度较低的样本期间基于金融利润规模构建资产组合的股票收益率分布偏度的基本统计量

资产组合	样本量	均值	中值	1/4 分位数	3/4 分位数	最小值	最大值	偏度	峰度
L_1	1 684	−4.733	−4.790	−11.111	1.763	−32.203	22.236	−0.003	−0.269
2	1 328	−5.641	−6.082	−12.183	0.896	−31.422	23.563	0.065	−0.225
3	2 212	−5.079	−4.923	−11.486	1.405	−32.295	24.279	−0.037	−0.305
4	1 533	−5.522	−5.568	−11.667	0.730	−35.398	23.333	−0.011	−0.171
5	1 689	−5.351	−5.376	−11.739	0.730	−35.616	23.134	−0.014	−0.104
6	1 693	−5.024	−5.128	−11.524	1.205	−29.607	24.686	0.071	−0.284
7	1 692	−4.781	−4.294	−10.985	1.467	−30.149	22.333	−0.037	−0.275
8	1 691	−4.704	−4.839	−11.644	1.695	−31.210	23.232	0.118	−0.275
9	1 691	−5.033	−5.340	−11.894	1.571	−29.787	23.188	0.130	−0.266
H_10	1 686	−4.471	−4.460	−10.976	1.818	−31.707	24.508	0.050	−0.260
Diff(H_10 − L_1)		0.262	0.330	0.136	0.055	0.496	2.272	0.053	0.009

各金融利润规模组合的股票收益率分布偏度的变化趋势。可以看出,在两个子样本期间,随着金融利润规模的增加,资产组合的股票收益率偏度的基本统计量呈较为明显的递增趋势。

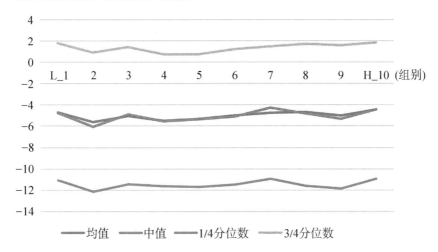

图6-30　低偏度样本期间各金融利润规模组合的股票收益率偏度的基本统计量

上述分析初步表明,公司股票收益率分布偏度与金融利润规模呈正相关关系,即随着金融利润规模的扩大,股票收益率分布偏度可能随之增大。

本部分基于股权分置改革前后,中国Ａ股市场中股票收益率分布偏度发生结构性变化的事实,把整体样本划分为股权分置改革前的高股票收益率分布偏度样本,以及股权分置改革后的低股票收益率分布偏度样本,分别考察两类子样本中随着金融化指标的变化各资产组合的股票收益率分布偏度的基本统计量如何变化。分析结果表明,随着公司金融资产占比、金融利润占比的增大,股票收益率分布偏度呈倒Ｕ形变化趋势;随着金融资产规模、金融利润规模的扩大,股票收益率分布偏度随之增大。本部分分析获取了有关金融化指标同股票收益率分布偏度关系的初步数据,并为后续回归分析在一定程度上指明了方向。

四、各金融化指标资产组合的年度股票收益率分析

前文的时间序列分析结果表明,在中国Ａ股市场中,股票收益率变化呈现明显的周期性特征。本部分先计算各年度股票收益率中值,然后按照从小到大的顺序进行排序,把中值较小的一半样本定义为股票年度收益率较低样本,把中值较大的另一半样本定义为股票年度收益率较高样本。在两类样本中,基于年度公司金融化指标构建10分位数资产组合,并计算各

资产组合的股票年度收益率的基本统计量。

(一) 基于金融资产占比构建资产组合的股票年度收益率分析

表 6-20 中的 Panel A 显示了股票年度收益率较高样本期间,基于金融资产占比构建资产组合的股票年度收益率的基本统计量。可以看出,尽管金融资产占比最高资产组合的股票年度收益率的均值、中值、1/4 分位数、3/4 分位数均大于金融资产占比最低资产组合中股票年度收益率的相应统计量,但各个统计量并没有显著的递增或递减的规律。如从金融资产占比最低组到最高组,股票年度收益率的中值分别为 -3.891、-3.403、-3.244、-2.693、-3.666、-3.007、-4.146、-3.285、-3.769 和 -2.401。可以认为,在股票市场收益率较高的子样本期间,金融资产占比与股票年度收益率可能存在正相关关系,但这种关系并不明显。

表 6-20 中的 Panel B 显示了股票年度收益率较低样本期间,基于金融资产占比构建资产组合的股票年度收益率的基本统计量。可以看出,尽管金融资产占比最高资产组合的股票年度收益率的均值、中值、1/4 分位数、3/4 分位数、最大值、最小值均大于金融资产占比最低资产组合的股票年度收益率的相应统计量。但各个统计量并没有显著的递增或递减的规律。如从金融资产占比最低组到最高组,股票年度收益率的均值分别为 0.080、-0.162、-1.595、-0.718、-1.517、1.692、0.543、-2.930、2.583 和 1.998。可以认为,在股票市场收益率较高的子样本期间,金融资产占比与股票年度收益率可能存在正相关关系,但这种关系可能并不明显。

从峰度和偏度来看,在两个子样本期间,股票年度收益率的峰度和偏度均大于 0,这说明在股票收益率较高、较低期间,股票收益率均呈右偏分布,这与时间序列分析中的结论一致。

从图 6-31 和图 6-32 可以看出,在两个子样本期间,各股票年度收益率基本统计量的变化趋势并不明显,各趋势线的尾端值均略高于起点值,即各股票年度收益率基本统计量在最高金融资产占比组合中的值大于在金融资产占比最低组合中的值。

概括而言,不论在股票市场较高收益率期,还是股票市场较低收益率期,公司金融资产占比可能与股票年度收益率存在正相关关系,但这种关系并不是非常明显。

表6－20　基于金融资产占比构建资产组合的股票年度收益率的基本统计量

Panel A　个股年度收益率较高样本期间基于金融建资产占比构建资产组合的股票年度收益率的基本统计量

资产组合	样本量	均值	中值	1/4分位数	3/4分位数	最小值	最大值	偏度	峰度
L_1	1583	−0.647	−3.891	−15.191	8.997	−57.818	113.738	1.183	2.503
2	1147	0.320	−3.403	−13.804	11.607	−51.998	143.269	1.349	3.884
3	1362	1.158	−3.244	−13.093	10.412	−46.929	150.352	1.572	4.511
4	1363	0.763	−2.693	−13.431	10.789	−57.332	120.069	1.225	2.949
5	1363	−0.162	−3.666	−13.978	10.057	−55.688	141.409	1.421	4.343
6	1370	0.752	−3.007	−13.833	10.382	−53.924	156.717	1.464	4.326
7	1365	−0.757	−4.146	−14.588	7.737	−55.204	169.545	1.739	6.506
8	1366	−0.204	−3.285	−13.241	9.412	−54.458	168.617	1.413	5.314
9	1367	−0.604	−3.769	−13.393	8.149	−49.022	132.759	1.576	5.045
H_10	1359	−0.463	−2.401	−13.614	8.555	−53.667	135.257	1.367	4.884
Diff(H_10−L_1)		0.184	1.490	1.577	−0.442	4.151	21.519	0.184	2.381

Panel B 个股年度收益率较低样本期间基于金融资产占比构建资产组合的股票年度收益率的基本统计量

资产组合	样本量	均值	中值	1/4分位数	3/4分位数	最小值	最大值	偏度	峰度
L_1	1464	0.080	−10.050	−29.487	19.230	−164.865	343.975	1.568	5.398
2	1156	−0.162	−9.512	−33.507	21.035	−231.599	461.785	1.831	7.666
3	1314	−1.595	−9.303	−31.914	20.635	−196.750	307.154	1.377	4.596
4	1315	−0.718	−10.976	−33.835	21.377	−171.750	406.764	1.709	6.523
5	1313	−1.517	−9.825	−32.729	19.865	−173.419	500.745	1.593	8.079
6	1315	1.692	−7.494	−30.626	22.668	−168.942	389.206	1.798	6.692
7	1316	0.543	−6.830	−30.395	22.904	−207.459	428.108	1.605	7.185
8	1313	−2.930	−9.051	−30.615	17.355	−220.313	438.554	1.784	9.607
9	1314	2.583	−7.739	−29.276	22.183	−153.845	448.455	2.185	9.990
H_10	1309	1.998	−7.351	−28.196	19.655	−153.262	423.775	1.903	7.801
Diff(H_10 − L_1)		1.918	2.699	1.291	0.424	11.602	79.800	0.335	2.402

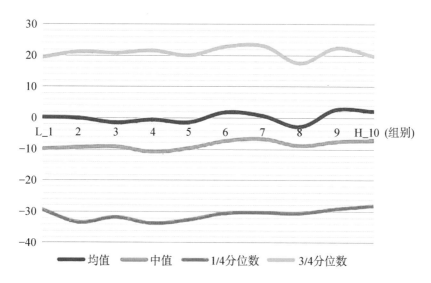

图 6-31　个股年度收益率较低样本期间基于金融资产占比构建资产组合
的股票年度收益率基本统计量

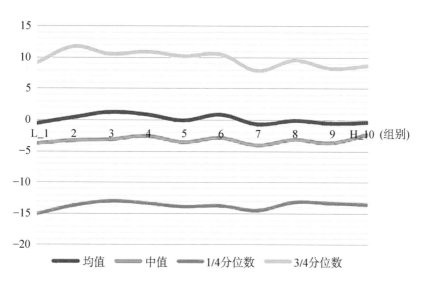

图 6-32　个股年度收益率较高样本期间基于金融资产占比构建资产组合的
股票年度收益率基本统计量

(二) 基于金融利润占比构建资产组合的股票年度收益率分析

表 6-21 中的 Panel A 显示了在股票市场收益率较低样本期间,基于金融利润占比构建资产组合的股票年度收益率的基本统计量。整体而言,金融利润占比最高资产组合的股票年度收益率的均值、中值、1/4 分位数、3/4分位数、最小值、最大值分别为 -3.251、-5.376、-14.942、5.508、-50.876和113.487,而金融利润占比最低资产组合的股票年度收益率的

表 6-21 基于金融利润占比构建资产组合的股票年度收益率的基本统计量

Panel A 个股年度收益率较低样本期间基于金融利润占比构建资产组合的股票年度收益率的基本统计量

资产组合	样本量	均值	中值	1/4 分位数	3/4 分位数	最小值	最大值	偏度	峰度
L_1	1359	-4.416	-7.321	-16.518	3.927	-55.688	95.159	1.377	3.795
2	1328	-1.811	-4.738	-14.825	7.418	-53.924	132.759	1.393	4.260
3	1644	1.009	-3.142	-13.381	11.227	-47.682	143.269	1.495	4.241
4	1153	3.032	-1.002	-13.078	13.026	-57.818	156.717	1.513	4.473
5	1334	4.433	-0.543	-11.241	14.699	-57.332	169.545	1.590	4.454
6	1370	2.763	-1.197	-12.273	12.868	-46.644	168.617	1.397	3.936
7	1365	0.231	-2.235	-13.330	10.789	-47.558	142.869	1.160	3.478
8	1366	-0.120	-2.624	-14.073	10.367	-51.998	135.257	1.120	3.163
9	1367	-1.597	-4.638	-13.476	6.936	-54.458	134.057	1.395	4.725
H_10	1359	-3.251	-5.376	-14.942	5.508	-50.876	113.487	1.121	3.406
Diff(H_10-L_1)		1.165	1.944	1.576	1.582	4.812	18.328	-0.256	-0.389

Panel B 个股年度收益率较高样本期间基于金融利润占比构建资产组合的股票年度收益率的基本统计量

资产组合	样本量	均值	中值	1/4分位数	3/4分位数	最小值	最大值	偏度	峰度
L_1	1306	−5.119	−13.445	−35.366	17.065	−207.459	428.108	1.559	6.438
2	983	4.600	−8.035	−31.765	24.605	−144.696	500.745	2.137	9.050
3	1704	3.415	−6.561	−28.671	25.513	−165.025	346.595	1.448	4.596
4	1256	1.621	−8.896	−33.167	22.051	−153.495	461.785	1.867	7.349
5	1313	0.886	−7.059	−28.839	23.644	−231.599	389.206	1.430	6.873
6	1315	−3.100	−9.901	−31.411	19.461	−171.750	359.325	1.282	5.331
7	1316	−2.180	−10.566	−31.826	19.062	−156.275	406.764	1.659	7.077
8	1313	1.864	−6.870	−28.781	18.231	−153.262	438.554	2.082	9.030
9	1314	−0.103	−7.915	−30.299	18.526	−168.942	448.455	1.944	9.544
H_10	1309	−1.697	−9.875	−30.885	17.544	−153.845	423.775	2.002	8.992
Diff(H_10−L_1)		3.422	3.570	4.481	0.479	53.615	−4.332	0.443	2.554

相应统计量值分别为－4.416、－7.321、－16.518、3.927、－55.688 和 95.159。显然,在金融利润占比较高的样本中,股票年度收益率的各基本统计量基本高于金融利润占比较低样本中的相应值。但各基本统计量均没有呈现显著的递增趋势,如从金融利润占比最低组到最高组,各资产组合的股票年度收益率的均值分别为－4.416、－1.811、1.009、3.032、4.433、2.763、0.231、－0.120、－1.597 和－3.251。上述证据说明,金融利润占比从整体上正向影响股票年度收益率,但这种影响并非单调显著。

表 6-21 中的 Panel B 显示了在股票市场收益率较高样本期间,基于金融利润占比构建资产组合的股票年度收益率的基本统计量。整体而言,金融利润占比最高资产组合的股票年度收益率的均值、中值、1/4 分位数、3/4 分位数、最小值、最大值分别为－1.697、－9.875、－30.885、17.544、－153.845 和 423.775,而金融利润占比最低资产组合的股票年度收益率的相应统计量分别为－5.119、－13.445、－35.366、17.065、－207.459 和 428.108。显然,在金融利润占比较高的样本中,股票年度收益率的各基本统计量高于金融利润占比较低样本中的相应值。但各基本统计量均没有呈现显著的递增趋势,如从金融利润占比最低组到最高组,各资产组合的股票年度收益率的中值分别为－13.445、－8.035、－6.561、－8.896、－7.059、－9.901、－10.566、－6.870、－7.915 和－9.875。上述证据说明,金融利润占比整体上正向影响股票年度收益率,但这种影响并非单调显著。

图 6-33 显示,随着金融利润占比的增加,股票年度收益率的基本统计

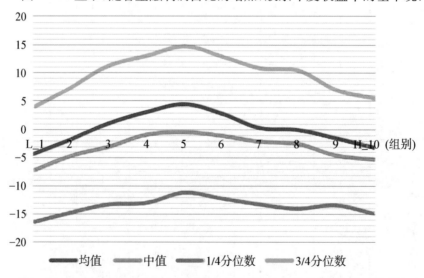

图 6-33 年度收益率较低样本期间基于金融利润占比构建资产组合的股票年度收益率基本统计量

量呈倒 U 形变化趋势,且终点值均大于起点值。图 6-34 显示,随着金融资产占比的增加,股票年度收益率的基本统计量变化趋势并不明显。

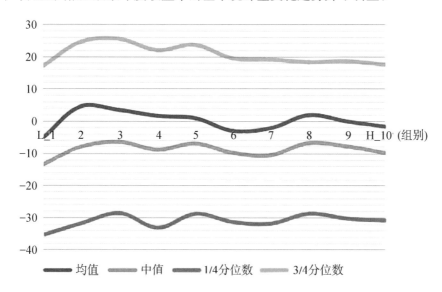

图 6-34　年度收益率较高样本期间基于金融利润占比构建资产组合的股票年度收益率基本统计量

　　概括而言,在中国 A 股市场中,公司金融利润占比整体上可能正向影响股票年度收益率,但这种影响不是非常明显。

(三) 基于金融资产规模构建资产组合的股票年度收益率分析

　　表 6-22 中的 Panel A 显示了在股票市场收益率较低样本期间,基于金融资产规模构建资产组合的股票收益率的基本统计量。可以看出,金融资产规模最小的资产组合的均值、中值、1/4 分位数、3/4 分位数、最小值、最大值的数值分别为 -1.384、-4.343、-15.796、8.288、-57.818 和 113.738,而金融资产规模最大的资产组合的相应统计量分别为 3.774、-0.044、-9.638、12.862、-47.090 和 168.617。显然,金融资产规模最大资产组合的股票年度收益率的各基本统计量显著大于金融资产规模最小组合的相应值。此外,从金融资产规模最小的资产组合到最大的资产组合,均值分别为 -1.384、-1.802、-1.210、-0.566、-0.118、-0.390、-0.250、0.483、1.407 和 3.774,中值分别为 -4.343、-4.733、-4.187、-3.781、-3.773、-4.392、-4.368、-2.445、-2.103 和 -0.044。显然,均值、中值均随着各资产组合金融资产规模的增加而呈现出递增趋势。

表6-22 基于金融资产规模构建资产组合的股票年度收益率的基本统计量

Panel A 个股收益率较低样本期间基于金融资产规模构建资产组合的年度股票收益率的基本统计量

资产组合	样本量	均值	中值	1/4 分位数	3/4 分位数	最小值	最大值	偏度	峰度
L_1	1585	-1.384	-4.343	-15.796	8.288	-57.818	113.738	1.172	2.531
2	1145	-1.802	-4.733	-14.465	7.016	-57.332	143.269	1.404	4.794
3	1362	-1.210	-4.187	-14.431	8.855	-48.856	115.889	1.256	3.674
4	1363	-0.566	-3.781	-15.214	9.247	-54.323	169.545	1.592	5.734
5	1363	-0.118	-3.773	-14.056	9.756	-54.458	120.069	1.256	2.953
6	1370	-0.390	-4.392	-14.564	9.219	-55.204	134.057	1.407	3.699
7	1365	-0.250	-4.368	-14.454	8.369	-51.277	150.352	1.645	5.080
8	1366	0.483	-2.445	-13.086	9.297	-55.688	142.869	1.571	5.324
9	1367	1.407	-2.103	-11.655	9.982	-48.818	133.699	1.623	5.359
H_10	1359	3.774	-0.044	-9.638	12.862	-47.090	168.617	1.570	5.458
Diff(H_10-L_1)		5.158	4.299	6.158	4.574	10.728	54.879	0.398	2.927

Panel B　个股收益率较高样本期间基于金融资产规模构建资产组合的年度股票收益率的基本统计量

资产组合	样本量	均值	中值	1/4分位数	3/4分位数	最小值	最大值	偏度	峰度
L_1	1464	-0.055	-9.499	-29.487	19.423	-164.865	343.975	1.498	5.184
2	1156	-0.886	-9.686	-33.757	20.256	-165.025	461.785	1.967	8.619
3	1313	1.939	-7.431	-30.335	22.844	-152.825	346.595	1.629	5.227
4	1316	2.906	-7.936	-31.174	25.305	-231.599	362.285	1.293	4.368
5	1313	1.569	-7.639	-30.636	25.251	-207.459	389.206	1.465	5.517
6	1315	-0.947	-8.671	-31.131	19.944	-156.335	428.108	1.617	7.222
7	1316	2.664	-7.067	-28.935	25.318	-173.419	318.585	1.301	4.054
8	1313	-2.750	-9.121	-32.236	17.439	-220.313	448.455	1.772	9.122
9	1314	-3.032	-10.867	-32.826	15.229	-171.750	438.554	2.174	10.676
H_10	1309	-1.520	-10.837	-31.456	15.816	-153.262	500.745	2.779	15.158
Diff(H_10 - L_1)		-1.464	-1.337	-1.969	-3.607	11.602	156.770	1.281	9.974

表 6-22 的 Panel B 显示了在股票市场收益率较高样本期间,基于金融资产规模构建资产组合的股票收益率的基本统计量。可以看出,金融资产规模最大的资产组合的均值、中值、1/4 分位数、3/4 分位数、最小值、最大值的数值分别为 -1.520、-10.837、-31.456、15.816、-153.262 和 500.745,金融资产规模最小的资产组合的相应统计量分别为 -0.055、-9.499、-29.487、19.423、-167.865 和 343.975。从金融资产规模最小的资产组合到最大的资产组合,均值分别为 -0.055、-0.886、1.939、2.906、1.569、-0.947、2.664、-2.750、-3.032 和 -1.520,中值分别为 -9.499、-9.686、-7.431、-7.936、-7.639、-8.761、-7.067、-9.121、-10.867 和 -10.837。显然,均值、中值均随着各资产组合金融资产规模的增加而呈现出略微递减的趋势。

从图 6-35 可以看出,在股票市场收益率整体较低的样本期间,随着公司金融资产规模的扩大,资产组合股票年度收益率的各基本统计量呈明显的递增趋势。从图 6-36 可以看出,在股票市场整体收益率较高的样本期间,随着公司金融资产规模的扩大,资产组合股票年度收益率的各基本统计量并无明显的变动趋势。

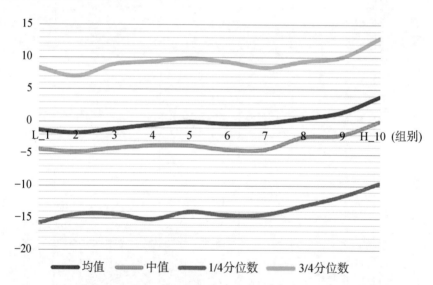

图 6-35　年度收益率较低样本期间基于金融资产规模构建资产组合的股票年度收益率基本统计量

概括而言,在股票市场整体收益率较低的时期,金融资产规模与股票收益率存在较为明显的正相关关系;在股票市场整体收益率较高的期间,金融资产规模与股票收益率存在的正相关关系并不明显。

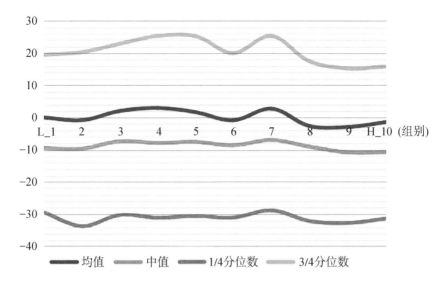

图 6 - 36　年度收益率较高样本期间基于金融资产规模构建资产组合的股票年度收益率基本统计量

（四）基于金融利润规模构建资产组合的股票年度收益率分析

表 6 - 23 的 Panel A 显示了在股票市场收益率较低时期，基于金融利润规模构建资产组合的股票年度收益率的基本统计量。整体而言，随着金融利润规模的扩大，股票年度收益率的各基本统计量呈较为明显的递增趋势。从金融利润规模最小的资产组合到最大的资产组合，股票年度收益率的均值分别为 -2.866、-2.531、-1.148、-0.861、-0.585、0.071、0.948、1.370、2.111 和 3.438，中值分别为 -6.429、-5.176、-4.362、-4.203、-3.456、-3.018、-3.123、-2.530、-1.743 和 -0.044，其他各统计量也呈现出类似的趋势。

表 6 - 23 的 Panel B 显示了在股票市场收益率较高时期，基于金融利润规模构建资产组合的股票年度收益率的基本统计量。整体而言，随着金融利润规模的扩大，股票年度收益率的各基本统计量变动趋势并不明显。从金融利润规模最小的资产组合到最大的资产组合，股票年度收益率的 1/4 分位数分别为 -33.026、-33.896、-28.823、-31.611、-30.254、-31.465、-29.546、-31.195、-30.915 和 -31.333，中值分别为 -9.341、-8.867、-7.249、-10.336、-9.384、-9.466、-8.716、-8.698、-8.185 和 -8.914，二者变化趋势并不明显，而均值及 3/4 分位数则呈略微下降趋势。

从图 6 - 37 可以看出，在股票市场收益率较高的时期，股票年度收益率的 3/4 分位数和均值呈现出随着金融利润规模扩大而略微下降的趋势，中值和 1/4 分位数对金融利润规模的变化似乎并不太敏感。

表 6-23 基于金融利润规模构建资产组合的股票年度收益率的基本统计量

Panel A 个股收益率较低样本期间基于金融利润规模构建资产组合的年度股票收益率的基本统计量

资产组合	样本量	均值	中值	1/4 分位数	3/4 分位数	最小值	最大值	偏度	峰度
L_1	1358	-2.866	-6.429	-16.513	6.227	-55.688	132.759	1.352	3.627
2	1283	-2.531	-5.176	-15.653	6.649	-53.667	120.069	1.238	3.432
3	1608	-1.148	-4.362	-14.201	8.219	-57.332	143.269	1.446	4.496
4	1183	-0.861	-4.203	-14.961	8.207	-46.581	169.545	1.778	7.224
5	1395	-0.585	-3.456	-14.465	9.436	-49.022	113.549	1.195	2.917
6	1361	0.071	-3.018	-13.663	9.839	-57.818	141.409	1.178	2.811
7	1365	0.948	-3.123	-13.463	10.429	-46.328	150.352	1.524	4.425
8	1366	1.370	-2.530	-13.043	10.220	-55.204	142.869	1.753	5.608
9	1367	2.111	-1.743	-12.104	11.966	-50.876	130.489	1.471	3.965
H_10	1359	3.438	-0.044	-10.428	13.087	-47.558	168.617	1.385	5.005
Diff(H_10-L_1)		6.304	6.385	6.085	6.860	8.130	35.858	0.033	1.378

Panel B 个股收益率较高样本期间基于金融利润规模构建资产组合的年度股票收益率的基本统计量

资产组合	样本量	均值	中值	1/4分位数	3/4分位数	最小值	最大值	偏度	峰度
L_1	1306	1.194	−9.341	−33.026	24.039	−207.459	500.745	1.898	9.020
2	1030	2.852	−8.867	−33.896	27.649	−152.825	346.595	1.479	4.569
3	1598	2.055	−7.249	−28.823	22.865	−128.136	379.344	1.602	5.278
4	1315	−0.538	−10.336	−31.611	19.361	−165.025	461.785	2.041	9.303
5	1313	−1.690	−9.384	−30.254	18.385	−220.313	389.206	1.514	6.479
6	1315	−2.696	−9.466	−31.465	19.323	−164.865	359.325	1.516	6.489
7	1316	−1.453	−8.716	−29.546	18.41?	−231.599	338.565	1.324	5.764
8	1313	1.879	−8.693	−31.195	23.464	−153.262	438.554	1.883	7.724
9	1314	−1.163	−8.185	−30.915	18.34?	−153.845	448.455	1.649	7.261
H_10	1309	−0.256	−8.914	−31.333	17.911	−171.750	423.775	2.256	10.221
Diff(H_10−L_1)		−1.450	0.427	1.693	−6.129	35.709	−76.970	0.357	1.201

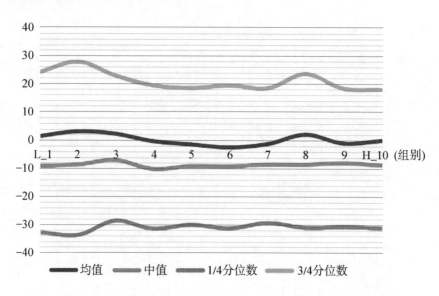

图 6-37　年度收益率较高样本期间基于金融利润规模构建资产组合的股票年
　　　　度收益率基本统计量

从图 6-38 可以看出，在股票市场收益率较低的时期，股票年度收益率
的各基本统计量呈现出随着金融利润规模扩大而显著增加的趋势。

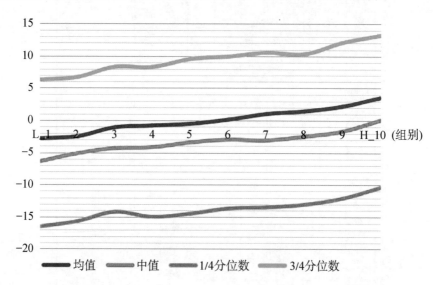

图 6-38　年度收益率较低样本期间基于金融利润规模构建资产组合的股票年
　　　　度收益率基本统计量

基于以上分析，可以认为，在股票市场整体收益率较高的时期，公司金
融利润规模对股票年度收益率具有一定程度的负向影响，而在股票市场行
情较差的时期，金融利润规模对公司股票年度收益率产生了较为明显的正

向影响。

本部分基于股价特质性波动率、股票年度收益率水平等指标构建子样本,并基于公司金融资产占比、金融利润占比、金融资产规模、金融利润规模等指标构建10等分位数资产组合,计算各资产组合的股票流动性、年度内股票日收益率的特质性波动率、年度内股票日收益率的偏度系数及股票年度收益率等指标的基本统计量。分析结果表明,①金融资产占比、金融利润占比均在整体上正向影响股票年度收益率,但这种影响并不明显和单调;②在股票市场整体收益率较低的时期,金融资产规模、金融利润规模均在整体上正向影响股票年度收益率;③在股票市场整体收益率较高的时期,金融资产规模、金融利润规模均对股票年度收益率具有略微的负向影响,但此影响并不单调显著。

第四节　实体企业脱实向虚资本市场效应的
回归结果分析

(一) 公司金融化对股票流动性的回归模型设计

借鉴已有研究,本书用如下回归模型检验公司金融化指标对股票流动性的影响。

$$
\begin{aligned}
\mathrm{AMH}_{i,t} = {} & \beta_0 + \beta_1 \times D_{i,t} + \beta_2 \times \mathrm{Fin}_{i,t} + \beta_3 \times D_{i,t} \times \mathrm{Fin}_{i,t} \\
& + \delta \mathrm{Controls} + \mathrm{Industry} + \mathrm{Year} + \varepsilon_{i,t}
\end{aligned} \quad (6-5)
$$

其中 $\mathrm{Fin}_{i,t}$ 代表金融化指标,取值 $\mathrm{Fin1}_{i,t}$、$\mathrm{Fin2}_{i,t}$、$\mathrm{Fa}_{i,t}$ 和 $\mathrm{Fp}_{i,t}$,分别考察金融资产占比、金融利润占比、金融资产规模及金融利润规模对股票流动性的影响。

$D_{i,t}$ 是虚拟变量,代表股权分置改革后、股票市场流动性较强的2009—2019年,归属于此期间的样本取值为1,否则取值为0。设置虚拟变量的原因在于,资产组合分析表明,2009年前后中国股票市场制度背景有较大变化,股票流动性存在巨大差异,公司金融化指标与股票流动性间的变动关系也存在差异。Controls 代表控制变量,包括公司规模、公司股价、年度流通股股票换手率、总资产回报率以及年度股票交易额度等。δ 表示控制变量的斜率系数。

通过考察 β_2 的符号及显著性水平可以判断公司金融化各项指标对股票流动性的影响;通过考察 β_3 的符号及显著性水平可以判断公司金融化各

项指标对股票流动性的影响在 2009 年前后是否存在差异。

此外,回归模型还控制了行业虚拟变量(Industry)。行业虚拟变量的设置依据中国证监会《上市公司行业分类指引》(2012 年修订),剔除了金融业门类(J 门类)及房地产业门类(K 门类),部分样本观测值缺失的行业门类不设置虚拟变量,最终共设置了 15 个代表行业门类的虚拟变量。1993—2019年共设置了 26 个年度虚拟变量(Year)。

(二) 公司金融化对股价特质性波动率的回归模型设计

借鉴已有研究,本书用如下回归模型检验公司金融化指标对股价特质性波动率的影响。

$$\begin{aligned} \mathrm{IVOL}_{i,t} = {} & \beta_0 + \beta_1 \times D_{i,t} + \beta_2 \times \mathrm{Fin}_{i,t} + \beta_3 \times D_{i,t} \times \mathrm{Fin}_{i,t} \\ & + \delta\mathrm{Controls} + \mathrm{Industry} + \mathrm{Year} + \varepsilon_{i,t} \end{aligned} \tag{6-6}$$

其中 $\mathrm{Fin}_{i,t}$ 代表金融化指标,取值为 $\mathrm{Fin}1_{i,t}$、$\mathrm{Fin}2_{i,t}$、$\mathrm{Fa}_{i,t}$ 和 $\mathrm{Fp}_{i,t}$,分别考察金融资产占比、金融利润占比、金融资产规模及金融利润规模对股价特质性波动率的影响。

$D_{i,t}$ 是虚拟变量,代表特质性波动率较高的年份。根据前文分析,股票市场整体的股价波动率水平一定程度上体现了投资者对待投资风险的态度,当投资者对待风险的态度存在差异时,公司金融化政策对股价特质性波动率的影响有可能不尽相同。此外,本书前文资产组合分析结果也表明,在市场整体股价特质性波动率较高的时期及较低的时期,公司金融化指标对股价特质性波动率的影响不尽相同。

鉴于此,本部分根据股价特质性波动率的年度中位数的大小,把样本等分为股价特质性波动率较高和较低的样本期间。股价特质性波动率较低的样本期间包括 1993 年、1994 年、1995 年、1998 年、2001 年、2002 年、2003年、2004 年、2005 年、2011 年、2012 年、2016 年和 2017 年,此时虚拟变量取值为 1,否则为 0。

控制变量(Controls)包括公司规模、公司股价、年度流通股股票换手率、总资产回报率以及年度股票交易额度等。行业虚拟变量(Industry)及年度虚拟变量(Year)的设置同前述模型保持一致。

通过考察 β_2 的符号及显著性水平可以判断公司金融化各项指标对股价特质性波动率的影响;通过考察 β_3 的符号及显著性水平可以判断公司金融化各项指标对股价特质性波动率的影响,以及这种影响在市场整体股价特质性波动率较高及较低时期是否存在差异。

(三) 公司金融化对股价年度内日收益率偏度的回归模型设计

借鉴已有研究,本书采用如下回归模型检验公司金融化指标对股价年度内日收益率偏度的影响。

$$
\begin{aligned}
\mathrm{SKEW}_{i,t} = \beta_0 &+ \beta_1 \times D_{i,t} + \beta_2 \times \mathrm{Fin}_{i,t} + \beta_3 \times D_{i,t} \times \mathrm{Fin}_{i,t} \\
&+ \delta\mathrm{Controls} + \mathrm{Industry} + \mathrm{Year} + \varepsilon_{i,t}
\end{aligned} \tag{6-7}
$$

其中，$\mathrm{Fin}_{i,t}$ 代表金融化指标，取值为 $\mathrm{Fin1}_{i,t}$、$\mathrm{Fin2}_{i,t}$、$\mathrm{Fa}_{i,t}$ 和 $\mathrm{Fp}_{i,t}$，分别考察金融资产占比、金融利润占比、金融资产规模及金融利润规模对股价年度内日收益率偏度的影响。

$D_{i,t}$ 是虚拟变量，代表股价年度内日收益率偏度整体水平较高的年份。对股价年度内日收益率偏度的时间序列分析表明，在股权分置改革前的年份股价年度内日收益率偏度的整体水平较高。本书把整个样本期间等分为高收益率偏度期间和低收益率偏度期间，高收益率偏度期间包括 1993 年、1996 年、1997 年、1998 年、1999 年、2000 年、2001 年、2002 年、2003 年、2004 年、2005 年、2015 年和 2018 年。样本观测值归属于这些年份时 $D_{i,t}$ 取值为 1，否则为 0。

控制变量（Controls）包括公司规模、公司股价、年度流通股股票换手率、总资产回报率以及年度股票交易额度等。行业虚拟变量（Industry）及年度虚拟变量（Year）的设置同前述模型保持一致。

通过考察 β_2 的符号及显著性水平可以判断公司金融化各项指标对股价年度内日收益率偏度的影响；通过考察 β_3 的符号及显著性水平可以判断公司金融化各项指标对股价年度内日收益率偏度的影响，以及这种影响在市场整体股价年度内日收益率偏度较高及较低时期是否存在差异。

（四）公司金融化对股票年度收益率的回归模型设计

借鉴已有研究，本书用如下回归模型检验公司金融化指标对股票年度收益率的影响。

$$
\begin{aligned}
\mathrm{RET}_{i,t} = \beta_0 &+ \beta_1 \times D_{i,t} + \beta_2 \times \mathrm{Fin}_{i,t} + \beta_3 \times D_{i,t} \times \mathrm{Fin}_{i,t} \\
&+ \delta\mathrm{Controls} + \mathrm{Industry} + \mathrm{Year} + \varepsilon_{i,t}
\end{aligned} \tag{6-8}
$$

其中，$\mathrm{Fin}_{i,t}$ 代表金融化指标，取值为 $\mathrm{Fin1}_{i,t}$、$\mathrm{Fin2}_{i,t}$、$\mathrm{Fa}_{i,t}$ 和 $\mathrm{Fp}_{i,t}$，分别考察金融资产占比、金融利润占比、金融资产规模及金融利润规模对股票年度收益率的影响。

$D_{i,t}$ 是虚拟变量，代表股票年度收益率影响整体水平较高的年份。在股票收益率整体水平不同的年份，金融资产对股票收益率的影响可能存在差异。本书把所有个股年度收益率中值大于零的年份归类为股票收益率整体较高的年份，包括 1996 年、1997 年、1998 年、1999 年、2000 年、2006 年、

2007 年、2009 年、2010 年、2013 年、2014 年、2015 年和 2019 年。样本观测值归属于这些年份时 $D_{i,t}$ 取值为 1，否则为 0。

控制变量（Controls）包括公司规模、公司股价、年度流通股股票换手率、总资产回报率以及年度股票交易额度等。行业虚拟变量（Industry）及年度虚拟变量（Year）的设置同前述模型保持一致。

通过考察 β_2 的符号及显著性水平可以判断公司金融化各项指标对股票年度收益率的影响；通过考察 β_3 的符号及显著性水平可以判断公司金融化各项指标对股票年度收益率的影响，以及这种影响在市场整体股票年度收益率较高及较低时期是否存在差异。

（五）回归结果分析

1. 公司金融化对股票流动性的回归结果分析

表 6-24 显示了公司金融化各项指标对股票流动性的影响。可以看出，虚拟变量 $D_{i,t}$ 的斜率系数始终显著为负值，这说明在股权分置改革后及新会计准则实施后，中国 A 股市场股票的流动性显著增强。这一结果与本研究所采用的非流动性指数时间序列分析的结果一致。在解释变量为金融资产占比和金融利润占比时，$Fin_{i,t}$ 的斜率系数均不显著，$D_{i,t} \times Fin_{i,t}$ 的斜率系数分别为 0.002 和 0.001，且均在 5% 的水平上显著。整体而言，金融资产占比、金融利润占比并没有显著影响股票流动性，但在股权分置改革后及新会计准则实施后（$D_{i,t}=1$ 时），公司金融资产占比和金融利润占比均正向影响了非流动性指数，削弱了公司股票流动性。

在解释变量为金融资产规模、金融利润规模时，$Fin_{i,t}$ 的斜率系数分别为 $-1.685E-11$ 和 $-2.325E-11$，且均在 1% 的水平上显著，$D_{i,t} \times Fin_{i,t}$ 相应的斜率系数分别为 $2.244E-11$ 和 $4.325E-11$，且均在 1% 的水平上显著。这说明公司金融资产规模、金融利润规模整体上显著负向影响了非流动性指标，对股票流动性产生了显著的正向影响。

当 $D_{i,t}$ 等于 1，解释变量为金融资产规模、金融利润规模时，$Fin_{i,t}$ 的斜率系数分别为 $0.559E-11$ 和 $2.000E-11$，且各系数均在 1% 的水平上显著。这说明，在股权分置改革后及新会计准则实施后，中国 A 股市场上市公司金融资产规模及金融利润规模整体上降低了股票流动性。以上回归分析的结论与前文构建资产组合进行分析的结论一致。此外，表 6-24 中各模型的 F 值和调整的可决系数均较高，说明回归模型设计具有较高的可靠性。

各金融化指标对股票非流动性指标的回归分析结果表明，公司金融资产占比、金融利润占比对股票非流动性的影响整体上并不显著，但在股权分置改革完成后及新会计准则实施后,公司金融资产占比、金融利润占比对股票非流动性产生了显著的负向影响,即增强了股票流动性。公司金融资产规模、金融利润规模整体上增强了股票流动性,但在股权分置改革完成后及新会计准则实施前,公司金融资产规模、金融利润规模却削弱了股票流动性。上述结论与构建资产组合进行分析的结论一致。

表6-24　公司金融化指标对股票流动性的回归结果

解释变量	Fin1	Fin2	Fa	Fp
Intercept	2.564*** (70.58)	2.562*** (70.58)	2.672*** (70.76)	2.620*** (71.23)
$D_{i,t}$	−0.199*** (−29.56)	−0.199*** (−30.47)	−0.208*** (−31.60)	−0.200*** (−30.65)
$Fin_{i,t}$	−0.017 (−0.88)	0.000 (1.12)	−1.685E−11*** (−6.31)	−2.325E−11*** (−2.24)
$D_{i,t} \times Fin_{i,t}$	0.002** (2.17)	0.001** (2.01)	2.244E−11*** (8.42)	4.325E−11*** (4.10)
Controls	YES	YES	YES	YES
Industry	YES	YES	YES	YES
Year	YES	YES	YES	YES
F	1 148	1 148	1 167	1 156
Adj_R2	67.30	67.30	67.66	67.43
n	26 773	26 773	26 773	26 773

注:***、**和*分别表示在1%、5%和10%的水平上显著。

2. 公司金融化对股价特质性波动率的回归结果分析

表6-25显示了各金融化指标对股价特质性波动率的回归结果。可以看出,$D_{i,t}$的斜率系数均显著为正值,这说明在股权分置改革完成及会计准则实施后,股价特质性波动率平均水平较高。在解释变量为金融资产占比和金融利润占比时,$Fin_{i,t}$的斜率系数分别为0.001和−0.000,且均在5%的水平上显著,$D_{i,t} \times Fin1_{i,t}$和$D_{i,t} \times Fin2_{i,t}$的斜率系数估计值分别为0.000 2(并不显著)和0.000(在5%的水平上显著)。这说明金融资产占比整体上增大了股价特质性波动率,而金融利润占比整体上降低了股价特质性波动率,且该影响主要存在于股权分置改革及新会计准则实施前市场整

体股价特质性波动率较低的样本期。

在解释变量为金融资产规模和金融利润规模时,$Fin_{i,t}$ 的斜率系数的估价值分别为 $-6.380E-14$ 和 $-2.691E-13$,$D_{i,t} \times Fin1_{i,t}$ 和 $D_{i,t} \times Fin2_{i,t}$ 的斜率系数估计值分别为 $-7.082E-14$ 和 $-1.527E-13$。这说明,公司金融资产规模及金融利润规模均从整体上降低了股价特质性波动率,且该影响在股权分置改革完成及新会计准则实施后、股价特质性波动率较高的时期更为显著。

表 6-25 公司金融化指标对股价特质性波动率的回归结果

解释变量	Fin1	Fin2	Fa	Fp
Intercept	0.047*** (48.59)	0.047*** (48.66)	0.044*** (43.91)	0.046*** (46.69)
$D_{i,t}$	0.002*** (15.93)	0.002*** (16.91)	0.002*** (17.67)	0.002*** (17.13)
$Fin_{i,t}$	0.001** (2.55)	-0.000** (−1.98)	$-6.380E-14$*** (−3.92)	$-2.691E-13$*** (−2.73)
$D_{i,t} \times Fin_{i,t}$	0.000 2 (0.46)	0.000** (2.56)	$-7.082E-14$*** (−3.73)	$-1.527E-13$ (−1.35)
Controls	YES	YES	YES	YES
Industry	YES	YES	YES	YES
Year	YES	YES	YES	YES
F	678.63	677	684	680
Adj_R2	54.85%	54.83%	55.07%	54.92%
n	26 773	26 773	26 773	26 773

注:***、**和*分别表示在1%、5%和10%的水平上显著。

整体而言,回归分析的结果与基于各金融化指标构建资产组合进行分析的结果一致,即公司金融资产占比、金融利润占比整体上降低了股价特质性波动率,并且该影响在股权分置改革完成及新会计准则实施后更为明显;公司金融资产规模、金融利润规模均显著降低了股价特质性波动率,且该负向影响在股权分置改革完成及新会计准则实施后更为明显。

3. 公司金融化对股票年度内日收益率偏度的回归结果分析

表 6-26 显示了公司金融化的各项指标对股票年度内日收益率偏度的影响。可以看出,$D_{i,t}$ 的斜率系数在各个回归模型中的估计值均为负值但均不显著。这说明,在股权分置改革前后,中国 A 股市场股票年度内日

收益率分布偏度整体上不存在显著差异。在解释变量为金融资产占比、金融利润占比、金融资产规模、金融利润规模时，对应的 $Fin_{i,t}$ 斜率系数均为负值，且均不显著。这说明公司金融化政策选择整体上降低了股票年度内日收益率分布偏度，但该影响并不显著。在解释变量为各个金融化指标时，$D_{i,t} \times Fin1_{i,t}$ 的斜率系数均不显著，这意味着公司金融资产占比、金融利润占比、金融资产规模及金融利润规模在股权分置改革完成及新会计准则实施前后对股票年度内日收益率分布偏度的影响并不存在显著差异。

表6‑26　公司金融化指标对股票年度日收益率分布偏度的回归结果

解释变量	Fin1	Fin2	Fa	Fp
Intercept	−0.342*** (−17.91)	−0.343*** (−17.95)	−0.348*** (−17.52)	−0.343*** (−17.68)
$D_{i,t}$	−0.002 (−0.64)	−0.002 (−0.92)	−0.002 (−0.87)	−0.002 (−0.97)
$Fin_{i,t}$	−0.011 (−1.14)	−0.000 (−0.49)	−1.185E−13 (−0.37)	−1.002E−12 (−0.59)
$D_{i,t} \times Fin_{i,t}$	−0.005 (−0.47)	0.000 (0.34)	−8.005E−14 (−0.21)	1.144E−12 (0.55)
Controls	YES	YES	YES	YES
Industry	YES	YES	YES	YES
Year	YES	YES	YES	YES
F	84.73	84.57	84.57	84.55
Adj_R2	13.05	13.03	13.03	13.03
n	26 773	26 773	26 773	26 773

注：＊＊＊、＊＊和＊分别表示在1％、5％和10％的水平上显著。

各金融化指标对股票年度内日收益率分布偏度的回归分析结果表明，中国Ａ股上市公司金融资产占比、金融利润占比、金融资产规模及金融利润规模均从整体上降低了股票年度内日收益率分布偏度，但这种影响并不显著。股权分置改革及新会计准则实施前后，公司金融政策选择对股票年度内日收益率分布偏度的影响不存在显著差异。回归分析的结论与本书前文对股票年度内日收益率分布偏度的时间序列分析，以及基于各金融指标构建资产组合的分析结果一致。

4. 公司金融化对股票年度收益率的回归结果分析

表6-27显示了各金融化指标对股票年度收益率的回归结果。可以看出,在解释变量为金融资产占比、金融利润占比、金融资产规模及金融利润规模时,$D_{i,t}$的斜率系数估计值分别为0.573、0.579、0.590和0.583,且均在1%的水平上显著。这说明在股权分置改革及新会计准则实施后的样本期间内,股票年度收益率整体较高。当解释变量为金融资产占比、金融利润占比时,$Fin_{i,t}$的斜率系数估计值分别为0.037和0.000,且均不显著,这说明金融资产占比、金融利润占比对公司股票年度收益率具有正向影响,但该影响并不显著。在解释变量为金融资产规模、金融利润规模时,$Fin_{i,t}$的斜率系数估计值分别为2.400E-12和1.145E-11,且分别为在5%和10%的水平上显著,对应的$D_{i,t} \times Fin_{i,t}$的斜率系数估计值分别为-1.073E-11和-3.420E-11,且均在1%的水平上显著。这意味着金融资产规模和金融利润规模整体上正向影响了股票年度收益率,但该影响在股权分置改革完成及新会计准则实施后较弱。

表6-27　公司金融化指标对股票年度收益率的回归结果

解释变量	Fin1	Fin2	Fa	Fp
Intercept	−1.396*** (−15.58)	−1.391*** (−15.53)	−1.442*** (−15.52)	−1.401*** (−15.41)
$D_{i,t}$	0.573*** (46.56)	0.579*** (49.27)	0.590*** (49.72)	0.583*** (49.41)
$Fin_{i,t}$	0.037 (1.06)	0.000 (0.09)	2.400E-12** (2.01)	1.145E-11* (1.71)
$D_{i,t} \times Fin_{i,t}$	0.066 (1.35)	−0.000 (−0.21)	−1.073E-11*** (−6.45)	−3.420E-11*** (−3.70)
Controls	YES	YES	YES	YES
Industry	YES	YES	YES	YES
Year	YES	YES	YES	YES
F	913	912	915	913
Adj_R2	62.06	62.11	62.12	62.07
n	26 773	26 773	26 773	26 773

注:***、**和*分别表示在1%、5%和10%的水平上显著。

各金融化指标对股票年度收益率的回归分析结果表明,金融资产占比及金融利润占比对股票年度收益率产生了不显著的正向影响,且该影响在整个样本期间内并不存在显著差异。金融资产规模及金融利润规模对股票年度收益率产生了较为显著的正向影响,但该正向影响在股权分置改革及新会计准则实施后有所削弱。上述数据和研究发现与本书前文构建资产组合的分析结论基本一致。

　　本部分以中国A股非金融类上市公司为样本,采用双重差分回归分析方法检验了金融资产占比、金融利润占比、金融资产规模、金融利润规模四个金融化指标对股票市场流动性、股价特质性波动率、股票年度内日收益率偏度及股票年度收益率四个市场表现指标的影响。研究发现:①金融资产占比和金融利润占比显著增强了公司股票的流动性;金融资产规模和金融利润规模整体上也增强了股票流动性,但股权分置改革完成后却削弱了股票流动性。②公司金融化程度及金融化规模均降低了股价特质性波动率,且该影响在股权分置改革完成后更明显。③公司金融化程度及金融化规模整体上降低了股票年度内日收益率分布偏度,但该影响并不显著。④公司金融化程度一定程度上正向影响了股票年度收益率,公司金融化规模较为显著地正向影响了股票年度收益率,但该影响在股权分置改革完成及新会计准则实施后有所减弱。

第五节　实体企业脱实向虚资本市场效应的稳健性检验

　　鉴于实证检验部分,股票流动性指标、股价特质性波动率指标、股票日收益率分布偏度指标的计算均以年度内股票日交易数据为基础。现实中,中国A股上市公司要求在 t 年度的前四个月披露完毕上年度的年度报告,因此 t 年度前四个月股票交易数据很可能受上年度公司财务信息披露的影响,而受本年度公司财务信息的影响较小。鉴于此,本书在稳健性检验部分,以公司 t 年度5—12月的股票日交易数据为基础计算股票流动性指标、股价特质性波动率指标及股票日收益率分布偏度指标。同时,以公司在 t 年度5—12月的累计月收益率作为 t 年度公司收益率的代理变量。

　　公司在5—12月会披露季报、半年报及其他资源或强制性信息,这些信息可能涉及本年度公司金融化政策方面的信息。因此,采用新的方法来衡量公司各市场表现指标更能够体现这些指标与公司金融化政策间的关系。

　　稳健性检验的结果如下:

第一,公司金融化对股票流动性的回归结果分析。表 6-28 显示了公司金融化各项指标对股票流动性的影响。虚拟变量 $D_{i,t}$ 的斜率系数始终显著为负值,与实证检验的结果高度一致,与本书所采用的非流动性指数时间序列分析的结果也一致。在解释变量为金融资产占比时,$Fin_{i,t}$ 的斜率系数为 -0.04194,且在 5% 的水平上显著,$D_{i,t} \times Fin_{i,t}$ 的斜率系数为正值但并不显著,这说明金融资产占比从整体上负向影响非流动性,增强了股票流动性,且该影响在股权分置改革后较弱。在解释变量为金融利润占比时,$Fin_{i,t}$ 的斜率系数为负值,$D_{i,t} \times Fin_{i,t}$ 的斜率系数为正值,二者均不显著。

整体而言,金融资产占比、金融利润占比负向影响股票非流动性,增强了股票流动性,但该影响在股权分置改革后较弱。在解释变量为金融资产规模、金融利润规模时,$Fin_{i,t}$ 的斜率系数分别为 $-2.030\,6E-11$ 和 $-2.506\,8E-11$,且均在 1% 的水平上显著,$D_{i,t} \times Fin_{i,t}$ 相应的斜率系数分别为 $2.612\,6E-11$ 和 $4.595\,9E-11$,且均在 1% 的水平上显著。这说明金融资产规模、金融利润规模整体上显著负向影响非流动性指标,对股票流动性产生了显著正向影响。

在 $D_{i,t}=1$,解释变量为金融资产规模、金融利润规模时,$Fin_{i,t}$ 的斜率系数净值分别为 $0.582\,0E-11$ 和 $2.089\,1E-11$,且各系数均在 1% 的水平上显著。这说明,在股权分置改革完成及新会计准则实施后,金融资产规模及金融利润规模整体上增强了股票流动性,但在股权分置改革及新会计准则实施前,金融资产规模及金融利润规模整体上降低了股票流动性。

以上回归分析的结论与本书前文构建资产组合分析、实证分析的结果一致。此外,表 6-28 中各模型的 F 值和调整的可决系数均较高,说明回归模型设计具有较高的可靠性。

表 6-28 公司金融化对股票流动性的回归结果

解释变量	Fin1	Fin2	Fa	Fp
Intercept	2.864\,91*** (70.44)	2.862*** (70.40)	2.968\,04*** (70.38)	2.921\,66*** (70.99)
$D_{i,t}$	$-0.253\,85$*** (-34.28)	$-0.251\,93$*** (-35.09)	$-0.262\,3$*** (-36.28)	$-0.252\,96$*** (-35.28)
$Fin_{i,t}$	$-0.041\,94$** (-2.01)	$-0.000\,077$ (-0.24)	$-2.030\,6E-11$*** (-6.93)	$-2.506\,8E-11$*** (-2.21)
$D_{i,t} \times Fin_{i,t}$	0.025\,7 (1.06)	0.000\,109 (0.33)	$2.612\,6E-11$*** (8.93)	$4.595\,9E-11$*** (3.99)

解释变量	Fin1	Fin2	Fa	Fp
Controls	YES	YES	YES	YES
Industry	YES	YES	YES	YES
Year	YES	YES	YES	YES
F	994.10	993.79	1 010	999.98
Adj_R2	65.08	65.07	65.46	65.22
n	25 576	25 576	25 576	25 576

注：＊＊＊、＊＊和＊分别表示在1％、5％和10％的水平上显著。

　　稳健性检验结果再次表明，金融资产占比、金融利润占比、金融资产规模、金融利润规模均显著负向影响股票非流动性指标，增强了股票流动性，但在股权分置改革后上述影响明显较弱。

　　第二，公司金融化对股价特质性波动率的回归结果分析。表6-29显示了各金融化指标对股价特质性波动率的稳健性检验结果。$D_{i,t}$的斜率系数均显著为正值，这说明在股权分置改革完成及新会计准则实施后，股价特质性波动率平均水平较高，这与实证检验结果一致。在解释变量为金融资产占比和金融利润占比时，$Fin_{i,t}$的斜率系数分别为0.000 96（在5％的水平上显著）和5.337E-7，$D_{i,t}×Fin1_{i,t}$和$D_{i,t}×Fin2_{i,t}$的斜率系数估计值分别为0.000 429（并不显著）和0.000 004 39（并不显著）。这说明，金融资产占比从整体上增大了股价特质性波动率，而金融利润占比对股价特质性波动率的正向影响并不显著。

　　在解释变量为金融资产规模和金融利润规模时，$Fin_{i,t}$的斜率系数分别为-3.807E-14（在5％的水平上显著）和-1.445 5E-13，$D_{i,t}×Fin1_{i,t}$和$D_{i,t}×Fin2_{i,t}$的斜率系数分别为-8.181 7E-14（在1％的水平上显著）和-2.364 5E-13（在5％的水平上显著）。这说明，公司金融资产规模及金融利润规模均从整体上降低了股价特质性波动率，且该影响在股权分置改革完成及新会计准则实施后、股价特质性波动率较高的时期尤其显著。

表6-29　公司金融化对股价特质性波动率的回归结果

解释变量	Fin1	Fin2	Fa	Fp
Intercept	0.046*** (44.06)	0.047*** (44.13)	0.044*** (40.39)	0.045 5*** (42.57)
$D_{i,t}$	0.000 48*** (3.26)	0.000 5*** (3.75)	0.000 66*** (4.59)	0.000 57*** (4.04)

解释变量	Fin1	Fin2	Fa	Fp
$Fin_{i,t}$	0.000 96** (2.12)	5.337E-7 (0.21)	−3.807E-14** (−2.20)	−1.445 5E-13 (−1.38)
$D_{i,t} \times Fin_{i,t}$	0.000 429 (0.75)	0.000 004 39 (0.50)	−8.181 7E-14*** (−4.04)	−2.364 5E-13** (−1.98)
Controls	YES	YES	YES	YES
Industry	YES	YES	YES	YES
Year	YES	YES	YES	YES
F	654.66	653.86	658.58	655.67
Adj_R2	55.09	55.06	55.24	55.13
n	25 576	25 576	25 576	25 576

注：***、**和*分别表示在1%、5%和10%的水平上显著。

整体而言，稳健性检验的结果与资产组合分析、实证分析的结果一致，再次证明金融资产占比、金融利润占比在一定程度上增强了股价特质性波动率，且该影响在股权分置改革完成及新会计准则实施后更明显；金融资产规模、金融利润规模均显著降低了股价特质性波动率，且该负向影响在股权分置改革完成及新会计准则实施后更为明显。

第三，公司金融化对股票年度内日收益率偏度的回归结果分析。表6-30显示了公司金融化的各项指标对股票年度内日收益率偏度的稳健性检验结果。$D_{i,t}$的斜率系数在各个回归模型中的估计值均为正值，且均在1%的水平上显著，这说明在扣除每年前四个月年报密集披露期股票收益率的影响以外，股权分置改革后股票年度内日收益率的偏度整体增加，这与实证检验结果有偏离，但并非本书研究的重点。与实证回归的结果一致，在解释变量为金融资产占比、金融利润占比、金融资产规模、金融利润规模时，对应$Fin_{i,t}$的斜率系数估计值均为负值，且均不显著。这再次说明公司金融化政策选择整体上降低了股票年度内日收益率分布偏度，但该影响并不显著。在解释变量为各个具体金融化指标时，$D_{i,t} \times Fin_{i,t}$的斜率系数均不显著，这意味着金融资产占比、金融利润占比、金融资产规模及金融利润规模在股权分置改革完成及新会计准则实施前后对股票年度内日收益率偏度的影响并不存在显著差异，这与实证检验部分的回归结果相一致。

表 6‑30　公司金融化对股票年度内日收益率分布偏度的回归结果

解释变量	Fin1	Fin2	Fa	Fp
Intercept	−0.392*** (−16.73)	−0.392*** (−16.75)	−0.397*** (−16.35)	−0.394*** (−16.58)
$D_{i,t}$	0.035*** (11.25)	0.033*** (11.19)	0.034*** (11.08)	0.033 35*** (11.09)
$Fin_{i,t}$	−0.006 (−0.54)	−0.000 38 (−1.21)	−1.284E−13 (−0.34)	−1.847E−12 (−0.92)
$D_{i,t} \times Fin_{i,t}$	−0.021 (−1.54)	0.000 3 (0.99)	−3.874E−14 (−0.09)	1.620E−12 (0.66)
Controls	YES	YES	YES	YES
Industry	YES	YES	YES	YES
Year	YES	YES	YES	YES
F	51.96	51.75	51.69	51.69
Adj_R2	8.73	8.70	8.69	8.69
n	25 576	25 528	25 576	25 576

注：***、**和*分别表示在 1%、5%和 10%的水平上显著。

　　稳健性检验结果再次表明，金融资产占比、金融利润占比、金融资产规模及金融利润规模均整体上降低了股票年度内日收益率偏度，但这种影响并不显著。股权分置改革及新会计准则实施前后，公司金融政策选择对股票年度内日收益率偏度的影响不存在显著差异。稳健性检验的结果与前文的资产组合分析、回归结果分析的结果一致。

　　第四，公司金融化对股票年度收益率的回归结果分析。表 6‑31 显示了各金融化指标对股票年度收益率的稳健性检验结果。在解释变量为金融资产占比、金融利润占比、金融资产规模及金融利润规模时，$D_{i,t}$ 的斜率系数分别为 0.283、0.283、0.290 和 0.286，且均在 1%的水平上显著。这说明在股权分置改革完成及新会计准则实施后的样本期间内，股票年度收益率整体较高。当解释变量为金融资产占比、金融利润占比时，$Fin_{i,t}$ 的斜率系数分别为 0.007 和−0.000，且均不显著，对应 $D_{i,t} \times Fin_{i,t}$ 的斜率系数分别为−0.004 和−0.000 且均不显著，这说明金融资产占比、金融利润占比对公司股票年度收益率的影响并不显著。在解释变量为金融资产规模、金融利润规模时，$Fin_{i,t}$ 的斜率系数分别为 3.960E−12 和 1.604E−11，且均在 1%的水平上显著，斜率系数估计值及其显著性水平均高于实证检验结果中的对应值,对应 $D_{i,t} \times \mathrm{Fin}_{i,t}$ 的斜率系数分别为 $-6.174\mathrm{E}-12$ 和 $-2.093\mathrm{E}-11$,且均在 1% 的水平上显著。这意味着公司金融资产规模和金融利润规模整体上正向影响了股票年度收益率,但该影响在股权分置改革完成及新会计准则实施后较弱甚至转为负向影响。

表 6‒31　公司金融化对股票年度收益率的回归结果

解释变量	Fin1	Fin2	Fa	Fp
Intercept	-0.795^{***} (-14.83)	-0.795^{***} (-14.83)	-0.752^{***} (-13.56)	-0.771^{***} (-14.18)
$D_{i,t}$	0.283^{***} (39.49)	0.283^{***} (41.36)	0.290^{***} (41.88)	0.286^{***} (41.57)
$\mathrm{Fin}_{i,t}$	0.007 (0.33)	-0.000 (-0.37)	$3.960\mathrm{E}-12^{***}$ (5.71)	$1.604\mathrm{E}-11^{***}$ (4.15)
$D_{i,t} \times \mathrm{Fin}_{i,t}$	-0.004 (-0.15)	-0.00007 (-0.30)	$-6.174\mathrm{E}-12^{***}$ (-6.38)	$-2.093\mathrm{E}-11^{***}$ (-3.92)
Controls	YES	YES	YES	YES
Industry	YES	YES	YES	YES
Year	YES	YES	YES	YES
F	571.08	571.10	573	571
Adj_R2	51.69	51.69	51.77	51.72
n	25 576	26 773	25 576	25 576

注:$***$、$**$ 和 $*$ 分别表示在 1%、5% 和 10% 的水平上显著。

整体而言,各金融化指标对股票年度收益率的稳健性检验结果与前文实证分析结果一致,再次证明金融资产占比及金融利润占比对股票年度收益率产生了不显著的正向影响,且该影响在整个样本期间内并不存在显著差异;金融资产规模及金融利润规模对股票年度收益率产生了较为显著的正向影响,但该正向影响在股权分置改革完成及新会计准则实施后有所削弱。上述研究发现与本书前文构建资产组合分析、回归分析的结论一致。

本部分以剔除了每年度 1—4 月个股日交易率后的股票日交易数据为基础数据,重新计算了股票非流动性、股价特质性波动率、股票年度内日收益率偏度及股票 5—12 月的累计收益率,并运用这些新指标进行了稳健性检验。检验结果表明:①各金融化指标显著增强了股票流动性,但这种影响在股权分置改革后有所减弱;②金融化程度及金融化规模均降低了股价特质性波动率,且该影响在股权分置改革完成后更明显。③金融化程度及金融化规模整体上降低了股票年度内日收益率偏度,但该影响并不显著。④金融化程度一定程度上正向影响了股票年度收益率,金融化规模较为显著地正向影响了股票年度收益率,但该影响在股权分置改革完成及新会计准则实施后所有减弱。采用新的指标进行稳健性检验能够更好地剔除每年度前4个月年报披露产生的噪声的影响,公司金融化相关信息的强制性披露或自愿性披露对每年度后8个月股票日交易数据的影响应该更为明显。稳健性检验获取的数据与理论预期更契合,与实证检验部分的结论也高度一致。

第六节　本章小结

本章采用描述性统计分析、相关分析、回归分析及稳健性检验的方法,实证检验上市实体企业金融化对股票流动性、股票年度内日收益率偏度、股价特质性波动率、股票年度收益率等指标的影响。得到了以下结论:

第一,从时间序列来看,2005年股权分置改革是很重要的一个时间节点。中国Ａ股市场中股票的非流动性呈整体下降趋势,尤其是在2005年股权分置改革以后。在股权分置改革前,存在部分极端高的股票年度收益率。在股权分置改革后,中国Ａ股市场中存在极少低收益率股票。股票年度收益率的波动趋势较为明显,且具有周期性变化特征。股票年度收益率、股票流动性、股价特质性波动率以及股票年度内日收益率偏度均具有短期内的周期性变化特征。

第二,股票流动性整体上随着公司金融化程度的提升以及金融资产和金融利润规模的扩大而增强,并且这种影响在股权分置改革完成及新会计准则实施后更加明显。随着公司金融资产占比、金融利润占比的增加,股票收益率偏度呈倒Ｕ形变化趋势;随着金融资产规模、金融利润规模的扩大,股票收益率偏度随之增大。金融资产占比、金融利润占比均整体上正向影响股票年度收益率,但这种影响并不明显和单调。在股票市场整体收益率较低的时期,金融资产规模、金融利润规模均从整体上正向影响股票年度收益率;在股票市场整体收益率较高的时期,金融资产规模、金融利润规模均对股票年度收益率具有略微的负向影响,但此影响并不单调显著。

第三,各金融化指标显著增强了股票流动性,但这种影响在股权分置改革后有所减弱。公司金融化程度及金融化规模指标显著降低了股价特质性波动率,且该影响在股权分置改革完成后更明显。公司金融化一定程度上正向影响了股票年度收益率,金融化规模较为显著地正向影响股票年度收益率,但该影响在股权分置改革完成及新会计准则实施后所有减弱。稳健性检验获取的证据与理论预期较为契合,与实证检验的结论也高度一致。

第七章　研究结论与政策启示

第一节　基本结论

本书通过研究得出如下结论：

第一，通过对美国、日本、英国、德国等全球主要发达经济体金融化历程的梳理可知，快速兴起的行业会大量吸引资本进入，并且过度的高管股权激励和对股东价值最大化目标的过度追求是这些经济体产生金融化泡沫的基本原因，评级机构下调这些资产的信用等级则是导致这些资产价格泡沫破灭的诱因。

第二，从宏观层面看，在2008年金融危机前，资本市场的快速发展导致中国经济的金融化速度持续高于实体经济的增长速度，这是加剧实体企业金融化的宏观原因。在2008年金融危机后，以上趋势更加明显。从微观层面看，上市实体企业金融化程度持续增加尤其是在2008年金融危机后更加明显。

第三，从行业层面看，实体企业金融化程度存在行业差异。在竞争强度高以及具有垄断性质的行业中，实体企业金融化程度均较高。这说明中国实体企业金融化的动机包括套利动机和逐利动机。高竞争强度企业金融化更多是为了实现套利收益，而垄断行业企业金融化则是为了追逐更多的金融利润。从微观层面看，低成长性企业金融化程度更高，高成长性企业金融化程度较低，这说明逐利动机是实体企业金融化的基本原因。

第四，上市实体企业金融化程度显著增强了企业股票的流动性，降低了股价特质性波动率和股价信息含量，提高了年度股票收益率。一方面，这说明实体企业金融化在一定程度提高了企业盈利能力或者迎合了投资者偏好，进而提高了企业价值并改善了股票市场流动性；另一方面，说明实体企业金融化降低了资本市场的信息效率。

第二节　政策启示

基于研究结论得出如下政策启示：

第一，金融资本是推动产业升级、经济增长和社会经济全面发展的重要推手。但金融资本在此过程中的无序扩张可能会导致资产泡沫，加剧金融市场波动和经济波动，降低资源配置效率。此外，对高管的过度激励以及对股东利益的过度关注也会加剧企业的短视化行为，加剧资本市场波动并降低资源配置效率。因此，政府需要对资本的无序扩张进行有效规范，对企业高管激励和薪酬分配以及对企业理财目标进行恰当限制。

第二，在经济发展过程中，货币政策、股票市场、债券市场、信贷市场的发展速度应该与实体经济的发展速度保持一致，这样可以更好地支持实体经济发展。过快扩张的资本市场会加剧经济体的金融化，对实体经济产生挤出效应，降低产业竞争力，并可能诱发金融危机进而对实体经济产生系统性破坏。

第三，成熟型企业应该加大研发投入，加快产业技术升级，拓宽成长空间，提升核心竞争力，获取可持续增长价值，而不能一味地进行金融套利活动。

第四，监管部门应该提高对上市公司尤其是对低成长性上市公司现金分红的要求，减少资金在金融系统内部无效"空转"造成的效率损失。

第五，强化对上市公司信息披露监管，提高上市公司尤其是金融化程度较高上市公司的信息披露标准和披露质量，这有利于提高股价信息含量，提高资本市场效率。加强投资者教育，帮助投资者树立价值投资理念，这有利于消除投资者对金融资产的非理性偏好，并在一定程度上抑制上市公司的金融化行为。

参 考 文 献

［1］奥村洋彦.日本泡沫经济与金融改革[M].北京:中国金融出版社,2000.

［2］蔡艳萍,陈浩琦.实体企业金融化对企业价值的影响[J].财经理论与实践,2019,40 (3):24-31.

［3］陈国进,颜诚.中国股市泡沫的三区制特征识别[J].系统工程理论与实践,2013,33 (1):25-33.

［4］陈辉,顾乃康.新三板做市商制度、股票流动性与证券价值[J].金融研究,2017(4): 176-190.

［5］陈健,龚晓莺.新时代实体经济与虚拟经济协调发展研究[J].经济问题探索,2018 (3):178-184.

［6］陈俊.日本经济转型期财政政策经验教训及启示[J].经济研究导刊,2019(24): 74-77,105.

［7］陈思怡.浅论日本90年代货币政策对中国经济的借鉴意义[J].现代经济信息, 2015(13):1-2.

［8］成十.美国次贷危机与日本金融泡沫危机的比较分析[J].学术界,2008(5): 246-256.

［9］成思危.虚拟经济探微[J].中国科技产业,2003(2):5-10.

［10］程晓林,胡翰文.美国次贷危机十周年:金融伦理视阈下的再反思[J].福建金融, 2017(9):30-33.

［11］楚文静.日本"泡沫危机"本质特征分析[J].合作经济与科技,2010(12):24-25.

［12］戴险峰.撒切尔主义对中国的启示[R].北京:中国人民大学国际货币研究 所,2015.

［13］邓柏峻,李仲飞,梁权熙.境外股东持股与股票流动性[J].金融研究,2016(11): 145-160.

［14］邓超,袁倩.基于资源行业视角的供给侧改革研究[J].社会科学战线,2017(4): 82-86.

［15］邓超,张梅,唐莹.中国非金融企业金融化的影响因素分析[J].财经理论与实践, 2017,38(2):2-8.

［16］董斌,李琼.工资水平、人口结构与资产价格泡沫[J].华东理工大学学报(社会科学 版),2014,29(4):50-61.

［17］杜厚文,初春莉.美国次级贷款危机:根源、走势、影响[J].中国人民大学学报,

2008(1)：49 - 57.

[18] 杜勇,谢瑾,陈建英.CEO 金融背景与实体企业金融化[J].中国工业经济,2019
(5)：136 - 154.

[19] 杜勇,张欢,陈建英.金融化对实体企业未来主业发展的影响：促进还是抑制[J].
中国工业经济,2017(12)：113 - 131.

[20] 段军山,庄旭东.金融投资行为与企业技术创新——动机分析与经验证据[J].中国
工业经济,2021(1)：155 - 173.

[21] 范立夫,王永桓,周继燕.日本经济"失去的二十年"及政策启示[J].金融纵横,2018
(7)：95 - 100.

[22] 费晟.日本 1989 年泡沫经济危机的启示[J].博览群书,2010(7)：8 - 11.

[23] 冯根福,刘虹,冯照桢,等.股票流动性会促进我国企业技术创新吗？[J].金融研
究,2017(3)：192 - 206.

[24] 付鸣,刘启亮,李祎.异质信念、财务报表质量与特质波动率——基于差分模型的
研究[J].投资研究,2015,34(9)：146 - 159.

[25] 高小真,蒋星辉.英国金融"大爆炸"与伦敦金融城的复兴[N].上海证券报,2007 -
02 - 08.

[26] 郭胤含,朱叶.有意之为还是无奈之举——经济政策不确定性下的企业"脱实向
虚"[J].经济管理,2020,42(7)：40 - 55.

[27] 郝项超.委托理财导致上市公司脱实向虚吗？——基于企业创新的视角[J].金融
研究,2020(3)：152 - 168.

[28] 胡海峰,窦斌,王爱萍.企业金融化与生产效率[J].世界经济,2020(1)：70 - 96.

[29] 胡奕明,王雪婷,张瑾.金融资产配置动机："蓄水池"或"替代"？——来自中国上
市公司的证据[J].经济研究,2017,52(1)：181 - 194.

[30] 黄贤环,王瑶.实体企业资金"脱实向虚"与全要素生产率提升："抑制"还是"促进"
[J].山西财经大学学报,2019,41(10)：55 - 69.

[31] 黄贤环,吴秋生,王瑶.实体企业资金"脱实向虚"：风险、动因及治理[J].财经科
学,2018(11)：83 - 94.

[32] 江时学.论英国的金融监管[J].欧洲研究,2009,27(6)：1 - 15,159.

[33] 金碚.牢牢把握发展实体经济这一坚实基础[J].求是,2012(7)：24 - 26.

[34] 金凤伟,王东风.金融部门膨胀与货币政策——基于日本泡沫经济危机的分析[J].
辽宁行政学院学报,2014,16(12)：94 - 95.

[35] 寇佳丽.安倍经济学难成日本经济的解药[J].经济,2019(6)：58 - 60.

[36] 蓝裕平.日本经济陷入停滞的主要原因是什么[J].国际融资,2019(3)：49 - 53.

[37] 雷新途,黄盈莹,李晓倩,等.掠夺效应还是治理效应：产品市场竞争提升现金持有
价值的机理检验[J].财经理论与实践,2018,39(6)：105 - 111.

[38] 雷新途,朱容成,黄盈莹.企业金融化程度、诱发因素与经济后果研究[J].华东经济
管理 2020,34(1)：76 - 85.

[39] 李飚,孟大虎.如何实现实体经济与虚拟经济之间的就业平衡[J].中国高校社会科
学,2019(2)：59 - 67,158.

[40] 李彬,田玉鹏.实体经济与虚拟经济发展的思考——金融危机后看美国、德国经济的发展经验[J].现代产业经济,2013(8):74-80.

[41] 李常青,刘羽中,李茂良.资本结构、产权性质与股票流动性[J].经济管理,2016(5):153-164.

[42] 李华民,邓云峰,吴非.如何治理企业脱实向虚?——基于利率市场化改革的效用识别、异质性特征与机制检验[J].财经理论与实践,2020,41(4):9-17.

[43] 李克强.政府工作报告——2019年3月5日在第十三届全国人民代表大会第二次会议上[M].北京:人民出版社,2019.

[44] 李克强.政府工作报告——2020年5月22日在第十三届全国人民代表大会第三次会议上[M].北京:人民出版社,2020.

[45] 李琼.日本泡沫经济对中国的启示[J].科技经济导刊,2018(23):108.

[46] 李顺彬.产品市场竞争、竞争地位与企业金融资产配置[J].经济体制改革,2020(1):119-127.

[47] 李巍,邓允轩.德国的政治领导与欧债危机的治理[J].外交评论(外交学院学报),2017,34(6):74-104.

[48] 李晓西,杨琳.虚拟经济、泡沫经济与实体经济[J].财贸经济,2000(6):5-11.

[49] 李馨子,牛煜皓,张广玉.客户集中度影响企业的金融投资吗?[J].会计研究,2019(9):65-70.

[50] 李雅丽.资产证券化风险管控——基于次贷危机案例研究[J].西南金融,2019(5):12-20.

[51] 李振宇.供给侧结构性改革中的金融路径[J].青海金融,2017(2):9-12.

[52] 李仲阳.论反通货膨胀的撒切尔革命[D].湘潭:湘潭大学,2008.

[53] 梁新莉.德国制造业发展对"中国智造"的启示[J].华北水利水电大学学报(社会科学版),2018,34(4):32-36.

[54] 梁云凤,郭迎锋,胡一鸣.支持实体经济发展的国际比较及启示[J].全球化,2019(6):47-57,135.

[55] 林素燕,吴昂.内部控制、企业金融化与盈余质量——来自中国非金融上市公司的经验证据[J].科技与经济,2020,33(1):101-105.

[56] 林治华,陶阿敏.基于"泡沫说"的我国房地产调控新政效应分析[J].大连大学学报,2015,36(6):89-94.

[57] 林左鸣.广义虚拟经济:二元价值容介态的经济[M].北京:人民出版社,2010.

[58] 刘柏,琚涛.资产金融化、研发创新与财务风险:"共振"抑或"冲销"[J].财经科学,2019(10):20-29.

[59] 刘贯春,刘媛媛,张军.金融资产配置与中国上市公司的投资波动[J].经济学(季刊),2019,18(2):573-596.

[60] 刘俊民.全国虚拟经济研讨会在南开大学举行[J].中国经贸导刊,2002,(21):11

[61] 刘泉红.稳增长重在"避虚就实"——谈牢牢把握发展实体经济[J].前线,2012(2):17-19.

[62] 刘世泽.货币政策不确定性与企业金融化[J].北方金融,2020(6):29-35.

[63] 刘帷韬,杨霞,刘伟.产业政策抑制了实体公司金融化吗——来自中国 A 股上市公司的证据[J].广东财经大学学报,2021(1):1 - 13.

[64] 刘维刚,张丽娜.论实体经济、虚拟经济与泡沫经济及对我国的启示[J].经济纵横,2006(15):12 - 14.

[65] 刘维奇,刘新新.个人和机构投资者情绪与股票收益——基于上证 A 股市场的研究[J].管理科学学报,2014,17(3):70 - 87.

[66] 刘向丽,成思危,汪寿阳.期现货市场间信息溢出效应研究[J].管理科学学报,2008,11(3):125 - 139.

[67] 陆蓉,兰袁.中国式融资融券制度安排与实体企业金融投资[J].经济管理,2020,42(8):155 - 170.

[68] 马建强,强实体增后劲:德国经验及对广东的启示[J].广东经济,2016(4):54 - 60.

[69] 马克思.资本论(第三卷)[M].北京:人民出版,2004.

[70] 慕胜坤.金融危机的政策根源与启示——以美国次贷危机为例[J].管理观察,2019(26):168 - 169.

[71] 倪志良,宗亚辉,张开志,等.金融化是否制约了实体企业主营业务的发展?[J].经济问题探索,2019,440(3):51 - 62.

[72] 庞凤喜,刘畅.企业税负、虚拟经济发展与工业企业金融化——来自 A 股上市公司的证据[J].经济理论与经济管理,2019(3):84 - 94.

[73] 彭俞超,韩珣,李建军.经济政策不确定性与企业金融化[J].中国工业经济,2018(1):137 - 155.

[74] 彭俞超,倪骁然,沈吉.企业"脱实向虚"与金融市场稳定——基于股价崩盘风险的视角[J].经济研究,2018,53(10):52 - 68.

[75] 戚聿东,张任之.金融资产配置对企业价值影响的实证研究[J].财贸经济,2018,39(5):38 - 52.

[76] 秦炳涛,乐云泽,陈建熊.经济高速增长期的泡沫化问题研究——基于中日对比的视角[J].广西财经学院学报,2018,31(1):73 - 86.

[77] 申开富.对金融大爆炸背景下金融创新的几点思考[J].经济问题探索,2001(11):88 - 89.

[78] 沈建光.中国会重蹈日本泡沫经济的覆辙吗?[J].金融发展评论,2010(2):27 - 40.

[79] 盛明泉,汪顺,商玉萍.金融资产配置与实体企业全要素生产率:"产融相长"还是"脱实向虚"[J].财贸研究,2018,29(10):91 - 101,114.

[80] 舒鑫,于博.过度金融化对研发投资的挤出效应与挤出机制[J].河海大学学报(哲学社会科学版),2020,22(6):29 - 38,110.

[81] 舒展,程建华.我国实体经济"脱实向虚"现象解析及应对策略[J].贵州社会科学,2017(8):105 - 111.

[82] 宋军,陆旸.非货币金融资产和经营收益率的 U 形关系——来自我国上市非金融公司的金融化证据[J].金融研究,2015(6):111 - 127.

[83] 苏冬蔚,熊家财. 股票流动性、股价信息含量与 CEO 薪酬契约[J]. 经济研究,2013 (11):56 - 70.

[84] 孙星光. 美国次贷危机成因给中国带来的启示[J]. 现代经济信息,2019(20):10.

[85] 谭羽希,吴自宇,陆承琦. 关于次贷危机的若干思考[J]. 当代会计,2019(4): 19 - 20.

[86] 唐毅南. 美国金融负债产生的非生产性 GDP——经济虚拟化和危机的宏观经济学 [J]. 东方学刊,2019(1):63 - 80,123 - 124.

[87] 田辉. 当代美国经济转型与两次资产泡沫的启示[N]. 中国经济时报,2014 - 10 - 23.

[88] 田昆儒,王晓亮. 定向增发、股权结构与股票流动性变化[J]. 审计与经济研究, 2013,28(5):60 - 69.

[89] 托马索·派多·亚夏欧帕. 市场与政府:金融危机中的表现[J]. 银行家,2011(8): 106 - 108.

[90] 汪文松. 日本经济发展的借鉴与警示[J]. 现代商贸工业,2019,40(33):60 - 61.

[91] 王滨,郭斌. 虚拟经济与实体经济关系初探[J]. 经济问题,2003(9):5 - 7.

[92] 王国刚. 关于虚拟经济的几个问题[J]. 东南学术,2004(1):53 - 59.

[93] 王国静,田国强. 金融冲击和中国经济波动[J]. 经济研究,2014(3):20 - 34.

[94] 王海燕,汪善荣. 第二次世界大战后德国经济转型的经验与借鉴意义[J]. 经济研究 参考,2016(49):35 - 41.

[95] 王红建,曹瑜强,杨庆,等. 实体企业金融化促进还是抑制了企业创新——基于中 国制造业上市公司的经验研究[J]. 南开管理评论,2017(1):155 - 166.

[96] 王怀明,王成琛. 非金融企业金融化对就业的影响研究[J]. 中南财经政法大学学 报,2019,234(3):26 - 35.

[97] 王萍. 工资规制下劳动供给变动引起的福利损失[J]. 宏观经济研究,2012(4): 83 - 87.

[98] 王少华,上官泽明. 货币政策宽松度、过度金融化与企业创新[J]. 财经科学,2019 (10):45 - 58.

[99] 王新媛. CEO 金融背景会促进实体企业金融化吗?[J]. 商业会计,2020(14): 30 - 36.

[100] 温信祥,张翔. 经济泡沫判断的日本教训[J]. 中国金融,2017(6):85 - 86.

[101] 文春晖,李思龙,郭丽虹,等. 过度融资、挤出效应与资本脱实向虚——中国实体 上市公司 2007—2015 年的证据[J]. 经济管理,2018,40(7):39 - 55.

[102] 吴立波,郦菁. 论虚拟经济的本质、作用与历史地位[J]. 海派经济学,2004(2): 120 - 142.

[103] 吴立波. 虚拟经济及其影响[J]. 经济学家,2000(5):46 - 51.

[104] 向海凌,郭东琪,吴非. 地方产业政策能否治理企业脱实向虚?——基于政府行 为视角下的中国经验[J]. 国际金融研究,2020(8):3 - 12.

[105] 谢宝峰,刘金林. 美国次贷危机对我国房地产市场风险控制的启示[J]. 改革与战 略,2019,35(5):37 - 47.

[106] 谢家智,江源,王文涛.什么驱动了制造业金融化投资行为——基于 A 股上市公司的经验证据[J].湖南大学学报：社会科学版,2014(28)：23－29.

[107] 谢家智,王文涛,江源.制造业金融化、政府控制与技术创新[J].经济学动态,2014(11)：78－88.

[108] 邢天添.反思日本泡沫经济——从国际金融协调视角看中国的选择[J].中央财经大学学报,2015(11)：88－95.

[109] 徐超,庞保庆,张充.降低实体税负能否遏制制造业企业"脱实向虚"[J].统计研究,2019,36(6)：42－53.

[110] 徐占忱,刘向东.借鉴德国经验做大做强我国实体经济[J].宏观经济管理,2012(11)：83－84.

[111] 许罡,朱卫东.金融化方式、市场竞争与研发投资挤占——来自非金融上市公司的经验证据[J].科学学研究,2017(5)：72－82,91.

[112] 许罡.高管投行背景、政策机会与公司金融投资偏好[J].中南财经政法大学学报,2018,226(1)：34－42.

[113] 闫海洲,陈百助.产业上市公司的金融资产：市场效应与持有动机[J].经济研究,2018,53(7)：154－168.

[114] 杨肖.企业金融资产配置与创新投入——经济政策不确定性视角下的长短期权衡取舍[J].金融理论与实践,2020(9)：52－62.

[115] 杨筝,王红建,戴静,等.放松利率管制、利润率均等化与实体企业"脱实向虚"[J].金融研究,2019(6)：20－38.

[116] 姚德良.两次金融"大爆炸"[J].数字财富,2004(2)：58－61.

[117] 野口悠纪雄.泡沫经济学[M].曾寅初,译.北京：生活・读书・新知三联书店,2005.

[118] 伊藤诚,蔡万焕.次贷金融危机的历史意义和社会成本：基于日本经验的比较[J].政治经济学评论,2010,1(2)：109－120.

[119] 殷静.中国股票回报率偏度研究[D].武汉：华中科技大学,2010.

[120] 俞毛毛,马妍妍.融资融券导致企业金融化行为了么？——脱实向虚视角下双重差分模型分析[J].现代财经,2020,40(3)：67－83.

[121] 詹花秀.经济"脱实向虚"的缘起、轨迹与实质——兼论新冠肺炎疫情冲击下的实体经济发展对策[J].湖湘论坛,2020,33(4)：88－100.

[122] 张成思,张步昙.再论金融与实体经济：经济金融化视角[J].经济学动态,2015(6)：56－66.

[123] 张成思,张步昙.中国实业投资率下降之谜：经济金融化视角[J].经济研究,2016,51(12)：32－46.

[124] 张承惠,郑醒尘.国际金融危机前后美国金融监管理念的调整及影响[J].发展研究,2017(11)：10－13.

[125] 张春鹏,徐璋勇.市场竞争助推中国经济"脱实向虚"了吗[J].财贸研究,2019,30(4)：5－17,87.

[126] 张华平,叶建华.市场偏好,有限套利与特质性波动率溢价之谜[J].财经问题研

究,2019,(10):77-85.

[127] 张陆洋,孔玥.美国次贷危机大系统因素分析——对中国防范金融风险的启示[J].金融论坛,2020,25(2):3-7.

[128] 张慕濒,孙亚琼.金融资源配置效率与经济金融化的成因——基于中国上市公司的经验分析[J].经济学家,2014(4):83-92.

[129] 张奕锴,黄华绮.中美房地产市场泡沫的对比探析[J].当代经济,2018(8):4-7.

[130] 赵夫增,孙磊,郭海涛,等.美国经济会不会陷入日本式后泡沫困境?[J].国际金融研究,2008(7):4-11.

[131] 赵柯.德国在欧盟的经济主导地位:根基和影响[J].国际问题研究,2014(5):89-101.

[132] 赵立三,刘立军."收益率宽幅"与美国次贷危机再回顾[J].河北大学学报(哲学社会科学版),2019,44(6):103-109.

[133] 郑建明,李金甜,刘琳.新三板做市交易提高流动性了吗?——基于"流动性悖论"的视角[J].金融研究,2018,454(4):194-210.

[134] 郑鸫捷.日本经济危机的反思与借鉴——基于资产负债表的金融视角[J].金融理论与实践,2019(3):111-118.

[135] 郑秀君,陈建安.美国次贷危机与日本泡沫经济的比较[J].现代经济探讨,2011(7):83-87.

[136] 周彬,谢佳松.虚拟经济的发展抑制了实体经济吗?——来自中国上市公司的微观证据[J].财经研究,2018,44(11):74-89.

[137] 周伯乐,葛鹏飞,武宵旭."一带一路"倡议能否抑制实体企业"脱实向虚"[J].贵州财经大学学报,2020(5):34-45.

[138] 周华.安然事件、次贷危机与公认会计原则的未来[J].财会月刊,2019(17):45-52.

[139] 周频,彭凯君."股权激励"与"脱虚向实"——基于调节管理层能力与企业创新关系研究[J].财会通讯,2020(16):51-55.

[140] 朱容成.中国上市公司金融化程度、影响因素与经济后果研究[D].杭州:浙江工业大学,2020.

[141] 朱玉飞,安磊.企业实际税负与全要素生产率:一个倒U形关系[J].中南财经政法大学学报,2018(5):69-78.

[142] ALIMOV, AZIZJON. Product market competition and the value of corporate cash: evidence from trade liberalization [J]. Journal of Corporate Finance, 2014(25):122-139.

[143] AMIHUD, YAKOV, NOH, et al. Illiquidity and stock returns: cross-section and time-series effects [J]. Journal of Financial Markets, 2002,5(1):31-56.

[144] ANG A, HODRICK R J, Xing Y, et al. High idiosyncratic volatility and low returns: international and further us evidence [J]. Journal of Financial Economics, 2009,91(1):1-23.

[145] ANG A, HODRICK R J, XING Y, et al. The cross-section of volatility and

expected returns [J]. Journal of Finance, 2006(61): 259 - 299.

[146] ARMEN A, ALCHIAN. Uncertainty evolution, and economic theory [J]. Journal of Political Economy, 1950,58(3): 211 - 211.

[147] BAKER S R, NICHOLAS B, DAVIS S J. Measuring economic policy uncertainty [J]. Quarterly Journal of Economics, 2016,131(4): 1593 - 1636.

[148] BALI T G. The intertemporal relation between expected returns and risk [J]. Journal of Financial Economics, 2008,87(1): 101 - 131.

[149] BARBER, BRAD M, TERRANCE O. All that glitters: the effect of attention and news on the buying behavior of individual and institutional investors [J]. Review of Financial Studies, 2008,21(2): 785 - 818.

[150] BARBER, ODEAN T. All that glitters: the effect of attention and news on the buying behavior of individual and institutional investors [J]. The Review of Financial Studies, 2008(21): 785 - 818.

[151] BECK T, DEMIRGUC-KUNT A, MAKSIMOVIC V. Financing patterns around the world: the role of institutions [J]. Policy Research Working Paper, 2002,89 (3): 467 - 487.

[152] BERNANKE B, GERTLER M. Agency costs, net worth, and business fluctuations [J]. American Economic Review, 1989,79(1): 14 - 31.

[153] BERNANKE B. Current economic and financial conditions [J]. Business Economics, 2008,43(4): 8 - 12.

[154] BLACK F, JOHNl. Valuing corporate securities: some effects of bond indenture provisions [J]. Journal of Finance, 1976,31(2): 351 - 367.

[155] BLACK F, SCHOLES M. The pricing of options and corporate liabilities [J]. Journal of Political Economy, 1973,81(3): 637 - 654.

[156] CHANG E C, DONG S. Idiosyncratic volatility, fundamentals, and institutional herding: evidence from the Japanese stock market [J]. Pacific-Basin Finance Journal, 2006(2): 135 - 154.

[157] CHOK J I, SUN Q. Determinants of idiosyncratic volatility for biotech IPO firms [J]. Financial management, 2007(4): 107 - 122.

[158] CHRISTIAN D, BERND F, UTA S, et al. From sick man of europe to economic superstar: Germany's resurgent economy [J]. Journal of Economic Perspectives, 2014,28(1): 167 - 188.

[159] CROTTY J. The neoliberal paradox: the impact of destructive product market competition and impatient finance on nonfinancial corporations in the neoliberal era [J]. Research Briefs, 2005,35(3): 77 - 110.

[160] D'AVOLIO G. The market for borrowing stock [J]. Journal of Financial Economics, 2003,66: 271 - 306.

[161] DAVIS J. Consumer response to corporate environmental advertising [J]. Journal of Consumer Marketing, 1994,11(2): 25 - 37.

[162] DUCHIN R, GILBERT T, HARFORD J, et al. Precautionary savings with risky assets: when cash is not cash [J]. The Journal of Finance, 2017, 72 (2): 793 - 852.

[163] ENGLE, ROBERT, VICTOR N. Measuring and testing the impact of news on volatility [J]. Journal of Finance, 1993(48): 1749 - 1778.

[164] ERIK R, JOHAN W. The idiosyncratic volatility puzzle: further evidence from the European [D]. Lund City: Lund University, 2010.

[165] FAMA E F, FRENCH K R. Common risk factors in the returns on stocks and bonds [J]. Journal of Financial Economics, 1993, 33(1): 3 - 56.

[166] FAMA E F, MACBETH J D. Risk, return, and equilibrium: empirical tests [J]. Journal of Political Economy, 1973(81): 607 - 636.

[167] FISCHER, BLACK, JOHN, et al. Valuing corporate securities: some effects of bond indenture provisions [J]. Journal of Finance, 1976, 31(2): 351 - 367.

[168] FROUD J, JOHAL S, LEAVER A, et al. Financialization and strategy: narrative and numbers [M]. Oxfordshire: Taylor and Francis, 2006.

[169] GOETZMANN W, KUMAR A. Why do individual investors hold under-diversified portfolios? unpublished working paper [D]. New Haven: Yale University, 2004.

[170] GORDON M B, GREGORY S H, RICHARD C M, et al. Wharton survey of derivatives usage by U. S. non-financial firms [J]. 1995, 24(2): 104 - 114.

[171] GREENLAW D, HATZIUS J, KASHYAP A K, et al. Leveraged losses: lessons from the mortgage market meltdown [R]. US Monetary Policy Forum Report, 2008.

[172] GROENEVELD R A, MEEDEN G. Measuring skewness and kurtosis [J]. Journal of the Royal Statistical Society. Series D (The Statistician), 1984, 33(4): 481 - 493.

[173] HINKLEY, DAVID V. On power transformations to symmetry [J]. Biometrika, 1975, 62(1): 101 - 111.

[174] HONG H, STEIN J C. Simple forecasts and paradigm shifts [R]. Cambridge: Harvard Institute of Economic Research, 2003.

[175] JIANG G J, XU D, YAO T. The information content of idiosyncratic volatility [J]. Journal of Financial and Quantitatie Analysis, 2009, 44(1): 1 - 28.

[176] KIM T H, WHITE H, GRANGER C, et al. Estimation, inference, and specification testing for possibly misspecified quantile regression [J]. Advances in Econometrics, 2002, 17(3): 107 - 132.

[177] LUTZ E, SCHRAML S. Family firms: should they hire an outside CFO? [J]. Journal of Business Strategy, 2013, 33(1): 39 - 44.

[178] MARKOWITZ H M. Portfolio selection: efficient diversification of investments [M]. New York: John Wiley & Sons, 1959.

［179］ MERTON, ROBERT C. A Simple model of capital market equilibrium with incomplete information ［J］. The Journal of Finance, 1987,42(3): 483 - 510.

［180］ MILLER, EDWARD M. Risk, uncertainty, and divergence of opinion ［J］. Journal of Finance, 1977(32): 1151 - 1168.

［181］ MONKS A G R, MINOW N. Corporate governance ［M］. Cambridge: Blackwell, 1995.

［182］ NICHOLAS B, A. SHLEIFER. A model of investor sentiment ［J］. Journal of Financial Economics, 1998(3): 307 - 343.

［183］ NICHOLAS B, MING H, TANO S. Prospect theory and asset pricesquarterly ［J］. Journal of Economics, 2001(116): 1 - 53.

［184］ ÖZGÜR O. Financialization and the US economy ［M］. Northampton: Edward Elgar Publishing, 2008.

［185］ PENMAN S H, YEHUDA N. The pricing of earnings and cash flows and an affirmation of accrual accounting ［J］. 2009,14(4): 453 - 479.

［186］ RENÉ M S. Rethinking risk management ［J］. Journal of Applied Corporate Finance, 1996,9(3): 8 - 25.

［187］ ROBERT F E, VICTOR K N. Measuring and testing the impact of news on volatility ［J］. Journal of Finance, 1993(48): 1749 - 1778.

［188］ ROBERT J S. Irrational exuberance ［M］. New York: The Crown Publishing Group, 2008.

［189］ SAMUELSON P. Recuerden a los que frenaron la recuperación de estados unidos ［J］. Revista de Economía Institucional, 2009,11(20): 425 - 427.

［190］ SEN, SUPHI. Corporate governance, environmental regulations, and technological change ［J］. European Economic Review, 2015(80): 36 - 61.

［191］ SEO H J, KIM H S, KIM Y C. Financialization and the slowdown in Korean firms' R&D investment ［J］. Asian Economic Papers, 2012,11(3): 35 - 49.

［192］ SHARPE W. Capital asset prices: a theory of market equilibrium under conditions of risk ［J］. Journal of Finance, 1964(19): 425 - 442.

［193］ SHEFRIN H, MEIR S. Behavioral portfolio theory ［J］. Journal of Finance, 2000(2): 127 - 151.

［194］ SHLEIFER A, VISHNY R. The limits to arbitrage ［J］. Journal of Finance, 1997(52): 35 - 55.

［195］ STULZ R M. Rethinking risk management ［J］. Bank of America Journal of Applied Corporate Finance, 1996,9(3): 8 - 24.

［196］ TAN M, LIU B. CEO's managerial power, board committee memberships and idiosyncratic volatility ［J］. International Review of Financial Analysis, 2016(48): 21 - 30.

［197］ THOMAS I, PALLEY. Financialization: what it is and why it matters ［J］. Financialization, 2007(525): 17 - 40.

［198］TORI D，ONARAN ÖZLEM. The effects of financialisation and financial development on investment：evidence from firm-level data in Europe［R］. London：Greenwich Papers in Political Economy，2017.

［199］TORI D，ONARAN，ÖZLEM. The effects of financialization on investment：evidence from firm-level data for the UK［R］. Working Papers，2016.

［200］WIGGINS R，RUEFLI T W. Sustained competitive advantage：temporal dynamics and the incidence and persistence of superior economic performance［J］. Organization Science，2002,13(1)：82－105.

［201］XU Y，MALKIEL B G. Idiosyncratic risk and security returns［D］. Princeton：Princeton University，2002.

索　引

C

产业空心化　39
次贷危机　47

D

代理问题　16
短期优惠贷款利率　42

F

房地产业　1

G

公司信息透明度　35
公司治理　3
股东价值最大化　18
股价特质性波动率　4
股票流动性　5
股票收益率　5
股票收益率分布偏度　202
股票预期收益率　29

H

货币供应量　2
货币政策　14

J

机构投资者持股　36
挤出效应　3

交易成本　25
金融机构贷款　62
金融市场　63
金融投资活动　14
金融资产　60
金融资产配置　84
金融自由化　39
经济泡沫　41
经济衰退　48
经济停滞　45

L

流动性溢价　26

M

卖空限制　35

S

上市公司　4
时间序列分析　71
实体企业　1
市值管理　53

T

套利风险　36
投资者情绪　35
脱实向虚　1

X

信息不对称性　4

虚拟经济　1

蓄水池效应　3

Y

银行贷款　48

有效资本市场理论　29

Z

中国股票市场　5

资本支出　6

资本资产定价模型　28

资产定价　22

资产定价因子　30

资源配置效率　5